현대 일본어학 연구의 논제와 과제

한국외국어대학교 일본연구소 총서 11

현대 일본어학 연구의 논제와 과제

초 판 인 쇄	2015년 08월 20일
초 판 발 행	2015년 08월 28일
저　　　자	권경애·김동규·박민영·정상철 외
발 행 인	윤석현
발 행 처	제이앤씨
책 임 편 집	최인노 · 김선은
등 록 번 호	제7-220호
우 편 주 소	서울시 도봉구 우이천로 353 성주빌딩 3층
대 표 전 화	02) 992 / 3253
전　　　송	02) 991 / 1285
홈 페 이 지	http://www.jncbms.co.kr
전 자 우 편	jncbook@hanmail.net

ⓒ 권경애 외, 2015. Printed in KOREA

ISBN 978-89-5668-394-2 93730   정가 19,000원

한국외국어대학교 일본연구소 총서 11

현대 일본어학 연구의
논제와 과제

권경애·김동규·박민영·정상철 외

제이앤씨
Publishing Company

머리말

본 저서는 한국외국어대학교 일본연구소의 『일본연구총서』 중 하나로 기획, 제작되었다.

한국외국어대학교 일본연구소는 일본 전문 연구기관으로서 전신은 1990년에 설립된 <일본문화연구소>이다. <일본문화연구소>는 당시 유학을 마치고 돌아 온 연구자들의 연구회였던 <일본문화연구회>를 모태로 산하에 <일본어학분과>, <일본고전문학분과>, <일본학분과>가 설치되면서 본격적으로 연구소로서의 기틀을 확립하였다. 그 후 1993년에 본교 내의 지역 연구소들을 통합하여 <외국학종합연구센터>가 개원하면서 <일본문화연구소>에서 일본지역을 연구하는 연구소라는 의미에서 <일본연구소>로 개칭하였으며 2007년 7월 직제 개편에 따라 현재는 <국제지역연구센터> 일본연구소로서 현재에 이르고 있다.

본 연구소는 설립 이래 현재까지 다양한 학술활동을 통해 일본의 언어, 문학, 문화, 역사, 정치, 경제 등 인문 사회과학에 관한 종합적인 연구를 통하여 한국에서의 일본 연구 발전을 위해 힘써왔으며 특히 학술지인 『일본연구』와 각 분야의 전문가들이 집필한 『일본연구총서』를 통해 일본 관련 전문 지식을 학계 및 사회로 발신해 왔다.

본 저서는 이러한 취지에 힘입어 일본어학 분야의 재직 교수들과 신진 연구자들의 연구를 통하여 최신 연구의 동향과 연구 방법을 소개하고자 기획되었다. 일본어 어휘와 문법, 표현 및 문자 등 일본어학의 각 분야에 걸친 연구 업적을 한 권의 책으로 출판한다는 점에서 향후 융합적인 학문 연구의 방향성을 제시할 것을 기대하며 특히 학계뿐만 아니라 일반인, 그리고 일본 어학을 전공하는 학생들에게 일본어학 연구의 유용한 입문서가 되기를 희망하며 머리말을 가름하고자 한다.

저자 일동

현대 일본어학 연구의 논제와 과제

목 차

제1장

명사술어문의
시제에 관한 연구

정 상 철

명사술어문의
시제에 관한 연구

1 명사술어문

주지하는 바와 같이 술어가 될 수 있는 품사는 동사와 형용사, 그리고 명사가 있다. 그런데 일본어학에서나 한국어학에서나 동사술어문에 비해 명사술어문의 연구가 미진하고 많이 뒤 떨어져 있는 것은 사실이다. 하지만 최근 사토사토미(2009)나 구도마유미(1998/2012)등에서 명사술어문의 시제에 관한 주목할 만한 다음과 같은 연구가 보이기 시작했다. 우선 예문을 보기로 하자.

(1) 虎は肉食動物だ/ # だった。
    (호랑이는 육식동물이다/#였다.)
(2) 太郎が走っている/いた。
    (영수가 뛰고 있다/있었다.)

즉 (1)과 같은 명사술어문은 (2)와 같은 동사술어문이 갖고 있는 시제의 범주가 분화되지 않는다는 것이다. 물론 (1)과 같은 명사술어문에서 과거형이 사용되면 <발견>이나 <상기>등의 무드적인 의미가 된다는 사실도 추가로 같이 지적하고 있다. 이러한 주장은 시상법이 모든 술어문에서 동등하게 적용되지 않는다 라는 점을 재확인시킨다는 점에서 매우 중요한 지적이라고 생각된다. 하지만 같은 명사술어문이라고 해도 많은 하위타입이 존재하는 것도 사실이다. 따라서 개별주체가 주어이고 술어가 본질을 나타내는 다음과 같은 문장에서는 과거형이 자연스럽게 사용된다.

(3) 康男は優しい一人息子だった。

(영수는 말 잘 듣는 외아들였다.)

예문 (3)에서 물론 종래 지적처럼 주체가 현존하지 않는 해석도 가
능하지만 현존하는 해석도 가능하다[1]. 후자가 경우 연체수식어인
「優しい、친절하다(말 잘 듣는다)」의 부분에서 변화가 일어난 의미
로 해석되는 상황인데 이러한 사실을 승인한다면 술어부의 의미가
구문적인 구조와 유기적인 관계에 보다 주목할 필요가 있을 것이다.

이하에서는 위와 같은 사실을 규명하기 위해 술어의 의미적인 차원
에서 시간적한정성(temporal localization)과 명사술어문의 구조와의
유기적인 상관관계라는 관점에서 일본어와 한국어의 명사술어문 과거
형의 사용실태를 조사하여 기술하고자 한다. 나아가 종래 그다지 명확
히 하지 못 했던 명사술어문에서 동사술어문과 같이 발화시를 기준으
로 시제가 분화되는 경우의 여러 조건을 포괄적으로 고찰하기로 한다[2].

② 시간적 한정성(temporal localization)이란?

구체적인 논의에 들어가기 전에 이하에서의 논의를 보다 더 이해
하기 쉽게 하기 위해, 시간적 한정성(temporal localization)에 관한

---

1 구도(1998)에서는 주체가 현존하지 않는 경우, 과거의 특징으로 취급하는 것 같
   다. 이 점에 대한 필자의 생각은 본론에서 논의하기로 한다.
2 본고는 한국어와 일본어를 대조하려는 연구는 아니다. 양 언어의 차이점보다는
   공통점에 주목한 연구이다. 충분한 준비 후 양언어에 관한 본격적인 대조연구가
   바람직하다고 생각된다.

설명을 일본어학과 일반언어학에서 하나씩 소개하기로 한다. 더 자세한 설명은 정(2008)(2013)을 참조하기 바란다.

1) 구도마유미(2002)

구도(2002)에서는 「시간적 한정성이란 구체적이고 일시적이며 우발적인 <현상>인가, 포텐셜하고 항상적인 <본질>인가의 차이를 파악하는 것이다(時間的限定性とは、具体的・一時的・偶発的な<現象>か、ポテンシャルで恒常的な<本質>かの違いをとらえるものである) 라고 하며 다음 그림 1과 같이 술어와의 상관성에 관하여 지적하고 있다.

<그림 1>

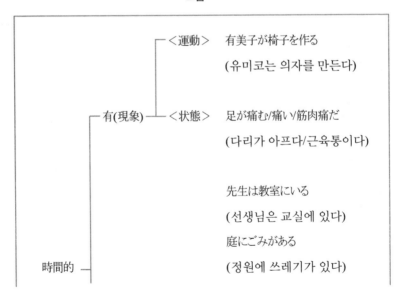

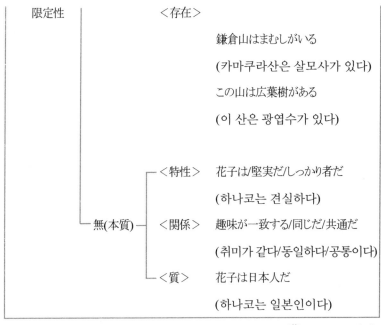

限定性　　　　　　　＜存在＞

　　　　　　　　　　　　鎌倉山はまむしがいる

　　　　　　　　　　　　(카마쿠라산은 살모사가 있다)

　　　　　　　　　　　　この山は広葉樹がある

　　　　　　　　　　　　(이 산은 광엽수가 있다)

　　　　　　　　＜特性＞　花子は/堅実だ/しっかり者だ

　　　　　　　　　　　　(하나코는 견실하다)

　　　無(本質)　＜関係＞　趣味が一致する/同じだ/共通だ

　　　　　　　　　　　　(취미가 같다/동일하다/공통이다)

　　　　　　　　＜質＞　　花子は日本人だ

　　　　　　　　　　　　(하나코는 일본인이다)

(工藤(2002:48)에서)

또한 구도편(2004)에서는 ＜시간적한정성＞이라는 용어를 다음과 같이 설명하고 있다.

술어가 나타나는 사건이 특정한 시간에 일어나는가 아닌가 하는 스케일적인 차이를 나타내는 카테고리이다. 일본어 공통어에는 형태론적인 전용형식이 없고 의미론적으로 또는 텐스/애스펙트와 서로 연관되어 존재하는데 방언에 따라서는 「일시적인 현상」인가 「항상적인 본질」인가의 차이를 구별하여 표시하는 형태론적인 형식이 있다. (述語が表す事象が、特定の時間に釘づけされているか否かのスケール的違

いを表すカテゴリー。標準語では、専用の形態的形式がなく、意味論的に、あるいは、アスペクト・テンスと絡み合って存在しているが、方言によっては、「一時的現象」か「恒常的本質」の違いを表し分ける形態論的形式がある。）

2) Givón(2001)

다음으로 일반언어학에서는 Givón(2001)를 소개하기로 한다. Givón (2001)도 술어의 종류와 관련해서 <temporal stability>라는 용어로 다음과 같은 상관성을 논의하고 있다.

<그림 2>

The scale of temporal stability					
most stable .... least stable					
tree	green	sad	know	work	shoot
noun	adj	adj	verb	verb	verb

(Givón2001:54)

3 선행연구

명사술어문의 과거형 혹은 시제에 관한 대표적인 연구로는 구도 마유미(1998)와 사토사토미[3](2009)를 들 수 있다.

---

3 사토사토미(佐藤里美)(1997)도 참조.

1) 구도(1998)

구도(1998)는 비동적(非動的) 술어를 대상으로 하여 우선 2분하여 과거형과 비과거형이 치환 가능한 것과 불가능한 것으로 분류하여 전자를 <과거특성(特性の過ぎ去り)>으로 가칭하고 다음과 같은 예문을 들고 있다.

> (4) 「どんなだったんですか？」
>
> 「あなたが希望なさるような、又私の希望するような<u>頼もしい人だったん</u>です」
>
> 「それがどうして急に変化なすったんですか」(こころ)(구도(1998:77)[4])

한편 후자의 경우는 화자가 어디에 초점을 두는가에 따라 다음과 같이 과거형과 비과거형이 사용된다고 한다.

> (5) 「書類をお届けにあがりました」
>
> 「(それは)ご苦労さまです」
>
> 「(それは)<u>ご苦労さまでした</u>」
>
> (6) 「川端康成は<u>すぐれた文学者だ</u>」
>
> 「川端康成は<u>すぐれた文学者だった</u>」

---

4 예문 번호는 필자에 의함.

(7) 「テュービンゲンに行ってたそうですね」

「ええ、<u>とても</u>きれいな大学町です」

「ええ、<u>とても</u>きれいな大学町でした」　　　(이상, 구도(1998:67))

즉 화자의 초점이 예문(5)은 판단의 현재성에 있는가 사건의 과거성에 있는가에 따라, 예문(6)는 현재의 특성판단에 있는가 대상자의 존재시에 있는가에 따라, 또한 예문(7)은 현재의 특성판단에 있는가 과거의 확인시 즉 체험성에 있는가에 따라 비과거형과 과거형이 쓰인다고 지적하고 있다.

2) 사토(2009)

사토사토미(2009)는 오쿠다야스오(1988/1996)와 구도마유미(1998) 등을 비판적으로 계승하면서 명사술어문으로 대상을 한정시켜 시간적 한정성[5]이라는 관점에서 그 시간성에 관하여 본격적으로 고찰한 연구이다. 고찰과 분석은 크게 비과거형과 과거형으로 나뉘어져 진행되는데 이 중 본 연구과 보다 직접적인 관련이 있는 과거형에 관한 중요한 논점을 두 가지 측면에서 정리해 보기로 한다. 첫 번째는 명사술어문은 「상태 → 특성 → 개별주체의 가변적 본질 → 개별주체의 불변적 본질 → 일반주체의 본질」과 같이 화자의 지각에서 판단으로 인식차원의 이행과 더불어 시제범주의 붕괴가 시작되어 일반주체의 본질을 나타내

5　시간적한정성(temporal localization)이라는 개념에 대해서는 오쿠다(1988), Givón(1984/2001), 구도(2012), 鄭(2008/2012) 등을 참조.

는 경우는 완전히 해방된다는 점이다. 두 번째는 <발견>이나 <상기>등과 같은 인식무드적인 용법으로의 이행을 제외하면 명사술어문의 과거형 하위타입을 다음과 같이 6개로 요약할 수 있다는 점이다.

(8) 「このあたり一帯は、別府の公園だった」(菩堤樹)

(9) 「思ったより太郎さんの家はよい家だったよ」(嵐)

(10) 「父は弱い人でした」(大地の子)

(11) 「世間方からすすめられて今夜のより合いをお願いした、ということが、そもそも私の手落ちでございました。」(菩堤樹)

(12) 「私はそのとき六歳でした」(大地の子)

(13) 「中国はもうすっかり夏だったのよ」(地唄)

(이상, 사토(2009:161-173))

예문(8)은 과거의 가변적인 본질이나 특성을 나타내는 경우이고 (9)는 본질이나 특성을 확인한 확인시가 전면화 된 경우이며 (10)는 발화시 주체의 비존재가 전면화 된 예문이다. 또한 (11)는 화자가 과거사건시에 초점을 둔 경우이고 (12)는 술어에 수량사를 사용하여 지나간 과거의 특성이나 상태를 나타내는 경우이며 마지막 (13)은 과거의 상태를 나타내는 경우이다.

3) 필자의 입장

여기에서도 기본적으로는 오쿠다(1988), 구도마유미(1998), 사토사토미(2009) 등을 비판적으로 계승하여 명사술어문의 경우는 동사술어문과 같이 과거형과 비과거형이 치환이 불가능한 <발화시(speech time)>를 기준으로 하는 경우와, 과거형과 비과거형이 치환이 가능하<화자의 시점>을 기준으로 하는 경우가 있다고 가정하고 논의를 전개하고자 한다. 최근의 일련의 연구에서는 후자의 경우를 주목한 고찰이 많이 보이는데 다음과 같은 예문은 본질이나 특성이 술어가 되지만 과거형이 사용되고 있다. 이러한 과거형은 비과거형과의 치환이 불가능하기 때문에 발화시를 기준으로 하고 있다고 보여진다.

    (14) 그는 성실한 일본인였다.(彼は誠実な日本人だった)

    (15) 그는 유일한 목격자였다.(彼は唯一の目撃者だった)

    (16) 그는 정말 무서운 선생님였다.(彼は本当に怖い先生だった)

  예문(14)(15)(16)에서 물론 주체가 현존하지 않는 즉 사망한 해석이 가능하다. 하지만 사망하지 않는 해석도 가능할 것 같다. 즉 주체가 살아있는데 「더 이상 성실하지 않고 나태해 졌다」「또 다른 목격자가 나타났다」「최근에는 아주 순한 선생님이 되었다」라든지 하는 경우이다. 이러한 해석이 가능한 것은 명사술어를 수식하는 규정어(연체수식어)가 부정되어 주체의 본질에는 변화가 없지만 특성의 변화를 의미하는 것으로 이러한 해석의 경우는 명사술어문의 구조와 밀접한 관련이 있다[6]. 즉 종래의 지적은 모두 단순술어문 만을 대

---

6 명사술어문의 구조에 대해서 자세한 고찰은 없지만 개략적인 구조에 대해서는 타카하시(1984), 사토(2009)등에 언급이 있다.

상으로 한 것으로 복합술어문의 경우는 위와 같은 연체수식부분이 부정된 경우도 고려하지 않으면 안 된다.

따라서 이하에서는 발화시를 기준으로 하는 명사술어문의 시제에 주목하여 보다 정밀하고 상세한 또한 포괄적인 기술을 시도해 보고자 한다. 우선 사건[7]/상태 명사술어문과 과거특징문으로 나누어 과거형용법[8]을 중심으로 순서대로 살펴보기로 한다.

4 　사건/상태 명사술어문

오쿠다(1988)는 술어의 의미를 시간적한정성의 관점에서 우선 <사건(出来事)>과 <특징>으로 대별하고 각각의 하위타입으로 <동작, 변화, 상태>, <특성, 관계, 본질>이 속한다고 지적하고 있다. 본고에서도 이러한 논의를 계승하여 명사술어문의 과거형에 적용시키자면 명사의 과거형은 시간적한정성이 있는 <사건[9]> <상태[10]>와 시간적한정성이 없는 <특징(본질, 특성[11], 관계)>으로 구별된다. 이

7　본고에서 <사건>은 동작이나 변화를 나타내는 명사술어문을 의미한다.

8　일본어와 달리 한국어에는「했다」와「했었다」의 두 개의 과거형이 존재한다. 본고에서는 충분한 준비가 안 되었기 때문에 양자의 차이점과 후자의 경우는 다음 기회로 미루고 전자만을 대상으로 한다. 또한 한국어에는 과거회상을 나타내는「더」의 형식도 있으나 이 또한 본고에서 논의할 준비가 되어 있지 않다.

9　명사술어의 과거형은 예문 자체가 많지 않지만 동작이나 변화 등의 사건을 나타내는 경우는 더욱 더 보이지 않는다.

10　<상태>의 상세한 개념에 대해서는 오쿠다(1996), 닛타(2012)등도 참조.

11　개별주체가 주어에 오면 <본질>과 <특성>의 구별이 어려워지는 경우가 있다. 이하에서는 특징이라는 용어로 양자를 포괄하는 경우가 있고 구별하는 경우에는 사토(2009)에 따라 정도부사와 비교급사용을 기준으로 한다.

중에서 시간적한정성이 있는 운동을 <사건>명사술어문이라고 가칭하여 <상태>명사술어문과 더불어 검토해 가기로 한다.

1) 사건명사

시간적한정성이 있는 <사건>명사가 나타내는 명사술어문의 과거형은 다음과 같이 동작이나 변화를 나타내는 동사술어문의 과거형과 유사한 기능을 한다.

 (17) 규식: (김수녀에게) <u>진짜로 사고였습니다.</u> 저 자매님 첩보는
     사람입니다. 진짜에요!
   김수녀: 더군다나 첩보는 여자한테...(마지못해) 그래요..저만
     입 다물면 되는 거니까...
     (혼자말로) 하여간 사람이나 짐승이나 인물값은..
   선달: (자고 있는 여자를 보며) 규식아, 너 왜 그랬어? 이제까
     지 잘 참아왔잖아.
   규식: 그게 아니라니까 진짜!!!   (신부수업)
 (18) 호정 「<u>보기 드문 훌륭한 연주였어요</u>」
   준우 「응. 역시 모차르트는 좋아. 음악 틀까?」
   호정 「네」   (닥터봉:119)
 (19) 규식: ....<u>정말이지 실수였습니다.</u>
   남신부: (냉담) 뭐가?
   규식: 한 달 후면 서품을 받아야하는데... 이대로 돌아가면 저

는 바로 퇴학입니다.

(정신없이) 돌아 갈수는 아니 돌아가서는 아, 안 됩....

남신부: (뭐가뭔지) .... 돌아가고 싶단거냐...?

규식:　아니요! 아니요! 그게 아니라 ...주, 주님께 맹세코....

어쩌다 실수로 입이 부딪친 겁니다. .....키, 키스할 생각

은 추호도 없었습니다.　　　　　　　　　(신부수업)

(20) 翌日、夏目と美砂子は大学の食堂で、同窓会帰りの父親の様子を話し

ていた。

「何、盛り上がってんの？」そこへ健二が入ってきた。

「同窓会だったのよ。ウチのパパと夏目くんのお父さんと。開明高校野

球部の同窓会」　　　　　　　　　　　　　　　　　(最後:189)

(21)「―びっくりしたわ、もう」と、エリカは、クロロックをにらんだ。

「どうだ、ドラマチックな登場だったろう？」クロロックは満足のようす。

「ドラマチックすぎるわよ」(吸血鬼:109)

　　상기의 사건명사술어문의 과거형은 모두 비과거형과 대립관계
속에서 과거를 의미하는 것이다. 즉 발화시를 기준으로 선행하는 사
건을 나타내고 있다. 비과거형의 예문을 생략했으나「출발, 도착, 등
장」등 동작성명사의 비과거형은 동사술어문의 비과거형과 같이 현
재를 포함하지 않는다[12].

12　물론 여기에서 동사는 운동을 나타내는 전형적이며 대표적인 동사를 의미한다.

2) 상태명사술어문

다음은 상대적으로 사건명사문보다도 시간적한정성이 있는 과거의 상태를 나타내는 명사술어문의 예문들이다.

(22) 일제히 조용해지며 규식을 보는 아이들. 그러다가 뭔일 있었냐는 듯 다시 재잘재잘 떠떠든다. 규식 어쩔 수 없다는 듯 앞을 보는데 빨간불로 바뀌는데 무리하게 달리는 봉희.

규식: 빨간불이잖아요

봉희: 아깐 파란불이었어.   (신부수업)

(23) 황진이 「아주 먼 곳에서 왔지요. 아흔아홉 개의 산을 넘고 열굽이의 강을 건너 지금처럼 이곳에 왔지요. 그때도 오늘처럼 좋은 봄날이었지요.」   (최인호2:24)

(24) 독고 「고맙네. 하지만 난 돌아와서는 안 될 사람이었어.」

고창호 「무슨 소리야? 아까 마을 사람들한테 당한 일 때문에 그러는가?」

독고   「……」

고창호 「그건 일시적인 감정이었어.」   (운명:189)

(25) (택시가 와서 멈추며, 술이 거나한 진국, 내린다. 참구 따라 내리며)

창구 「그럼 전 가 보겠습니다.」

진국 「음 그래 참 유쾌한 밤이었소. 잘 가게.」   (운명:252)

(26) 「あの……それで、試験は……」

純平はふりかえり、「本人は自信満々でした」と微笑んだ。

よかった、と薫は微笑みを返したが、純平は、ゆっくり間をおいて言葉
をつづけた。

「けど……オレはダメだと思います」 (101)

(27) パット人垣が切れて、目の前に涼子が座り込み、すりむいた膝を押さえ
ている。

「どう？」

「あ。——大丈夫。<u>私も不注意だったの</u>」 (死神)

(28)「藤井さんには悪いけど、<u>いいふんいきだったわよ</u>、ふたり」

「上司だからフォローしてるだけだよ」

「フォローしたくなる何かを雪子は見せたってワケだ」 (クリスマス)

(29)「貧しかった若いころ、非常な苦労を経験した結城は、上流社会への
幻想に近い憧れと、世間に対する復讐心に燃え始めました。なにがな
んでも上への階段を上りたかった彼にとって、<u>服部愛子さんとの出会い</u>
<u>はまさに千載一遇のチャンスでした</u>。ところが婚約発表の後、
彼は愛子さんから衝撃の事実を告白されてしまったのです」 (R邸)

이들 예문들도 비과거형과 치환이 불가능하다. 만약 각각의 예문을
비과거형인「파란불이예요, 좋은 봄날이네요, 일시적인 감정이야」「自
信満々です、不注意です、いいふんいきです、千載一遇のチャンスです」
으로 치환하면 기본적으로 시제는 현재의 상태를 의미하게 된다.

또한 이러한 현재의 의미는 일본어의 경우 동사술어문의 비과거
형과 다른 점이다. 즉「行く、読む、作る」등의 일본어의 동사술어문
은 비과거형 중에서도 주로 미래의 의미를 실현하기 때문이다. 반면

한국어의 경우는 「간다, 읽는다, 만든다」 등의 동사술어문은 현재와 미래의 의미를 모두 실현하는데 상태명사술어문 기본적으로 미래보다는 현재의 의미로 쓰이는 것 같다.

　하지만 양국어 모두 상태술어문이 과거형과 비과거형이 발화시를 기준으로 하고 있다는 점에서는 마찬가지이다.

5　과거특징

　다음은 과거특징을 나타내는 경우이다. 본고에서 특징이란 술어의 의미적 타입이 본질이나 특성이나 관계를 나타내는 경우이다. 시간적한정성이 없는 특징을 나타내는 술어문은 기본적으로 시제범주가 필요 없어진다. 하지만 실제 언어사용에서는 「한국인, 남자, 아들」 등과 같은 불변적인 특징뿐만 아니라 「여학생, 가난아이, 청년」 등과 같은 가변적인 특징을 나타내는 명사도 있다. 따라서 이들의 과거특징을 나타내는 과거형의 사용도 전혀 나타나지 않는다고 볼 수 없다. 이하에서는 과거특징을 개략 가변적특징, 수량적특성, 기간한정, 복합명사술어문 등으로 나누어 살펴보기로 한다.

1) 가변적특징

　우선은 가변적특징에 관해 살펴보기로 하자. 다음은 특성이나 본질이 변하는 성질을 갖는 과거형의 예문들이다.

(30) 「夏枝さんって案外強情なところがあるんだな。むかしはおさげ髪でよ、
真白なつきたての餅のようなホッペタをしてな、<u>メンコイ女学生だった
よ</u>。おとなしそうに見えたな。はじめこの人でも口をきくことがあるのかと
思ったもんだ」　　　　　　　　　　　　　　　　　　　　　　(氷点上:129)

(31) 「こんな老いぼれを、いまだに飼っている」

「…………」

「もともと、<u>これは種馬だった</u>。たくさんの子馬をつくって、戦場に送り
出した。その後、種ツケができなくなってからも、かわいそうだと言っ
て、ずっと飼っている」　　　　　　　　　　　　　　　　　　(学経連:214)

(32) 「あの子も、かなり大きくなったでしょうね」「あの子?」

「山根貞治の遺児ですよ。われわれが行ったときは、まだ<u>乳飲み子
だったが</u>」　　　　　　　　　　　　　　　　　　　　　　　　(花の骸:340)

(33) 「オヤジが聞いたら泣くぞ。オレらどっちかを自分と同じ道に進ませた
かったんだから」

「<u>兄貴だって法学部だったろ</u>。しかも第一志望」(101:234)

(34) 종달이 「..네가 선미…?」

선미 「(눈물이 돌며 원망에 찬)……」

종달이 「(눈으로 만지듯이 샅샅이 보는)... 엄마를.. 꼬옥 닮았구
나!……고맙구나.. 꿈에 서리 언제나... <u>갓난아이였는데</u>..
(복받치는)」　　　　　　　　　　　　　　　　　　　　　　(선택:71)

　상기 예문의 술어가 되는 「女学生、種馬、乳飲み子、法学部、가
난아이」 등은 시간의 경과에 따라 자연스럽게 여학생도 중고교를 졸

업하게 되고 종자말도 그 기능을 상실하며 간난아이도 성장해 간다. 이러한 특성이나 본질은 주체가 현존해 있으면서 변하여 과거의 특징을 과거형으로 나타내게 된다.

또한 이러한 예문의 연속선상에서 다음의 예문들도 생각할 수 있다.

(35) 「ここはね、元は別荘じゃなかったの。ちゃんとした<u>本宅だったのよ</u>」
と、岐子は言った。

「でも、主人の祖父に当たる人が愛人を住まわせたの。それ以来、ここは別宅になったわけ」

「へえ」 (死が:126)

(36) 「君は、彼を愛してなんかいない」

藤井はなおも言葉をつづけようとしたが、薫は首を横に振ってそれを制した。

「<u>あたしがバカだったから</u>………愛してくれる人に精一杯こたえていくっていう、もう一つの愛の形に気がつかなかったのよ」 (101:288)

(37) 박이사 「넘어가다니. 당신은 무척 행복해 했었던 걸루 기억하는데. 날 그렇게 독점하구 싶어요?」

심애 「(O・L)<u>암것두 모르는 맹물이었거든요</u>. 지금 재처럼.(지은)」

박이사 「당신은 지금두 여전히 맹물이요」 (사랑:330)

(38) 유미 「오늘 제가 바쁘신 여러분들을 오시라고 한 것은 여러분들이 알고 싶어 하는 모든 것을 털어놓으려 결심했기 때문입니다. 전 지금까지 여러분들에게 단 한 번도 진실을 얘기해본 적이 없습니다. 그것이 부끄러웠습니다. <u>전 거짓말쟁이</u>

였습니다.」   (천국:347)

(39) 순자 「거기까진 나두 그런 줄 알았다. 이찬까지 가더니 택시 값
      아까우니 내려서 버스루 갈아타자 그러시더라.」

    대발 「그래요?」

    성실 「그래서요?」

    순자 「내가 등신 아니니. 그러자구 했지. 늬 아부진 겨우 결혼식
      비용 마련이 끽인 그야 말루 늬 외할아버지 말씀마따나 <u>거
      지 중에 상거지였으니까.</u>」   (사랑1:84)

(40) 대웅N 「지금 생각하니 <u>나는 참으로 철없는 망나니였어요.</u> 세상
      에 둘도 없이 아껴 준 누나의 따뜻한 사랑, 그리고 인자
      하신 아버지의 말씀, 지금 그 한마디 한마디가 이렇게 나
      의 뼈에 사무치고 있어요.」   (운명:404)

위 예문의 「本宅、バカ、맹물、거짓말쟁이、상거지、망나니」 등은
반드시 시간의 경과에 따라 변한다고 할 수는 없지만 가변적인 성질
을 갖고 있다. 이들이 과거특징이 되어 버린 것은 문맥상으로 확인
할 수 있다.

마지막으로 다음은 과거의 관계를 나타내는 예문들이다.

(41) 「N大の崎田という選手を知っていますか？」十津川がきくと、小坂は微
      笑して、

    「もちろん、知っていますよ。<u>うちとN大とは、永年のライバルでしたか
      らね</u>」   (十字路)

(42) 「変な勘繰りはやめてくれ、金崎がそんなことを言うはずないだろう。ア
　　　リサは以前、<u>金崎の女だったんだ</u>。それをおれが奪ったんだぜ。もち
　　　ろん、アリサの意志でおれの許へ来たんだが、奪ったことに変りない」
　　　「その金崎の息のかかった山荘へあんたは女といっしょに逃げ込んだ」

(花の骸)

(43) 여진 「훈이 아빠를 잘 아시나봐요?」
　　　은주 「그럼요. 훈이엄마랑 준우. 나 이렇게 셋이 국민학교 동창
　　　　　에다 또 <u>치대 삼총사였어요.</u>」(여진 미소)　　　(1995:118)

(44) 홍식 「그래서 키우던 소 팔아서 올라왔더니 그 친구가 몽땅갖고
　　　　　날라 버렸어요.」
　　　권씨 「저런……」
　　　홍식 「(담담하게)국민학교 때부터 중학교까지 거의 매일 붙어
　　　　　<u>다니던 친구였습니다</u>」　　　　　　(서울의달:69)

　　관계를 나타내는 경우도 「부자, 외아들, 장남」 등 불변의 관계도
있지만 「애인, 친구, 라이벌」 등과 같은 가변적인 관계도 있다. 이러
한 가변적 관계를 나타내는 것이 과거형으로 쓰이게 되면 과거관계
를 나타내며 비과거형과 대립하게 된다.

2) 수량적인 특성

다음은 수량적인 특성을 나타내는 예문이다.

(45) 「まあいい、それは。帰ったのは何時だ」

「<u>あなたのお帰りになる二五分か二十分前でしたわ</u>。きっとルリ子は村

井さんに連れられて行ったのですわ」   (氷点上:29)

(46) 「僕が、勘違い？」

「ええ。先生、犯人は一年生と言ったけど、<u>本当は二年生だったわ</u>」

「二年生……一体、誰だ？」   (奇跡:157)

(47) 유미「내가 낳은 아이는 하나 있습니다」

(술렁이는 회견장. 주위가 바짝 긴장되며 시선이 주목된다)

정기섭「몇 살 때 아이를 낳습니까?」

유미「<u>스무살 때였습니다</u>」   (천국:349)

술어에 수량사를 사용하여 사람의 연령이나 시간을 나타내는 수
량규정적인 문장은 술어의 의미적타입으로는 특성이나 상태가 된
다[13]. 상기 예문들은 모두 지나간 과거의 특성을 나타내는 예문이라
고 생각되며 비과거형과의 치환이 불가능하다.

3) 기간한정

다음은 본질이나 특성을 의미하는 명사술어문이 과거의 일정한
기간을 한정하는 시간부사와 같이 사용되는 경우이다.

13 사토(2009)에도 본고와 비슷한 지적이 있다.

(48) 「ほぼ、全面的に犯行を認めたらしい」

　　「……そうか」

　　「<u>一六年前に親父さんはタクシーの運転手だった</u>。たまたまその日はハイヤーの運転をしていて、東京から深堀まで客を送り届けた帰り、そのころすでに糖尿病が出ていて、疲れ易くなっていたんだと言う。客を送り届けた一安心もあって、つい睡魔が襲ったんだ。車にショックを受けて本能的に急ブレーキをかけたがもう間に合わなかった。」(奇跡:118)

(49) 南は立ち上がって、飾り棚にもたれながら、話し続けた。

　　「―私は今の妻と巡り合った。規子も、<u>若い頃はおっとりして、いかにもお嬢さん育ちの娘だった</u>」　　　　　　　　　　　　　　　(吸血鬼:141)

(50) 「あの未亡人―室田春代よ！お姉さんの友だちの和美さんが、あの人のことを見て、『野添先生だ』って言ったじゃない！」

　　「そうだっけ？」綾子に訊いてもむだである。

　　「そうなんです」と木下紀夫は言った。

　　「野添広吉の娘が野添春代。<u>当時、伸子の通っていた女子校の教師でした</u>」　　　　　　　　　　　　　　　　　　　　　　(死神:73)

(51) 「<u>君とはじめて会った時、紫矢がすりの着物に黄色い三尺帯をした、お下げがみの女学生だったね</u>。わたしは、このよにこんな人がいたのかとおどろいた。」　　　　　　　　　　　　　　　　　　　(氷点下:114)

(52) 기자3 「오유미 씨는 더 나이어린 여자들이 하루에 열여섯 시간씩 일을 하고 하루에 겨우 몇 천원을 받는 사실을 알고 있습니까? 그들은 그 몇 천원 중에 절반 이상을 저금합니다. 그런데도 유미씨는 값비싼 보석목걸이를 받고 몸을

팔았으면서도 그 사실을 정당화시키고 있소」

유미 「난……겨우 **스무살밖에 안되었던** 철부지였습니다」

(천국:349)

(53) 희성 「이제 와서 그런 거 생각해봐서 무슨 소용이 있어? 잊어버

려. 어디 그만한 계집이 없겠나?」

영춘 「닥쳐! 에리사는 내 마음의 등불이었어. **삼년 동안**을 하

루도 내 마음에서 떠나본 이 없었단 말야」

희성 「어렵쇼… 단단히 미쳤군.」   (바람아:280)

상기 예문에서 확인할 수 있듯이 「一六年前、若い頃、当時、君とは
じめて会った時、스무살, 삼년 동안」 등과 같은 시간이나 기간을 한정
하는 부사(구)가 특징을 나타내는 명사술어와 같이 공기하여 상대
적으로 시간적한정성을 갖게 되어 과거의 특징이라는 점을 명시하
게 된다[14]. 이러한 경우도 현재의 특징을 의미하는 비과거형과 대립
을 하기 때문에 시제범주가 분화되는 것으로 생각된다.

4) 복합명사술어문

지금까지의 고찰은 주로 단순명사술어가 논의의 중심이었다. 하
지만 다음과 같이 복합명사술어문의 예문도 있다.

---

14 물론 기간을 한정하는 경우는 예문(52)와 같이 가변적인 성질을 나타내는 특징
   과 중복해서 사용하는 경우가 많다.

(54) 선명 「(한참 만에 입을 떼는)… 지금은 몰락했지만, <u>전 양반가의</u>
　　　<u>종손이었습니다</u>… 하지만 '지체, 지체'따지는 게 싫었어
　　　요. 난 아이들과 놀고 싶은데 지체가 낮다고 못 놀게 하시
　　　던 할머니…」　　　　　　　　　　　　　　　　　(2003:70)

(55) 유미 「나는 어떻게든 살아야만 했다. 어머니를 잃어 하루아침에
　　　고아가 되었고, 언니는 시집을 가버렸으며 <u>나는 아버지도</u>
　　　<u>없는 사생아를 기르는 갓 스물의 미혼모였다</u>. 매일같이 죽
　　　음을 생각했으면서도 차마 자살을 하지 못 하였던 것은 딸
　　　아이 때문이었다.」　　　　　　　　　　　　　　(천국:289)

(56) 「一つだけ質問させて下さい」和来が百合子のほうを見た。
　　　「何でしょう」百合子は急き込んで、一気に喋った。
　　　「和来さん、<u>あなたは二月前にも奇跡の人だったじゃありませんか？</u>」
　　　　　　　　　　　　　　　　　　　　　　　　　(奇跡:28)

(57) 電話に取り付いていた社員が、編集長に言った。
　　　「どうやら、各社から電話が殺到しているみたいですよ。それで、明日
　　　の十時、自宅で記者会見をする、と言っています」
　　　「……気にいらないな。<u>極秘の情報だったんじゃないか</u>」
　　　「そうなんです」　　　　　　　　　　　　　　　(奇跡:22)

　위 예문의 술어의 구문적 구조는 「명사＋명사(이다/だ)」이며 의미
적 구조는 「특성명사＋본질명사」이다. 과거형이 쓰인 의미를 음미해
보면 전항인 「양반가, 갓 스물, 奇跡、極秘」라는 특성명사가 변하여
현재와 다르다는 의미를 명시하게 되어 과거형과 비과거형의 대립

이 성립하게 된다. 후항인 본질명사에는 「종손, 미혼모」와 같은 자립
명사가 오는 경우도 있지만 「人、情報」와 같은 불완전 자립명사가
오는 예가 더 많다. 정보구조적으로도 후항명사보다는 전항명사가
신정보인 경우가 많으며[15] 이 점은 문맥상으로도 확인가능하다[16]. 또
한 품사적으로 전항명사를 구별하자면 연체수식적인 기능을 하는
것이 모두 가능하여 다음과 같이 동사, 형용사문 상당어구가 올 수
있다[17].

(58) 「今の話は君のお父さんとも関係があるわけだ」

　　「ええ。一あの女、殺してやりたい」

　　「あの女って、室田春代のこと？」と、夕里子が訊く。

　　「そうです。お父さん、あの女に会うまでは、<u>本当に家を大切にする人</u>
　　<u>だったのに……</u>」と、涼子は表情をくもらせる。　　　　(死神:92)

(59) マネージャーは、「そんな男がいたとは思えませんね。いれば、分かり
　　ますよ」

　　由美を含めた同僚のホステスたちは、思い思いに、

　　「<u>年齢より大人で、お客にのめり込まない人だったわ</u>」　　(十津川:11)

(60) 고창호「어떤거 독고, 기왕 이렇게 돌아왔으니 이 고장이 물속
　　　에 잠길 때까지 여기 눌러 살지 않겠나?」

15　논리적으로는 전항과 후항 모두가 신정보인 것이 가능하다고 생각되는데 이 경
　　우의 구체적인 예문은 이번 조사에서는 찾을 수 없었다.
16　예를 들자면 예문(54)의 경우를 보면 양반가가 몰락했다는 것을 문맥상 명시하
　　고 있다.
17　예문(62)를 참조.

독고「이곳에 눌러 살라고?」

고창호「응」

독고「고맙네. 하지만 <u>난 돌아와서는 안 될 사람이었어.</u>」

고창호「무슨 소리야? 아까 마을 사람들한데 당한 일 때문에 그

러는가?」 (운명:189)

(61) 「あのころはぼくも若かった、奥さんを得るためなら、<u>院長を殺しかねな</u>

<u>い人間でしたよ</u>。(略)」 (氷点下:62)

(62) 「凄いね。さすが毒鮎のお都だ」

蛸屋と宍戸は鳶に油揚げをさらわれたような顔をした。

「選挙前はあんなじゃなかった」と、蛸屋がしみじみと言った。

「<u>猫が変な声をだしても、顔を真っ赤にするような令嬢だったのに</u>……」

「女は怖いね」 (奇跡:254)

(63) 「<u>80년대의 서울이 전 시대로부터 넘겨받은 것은 오염 투성이의</u>

<u>남루한 한강이었다.</u> 1982년부터 4년 만에 초고속으로 완료된

80년대의 한강개발에서 가장 두드러진 것은강변에 조성된 시

민공원과 콘크리트 제방이다.」 (95:196)

(64) 여진「훈이 아빠를 잘 아시나봐요?」

은주「그럼요. 훈이엄마랑 준우. 나 이렇게 셋이 국민학교 동창

에다 또 치대 삼총사였어

은주「<u>훈이 엄만 내가 남자라도 프로포즈할 만큼 멋진 여자였는</u>

<u>데</u>… 여진 씨는 결혼할 생각 없었요?」 (1995:118)

앞의 4예가 동사문 상당어구이고 뒤의 3예가 형용사 상당어구의

예문인데 이 경우도 신정보는 후항명사를 수식하는 부분이 된다. 이러한 사실은 구문적으로 다음과 같은 부정문에서 부정의 초점 (focus)가 되어 더욱 더 현저하게 나타난다.

(65) 「もう……もうわたし……剛が何考えているのかわからない……」
　　 「断った。逃げようとしてたんだ。くるみにあんなこと言って自分のほうが……。雪子、俺は雪子がいい。雪子と結婚したい」
　　 「それなら、それならどうして……。<u>こんな大事なこと、電話ですます人じゃなかったもの</u>。小さなことでも顔見て言いたいって、夜中だって来てくれた」
　　　　　　　　　　　　　　　　　　　　　　　　　（クリスマス:277）

(66) 「お、サンキュ。今日、ダメになったんだって？」「えっ？」
　　 「夏目のオヤッサンに会うはずだったんだろ？今、サッチンに聞いたよ」
　　 「あ、でも会うっていったってそんな……」
　　 「よかったじゃないかよ」正一は清々しい笑みを浮かべている。
　　 「正ちゃん……」「本当に本気だったんだな、おまえのこと。<u>悪い奴じゃなかったんだな</u>」
　　　　　　　　　　　　　　　　　　　　　　　　　（最後:191）

　즉 위 예문의 구체적인 의미는「こんな大事なことは電話ですまさない人だった」「悪くない奴だった」이라고 생각된다. 따라서 문맥상 실제로 부정이 되는 것은 연체수식어 부분인「電話ですまさない」「悪くない」이며, 이러한 특성이 과거와 비과거와의 대립관계를 성립시키고 있는 것이다.

　이상, 복합명사술어문의 과거형에 관하여 검토하였다.

6 맺음말

이상, 시간적한정성이라는 관점에서 과거형을 중심으로 명사술어문의 시제에 관하어 고찰했다. 본고에서 논의한 주요 논점을 정리하면 다음과 같다.

우선 명사술어문은 시제는 크게 두 가지로 나뉘어 진다. 그 하나는 동사술어문과 같이 발화시(speech of time)를 기준으로 하는 것이다. 또 다른 하나는 화자의 시점을 기준으로 하는 것이다. 따라서 후자의 경우는 화자가 현재판단에 주목하느냐 과거의 무드적 의미에 주목하느냐에 따라 과거형과 비과거형의 치환이 가능해 진다.

두 번째로 발화시를 기준으로 하는 경우, 동사성명사술어문은 동사술어문과 같이 취급할 수 있지만 상태명사 등의 다른 명사술어문의 비과거형의 시제와는 약간 차이가 있다. 즉 다른 명사술어문의 비과거형은 동사문과 달리 현재를 포함한다는 차이가 있는 것이다.

세 번째로 시간적한정성이 있는 동작성명사나 상태명사는 자연스럽게 발화시를 기준으로 시제가 성립한다. 하지만 본래 시간적한정성이 없는 특징도 1)술어가 되는 특성이나 본질, 관계의 가변성에 따라 2)복합술어문으로 경우 3)장기기간부사와 공기하는 경우 4)양적인 특성의 경우 등에는 시제가 분화한다.

하지만 지면의 문제 등으로 화자의 시점이 기준이 되는 경우는 전혀 논의할 수 없었는데 상세한 명사의 하위타입 등 다른 문제와 더불어 충분한 조사와 분석이 필요하다고 생각된다.

〈참고문헌〉

奥田靖雄(1988)「述語の意味的なタイプ」琉球大学集中講義資料. pp.1-32
_____(1996)「文のこと―その分類をめぐって―」『教育国語』2-22. pp.2-14
_____(1997)「動詞(その1)―その一般的な特徴づけ―」『教育国語』2-25. pp.2-11
_____(2015)「述語の意味的なタイプ」『奥田靖雄著作集2 言語学編(1)』む
　ぎ書房、pp.106-118
工藤真由美(2002)「現象と本質―方言の文法と標準語の文法―」『日本語の文法』
　2-2、pp.46-61、日本語文法学会
_____(2012)「時間的限定性という観点が提起するもの」『属性叙述の世
　界』くろしお出版、pp.143-176
_____(2014)『現代日本語ムード・テンス・アスペクト論』ひつじ書房、pp.1-662
工藤真由美編(2007)『日本語形容詞の文法―標準語研究を超えて』ひつじ書房
佐藤里美(1997)「名詞述語文の意味的なタイプ」『ことばの科学8』むぎ書房、
　pp.143-176
_____(2009)「名詞述語文のテンポラリティー」『ことばの科学12』むぎ書房、
　pp.139-181
西尾寅弥(1972)『形容詞の意味・用法の記述的研究』秀英出版
鄭　相哲(2008)「時間的限定性について」『日本研究』38.pp.213-231 韓国外大日
　本研究所
_____(2012)「한국어 시상법 연구를 위한 몇 가지 제언」『국어학』63. pp.361-390
_____(2013)「시간적 한정성에 대하여」『日本語学・日本語教育』J&C. pp.263-278
仁田義雄(1991)『日本語のモダリティと人称』ひつじ書房
_____(2012)「状態をめぐって」『属性叙述の世界』くろしお出版、pp.177-199
益岡隆志(2012)「属性叙述と主題標識」『属性叙述の世界』くろしお出版、
　pp.91-109
樋口文彦(1996)「形容詞の分類」『ことばの科学7』むぎ書房、pp.39－60
_____(2001)「形容詞の評価的な意味」『ことばの科学10』むぎ書房、pp.43-66
八亀裕美(2008)『日本語形容詞の記述的研究』明治書院
_____(2012)「評価を織り込む表現形式」『属性叙述の世界』くろしお出版、pp.69-90
Andersen, R. W. 1990. *Papimentu Tense-Aspect, With Special Attention to Discourse.*
　Singler, J. V. (ed.) Pidgin and Creole Tense-Mood- Aspect Systems. London :
　Longmans. : John Benjamins. pp.59-96
Bhat, D.N.S. 1999. *The Prominence of Tense, Aspect and Mood.* Amsterdam : John
　Benjamins. pp.93,103-183
Binnick, R. I. 1991, *Time and the Verb:* A Guide to Tense and Aspect, Oxford
　University Press. pp.3-214
Miller, J. 1999. *Aspect : Further Developments.* in Brown, K. and J. Miller(eds.)
　Concise Encyclopedia of Grammatical Categories. Amsterdam: ELSEVIER,
　pp.37-43
Boogaart, R. 2004. *Aspect and Aktionsart.* In G, Booij·C, Lehmann·J, Mugdan.(eds)

Morphology Vol2 : An International Handbook on Inflection and Word-Formation. de Gruyter, pp.1165-1180

Bybee, J. L., Perkins, R. and Pagliuca, W. 1994. *The Evolution of Grammar : Tense, Aspect and Modality in the Language of the World.* Chicago :University of Chicago. pp.51-175

Comrie, B. 1976. *Aspect.* Cambridge: Cambridge University. pp.1-108

Cook, J. 2002. *The Biblical Hebrew Verbal System:* A Grammaticalization Approach. University of Wisconsin-Madison. pp.1-186

Dahl, O. 1985. *Tense and Aspect Systems.* Oxford: Basil Blackwell. pp.1-193

Forsyth, J. 1970. *A Grammar of Aspect.* Cambridge University. pp.1-152

Givón, T. 1982. *Tense-Aspect-Modality: : The Creole Proto-Type and Beyond,* In P.J. Hopper (ed.), Tense-Aspect: Between Semantics and Pragmatics, John Benjamins Publishing Company, pp.115-163

_____(1984) *Syntax* Amsterdam Philadelphia: John Benjamins.

_____(2001), *Syntax, vol1.* Amsterdam : John Benjains. pp.49-54

Hopper, P. J. 1982, *Aspect between Discourse and Grammar:* An Introductory Essay for the Volume, In P. J. Hopper (ed.), Tense- Aspect: Between Semantics and Pragmatics, John Benjamins. pp.3-18

Hyslop, G. 2014. *The grammar of knowledge in Kurtöp.* A. Y. Aikhenvald and R. M. W. Dixon(ed.) The Grammar of Knowledge. pp.113-119

Jespersen. O. 1924. *The Philosophy of Grammar.* London: George Allen & Uniwin Ltd. pp.276

Lindstedt, Jouko. 2001. *Tense and aspect.* In Martin Haspelmath et als. (eds.), Language Typology and Language Universals, Vol1, de Gruyter. pp.768-783.

Martin Haspelmath, Matthew S. Dryer, Davd Gil, Bernard Comrie(eds.) 2005. *The World Atlas of Language Structures.* Oxford University Press. pp.266-281

Maslov, J .S. 1988, *Resultative, Perfect, and Aspect,* In V. P. Nedjalkov (ed.), Typology of Resultative Constructions, John Benjamins, pp.63-85

Shopen, T. (ed) 1985. *Language Typology and Syntactic Description. III.* Cambridge UP. pp.202-258

Hopper & Traugott, 2003. *Grammaticalization.* Cambridge : Cambridge University. pp.1-236

Slobin, D. and A. Aksu. 1982. *Tense, aspect and modality in the use of the Turkish evidential.* in P. Hopper(ed. 1982.) Tense and Aspect, TSL #1, Amsterdam: J. Benjamins. pp.185-200

Timberlake, A. 2004. *A Reference Grammar of Russian.* Cambridge University. pp.398-443

〈사진 출처〉 --

http://akisho.ed.jp/?m=201404, 저자재구성

제2장

제주시방언과 우와지마방언의
완성상에 관한 고찰

이 희 승

제주시방언과 우와지마방언의
완성상에 관한 고찰

텐스(tense)와 더불어 시간을 나타내는 문법범주인 애스펙트(aspect)[1]는 기본적으로 완성상(perfective)과 불완성상(imperfective)의 대립을 갖는다는 것은 잘 알려진 사실이다. 그리고 애스펙트에 대한 유형론적 관점에서의 연구가 활발하게 이루어져 오면서 개별언어에 있어서 완성상과 불완성상의 대립을 나타내는 문법적 수단이 있는 언어가 있는가 하면 문법적 수단이 없는 언어도 있음이 보고되고 있다. 이러한 애스펙트 체계에 있어서 현대일본어는 <スル—シテイル>라고 하는 문법적 형식의 대립에 의해 나타나며, <スル>형식은 완성상의 의미를, <シテイル>형식은 계속상의 의미를 나타내게 된다. 그 중에서도 완성상을 나타내는 <スル>형식은 <シタ>형식과 <비과거—과거>라고 하는 텐스적인 대립을 갖는다. 이에 반해 한국어의 경우는 어떠한지 우선 다음 예를 봐주기 바란다.

(1) [내일 몇 시에 가게문을 열 것인가를 묻는 질문에 대하여]
  닐은 9시에 <u>올암쩌</u>.   (明日は9時に開ける。)

예(1)은 한국어의 제주시방언에 해당되는 예로, 현재의 동작진행의 의미를 나타내는 공통어의 <하고 있다>형식과 유사한 의미를 갖는 <ᄒ염쩌>형식이 사용되어진 예이다. 그러나 이 예에서 <ᄒ염쩌>형식이 사용된 「올암쩌」는 지금 문을 열고 있다고 하는 동작 진

---

1 Comrie(1976:3-6)은 애스펙트를 장면의 내적인 시간구성을 갖는 여러 가지 방법이라 정의하고, 애스펙트는 장면의 내적 시간(situation-internal time)을 나타내는 반면, 텐스는 장면의 외적 시간(situation-external tim)을 나타내는 점에서 텐스와의 차이를 설명하고 있다.

행의 의미를 나타내고 있는 것이 아니라, 「내일은 아침 9시에 문을
연다」라고 하는 운동을 단일한 전체(a single whole)로 보는 완성상
의 의미를 나타내고 있는 것이다. 따라서 이 예를 공통어로 바꿀
경우, <하고 있다>형식은 완성상의 의미를 나타낼 수 없기 때문
에, <한다>형식을 사용하여 「내일은 9시에 문 연다」로 바꾸지 않
으면 안된다. 이와 같이 완성상의 의미를 나타냄에 있어서 한국어
에서는 공통어와 제주시방언이 상이함을 보이고 있으나, 일본어
의 경우 공통어와 에히메현 우와지마(愛媛県宇和島)방언에서는
동일한 형식인 <スル>형식이 완성상을 나타낸다는 유사성을 보이
고 있다.

    (2)   来年新しい家が<u>建つ</u>。   (工藤2006：119)

   상기 예(2)는 우와지마방언의 예로, 일본어의 공통어와 마찬가지
로 <スル>형식이 사용되어 내년에 새로운 집이 세워진다고 하는 운
동이 단일한 전체로서 완성상미래의 의미를 나타내고 있는 예이다.
이에 상기와 같이 완성상이라고 하는 애스펙트의 의미를 나타냄에
있어서 일본어에서는 공통어와 우와지마방언이 유사성을 보이고
있는 것과 달리, 한국어에 있어서는 공통어와 상이함을 보이고 있는
제주시방언에 주목하고, 특히 제주시방언에서 완성상을 나타내는
<ᄒ엾쩌>형식과 우와지마방언의 <スル>형식과의 대조를 중심으로
완성상의 의미·기능을 고찰하고자 한다.

1 선행연구

제주방언의 애스펙트에 관한 최초의 연구라 할 수 있는 이숭녕 (1957)은 먼저 <-암/엄->을 <-아/어+ㅁ->로 분석하여 텐스·애스펙트를 나타내는 형태소로 보고 있으며, <-앗->은 <-아/어+ㅅ->과 같이 분석하여 <-ㅅ->가 과거를 나타내는 텐스형식이라고 설명하고 있다. 예를 들어 「감쩌」의 경우에는 <가+아+ㅁ+쩌>와 같이 분석할 수 있고, 그 중에서 <-ㅁ->을 「행동의 현재 진행 중」이라는 의미를 갖고, 어떠한 활용에서도 <-ㅁ->을 붙이면 현재형이고, 행동이 현실로 진행되고 있음을 의미한다고 하고 있다. 한편, 「갓쩌」는 <가+아+ㅅ+저>와 같이 분석하고, 그 중에서 <-ㅅ->는 과거형의 기능을 갖는 형식으로 보고 있다. 그러나 이숭녕(1957)은 <-암->과 <-앗->을 대립시키고는 있지만, <-암->을 텐스·애스펙트 형식으로서, <-앗->을 텐스형식으로서 보고 있기 때문에 텐스로는 <現在-過去>라고 하는 대립관계를 나타낸다고 할 수 있지만, 애스펙트적으로는 대립관계에 있다고 보기 어렵다.

문숙영(1998)에서는 <-암시-><-아시-><-아 나시-><-느->을 대상으로 하여, 문법화에 의한 텐스·애스펙트 형식의 의미특징을 고찰하고 있으며, <-암시->는 <진행상, 반복상, 습관상, 상태지속, 상태의 점진적변화, 현재, 미래>, <-아시->는 <결과상, 완료상, 완결상, 과거>, <-아 나시->는 <대과거, 종결결과와 종결완료>, <-느->는 <현재, 양태>의 의미를 갖는다고 하고 있다. 그리고 문숙영(2004)에서는 <ㅎ염쩌>를 공통어의 <하고 있다>보다는 <한다>에 가까운 요소로 보고 애스펙트로서 보기보다는 현재 텐스를 나타내는 형식이라

고 보고 있다. 또한<ᄒᆞ다>에 대해서는<ᄒᆞ염쩌>가 현재시제로서의
의미확장에 의해 의미가 축소되고 변화된 것으로 보고 있다.

고영진(2008)에서는 선행연구에서 <-암시->와 <-아시->를 대립시
켜 미완료상과 완료상 등으로 설명되어 온 것에 의문을 갖고, 다음과
같은 예를 들면서<ᄒᆞ다-ᄒᆞ염쩌-ᄒᆞ엿쩌>가 <perfective-imperfective-
perfect>의 대립관계에 있음을 고찰하고 있다.

> (3)   이 지실은 <u>석은다</u>.
>
> (4)   이 지실은 <u>석엄쩌</u>.
>
> (5)   이 지실은 <u>석엇쩌</u>.

그러나, 예(3)은 1회적인 운동의 경우에 <ᄒᆞ다>형식이 사용되어
완성상의 의미를 갖다고 설명하고 있으나, 공통어의 <한다>형식의
영향에 의하여 사용되어지고 있는 것으로 보여지므로 전통방언으
로써 볼 수 있는가라는 의문이 들고[2], 예(4)의 <ᄒᆞ염쩌>경우에는 진
행의 의미를 나타내는 것으로 불완전상(imperfective)으로써 고찰
하고 있지만 <未来·完成相>의 의미를 나타낸다는 것에 대해서는 언
급되고 있지 않다. 그리고 예(5)의 <ᄒᆞ엿쩌>형식에 있어서도 현재
퍼팩트의 의미를 나타내는 형식으로 보고는 있지만 완성상과거의
의미를 나타내는 것에 대해서는 언급되고 있지 않다.

---

2 홍종림(1993:114-119)에 있어서도 「창순 흑게 간다」를 예로 들면서 공통어의
   영향에 의해 일부의 젊은이들 사이에서 <ᄒᆞ다>형식이 사용되고 있지만, 5-60
   대 이상의 노년층에서는 <ᄒᆞ염쩌>형식의 사용이 일반적이라고 하고 있다.

2 문제제기 및 본 연구에서의 입장

이상으로 제주시방언의 애스펙트에 관한 종래의 연구를 보면
<-암시-><-아시->[3]의 형태소를 분석함으로써 그 문법적인 의미를
애스펙트로 해석할 것인가, 텐스로 해석할 것인가에 초점이 맞춰져
있는 것으로 보여진다. 그리고 <-암시->가 <하고 있다>와 같은 진행
의 의미로서는 해석할 수 없는 경우가 있다고 하면서도 <-암시->가
갖고 있는 완성상으로서의 애스펙트적 의미에 관해서는 별로 다뤄
지고 있지 않는듯하다.

이에 <ㅎ염쩌>형식이 진행의 의미뿐만 아니라 완성상의 의미도
갖고 있는 형식으로써 하기와 같이 비과거에서는 <ㅎ염쩌><ㅎ연
잇쩌>형식이 애스펙트적으로는 <perfective·imperfective-perfect>
라고 하는 대립을 이루고, 과거에서는 <ㅎ엿쩌><ㅎ염섯쩌><ㅎ연
이섯쩌>가 <perfective-imperfective-perfect>라고 하는 삼항대립
을 이루고 있는 것으로 보고 고찰하고자 한다.

〈표 1〉 제주시방언에 있어서의 텐스 · 애스펙트 체계

tense＼aspect	perfective	imperfective	perfect
비과거	ㅎ염쩌		ㅎ연 잇쩌
과거	ㅎ엿쩌	ㅎ염섯쩌	ㅎ연 이섯쩌

3 <-암시->와 <-아시->의 형태소 분석에 관해서는 선행연구에 따라 다르지만, 각
각 존재를 나타내는 「시다」가 문법화된 형식이라고 하는 것에는 이론(異論)이
없는듯 하다.

일본어에 있어서는 공통어의 경우 <スルー—シテイル>가 완성상과 계속상의 대립을 이루고, 계속상을 나타내는<シテイル>가 동사의 어휘적 의미에 따라 동작계속 혹은 결과계속을 나타내게 되는 것과 달리, 하기 <그림 1>에서 37번 지점에 위치한 서일본의 애히메현 우와지마방어의 경우에는 <スルー—シヨルー—シトル>형식이 <perfective-imperfective-perfect>라고 하는 삼항대립을 나타내고 있어 일본어의 공통어와는 상이함을 보이는 반면 제주시방언과는 유사함을 보이고 있다는 점에 주목하여 대조의 대상으로 하고자 한다.

그리고, 완성상이라고 하는 애스펙트 의미를 나타냄에 있어서 일본에서의 공통어와 우와지마방언이 유사성을 보이고 있는데 반해, 한국어에 있어서는 공통어와 제주시방언이 상이함을 보이고 있다는 점에 주목하고, 제주시방언에서 완성상을 나타내는 <ㅎ 염쩌>형식과 우와지마방언에서 완성상을 나타내는 <スル>형식과의 대조를 중심으로 고찰하고자 한다.

제주시방언의 분석·기술함에 있어서는 제주시방언으로 구술·녹음하여 채록한 설화집을 자료로 함과 동시에, 70세를 넘긴 네이티브를 대상으로 현지조사 한 것을 분석자료로 하고 있다. 그리고 어휘면에서는 지역별로 차이를 보이지만, 문법적인 면에서는 지역별 차이를 보이지 않고 있기 때문에 조사지역에 관해서는 제한을 두고 있지 않지만 이번 조사에서는 제주시에 거주하는 분들을 대상으로 조사하였다.[4]

---

4 조사에 있어서 제주시 삼도일동 거주 김봉애(70)氏, 제주시 용담동 거주 이영자(76)氏, 제주시 한림읍 귀덕리 거주 조정숙(81)氏로부터 수 차례에 걸쳐 많은 협조를 받아서 지면을 빌어 감사의 말씀을 전한다.

〈그림 1〉 일본어의 방언지점 일람(工藤2014 : ⅩⅩⅦ)

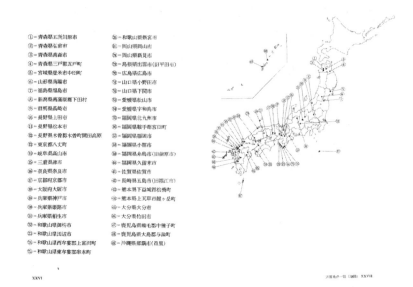

〈그림 2〉 제주도행정구역지도

3 비과거에서의 한일 대조

1) 완성상

완성상(perfective)은 장면의 내부구조를 구분하지 않고 장면의
외부로부터 바라보고, 처음·중간·끝을 포함하는 하나의 덩어리로
써의 장면을 가리킨다. 이 완성상을 나타내를 형식으로서는 세계의
언어에 있어서 무표형식이 완성상을 나타내는 언어도 있고, 유표형
식이 완성상을 나타내는 언어도 있다[5]. 한국어의 제주시방언의 경우
에는 유표형식인 <ㅎ염쩌>형식이 완성상의 의미를 나타낸다.

(6) 널은 지븨서 다들 모영 밥 <u>먹엄쩌</u>. 느도 올티아?

(明日は家でみんな集まってご飯を食べる。あなたも来る？)

(7) [내일은 무엇을 할 것인지 묻는 질문에]

널은 밧듸 <u>감쩌</u>.(明日は畑に行く。)

(8) 널 지븨서 득 <u>솖암쩌</u>. 집더레 오라.

(明日家で鳥をゆでる。家に来い。)

상기의 예(6)는 주체동작동사 「먹다」의 <ㅎ염쩌>형식이 사용된
예로, 현재 밥을 먹고 있다고 하는 동작진행의 의미를 나타내고 있는

---

5 Comrie(1976:21)에 의하면, 완성상이 유표인 언어로는 슬라브 제어의
   Perfective, 완성상이 무표인 언어로는 프랑스어의 Past Deficite, 고대 그리스
   어, 불가리아어, 그루지아어의 Aorist가 있다.

것이 아니라, 운동을 단일한 전체로 보고「내일 집에 모두 모여 밥을 먹는다」라고 하는 의미로 완성상미래의 의미를 나타내고 있다. 마찬가지로 예(7)의 주체변화동사인「감쪄」와 예(8)의 주체동작객체변화동사인「숧암쪄」도 운동을 단일한 전체로 보고「내일은 밭에 간다, 내일은 집에서 닭을 삶는다」라고 하는 완성상의 의미를 나타내고 있다. 반면, 공통어에 있어서는 완성상의 의미를 나타내는 것은 <하고 있다>형식이 아니라 <한다>형식이 완성상의 의미를 나타낸다.

> (9) 몸 상태가 좋아져서 내일부터는 밥 <u>먹는다</u>.
>
> (10) 내일은 일 때문에 서울에 <u>간다</u>.

예(9)(10)는 공통의 예로, <한다>형식이 사용되고 있는「먹는다, 간다」는 운동을 단일한 전체로 보고「내일부터는 밥을 먹는다, 내일은 서울에 간다」처럼 완성상미래의 의미를 나타내고 있다. 따라서 상기의 예(6)~(8)의「먹엄쪄, 감쪄, 숧암쪄」를 공통어로 바꿀 경우에는「먹는다, 간다, 삶는다」로 바꿀 수 있다.

그리고 공통어의 <한다>형식은 완성상미래의 의미를 나타낼 뿐만 아니라 현재 진행의 의미를 나타내는 것도 가능하다.

> (11) 철수는 지금 밥 <u>먹는다</u>.
>
> (12) 엄마는 지금 마당에서 사과나무 <u>심는다</u>.
>
> (13) 영희는 방에서 옷 <u>입는다</u>.
>
> (14) 저기 영희 <u>온다</u>.

(15) 이 앞 도로에서 교통사고로 사람이 <u>*죽는다/*죽고 있다/죽어가</u>
<u>고 있다</u>.

　　공통어의 <한다>형식은 예(11)의 주체동작동사, 예(12)의 주체
동작객체변화동사, 그리고 주체변화동사 중에서도 예 (13)(14)과
같은 주체의 의지적 동작에 의한 상태나 위치변화를 나타내는 동사
에 사용되면 현재의 동작진행의 의미를 나타낼 수 있다. 이와 같이
<한다>형식이 현재의 진행성의 의미를 나타내는 경우에는 <하고
있다>형식으로 바꿀 수 있다. 그러나 주체변화동사 중에서도 예
(15)과 같은 주체의 무의지적인 변화를 나타내는 동사의 경우에는
<한다>형식과도 <하고 있다>형식과도 사용할 수 없고, 「죽어가고
있다」와 같이 <해가고 있다>형식으로 현재의 변화진행의 의미를
나타내지 않으면 안된다. 반면 제주시방언의 <ᄒ염쩌>형식은 모든
운동동사에 사용되어 현재의 동작진행의 의미뿐만 아니라 현재의
변화진행의 의미도 나타낼 수 있다.

(16) 철순 밥 <u>먹엄쩌</u>.(チョルスはご飯を食べている。)

(17) 느네 어멍은 마당서 낭 <u>심엄쩌</u>.

　　(あなたのお母さんは庭で木を植えている。)

(18) 영흰 방이서 옷 <u>입엄쩌</u>.(ヨンヒは部屋で服を着ている。)

(19) 저기 영희 <u>오람쩌</u>.(あそこにヨンヒが来つつある。)

(20) 요 앞 도로서 교통사고로 사름 <u>죽엄쩌</u>.

　　(この前の道路で交通事故で人が死につつある。)

예(16)~(20)는 제주시방언의 예로, 예(16)~(19)는 공통어의 <한다>형식과 마찬가지로 현재의 동작진행의 의미를 나타내고 있기 때문에 공통어로 바꿀 경우에는 <한다>형식으로도 <하고 있다>형식으로도 바꿀 수 있다. 그러나 예(20)의「죽다」와 같은 주체의 무의지적 변화동사의 경우에는 공통어의 <한다>형식은 현재의 변화진행의 의미를 나타낼 수 없는 것과는 달리, 제주시방언의 <ᄒ염쩌>형식은 현재 변화진행의 의미를 나타낼 수 있다. 따라서 예(20)의「죽엄쩌」는 지금 사람이 점점 죽어가고 있다고 하는 현재 변화가 신행 중임을 의미하게 된다.

이상과 같이 한국어에서는 비과거에서 제주시방언의 <ᄒ염쩌>형식과 공통어의 <한다>형식은 서로 다른 형식이 의미적으로는 완성상의 의미를 갖는다는 점에서는 유사성을 갖고 있으나, 현재 진행의 의미를 나타내는 경우에는 상이함을 보이고 있다. 즉 제주시방언의 <ᄒ염쩌>형식은 모든 운동동사에 사용될 수 있어서 주체동작동사와 주체의 의지적 동작에 의한 변화동사의 경우에는 현재의 동작진행을, 주체의 무의지적 변화동사의 경우에는 현재의 변화진행의 의미를 나타낼 수 있다. 그에 비해 공통어의 <한다>형식은 주체동작동사와 주체의 의지적 동작에 의한 변화동사에 사용될 경우에는 현재의 동작진행의 의미를 나타낼 수 있지만, 주체의 무의지적 변화동사에는 사용될 수 없기 때문에 현재의 변화진행의 의미를 나타낼 수 없다.

이러한 한국어의 경우와 달리 일본어의 경우에는 공통어에서도 우와지마방언에서도 무표형식인 <スル>형식을 사용하여 완성상의 의미를 나타낸다[6].

(21)「そういう人がやってきたら、二回と一回、<u>叩く</u>よ」

「コンコン、コンか。そうしたらどうすればいい」 (マリアビートル：196)

(22)「明日、<u>帰る</u>ぞ」

夕食のテーブルで、父は言った。 (光媒の花：36)

(23) 明日は雨が<u>降る</u>ぜ。 (工藤1995：282)

(24) 明日、2時間ほど、お客さんが<u>来る</u>ぜ。 (工藤1995：287)

예(21)(22)은 공통어의 예이고 예(23)(24)는 우와지마방언의 예로, 공통어도 우와지마방언도 무표형식인 <スル>형식을 사용하여 운동을 단일한 전체로 보는 완성상미래의 의미를 나타내고 있다. 이와 같은 일본어의 공통어와 우와지마 방언의 <スル>형식은 완성상미래의 의미를 나타낼 뿐 한국어의 공통어<한다>형식과 제주시방언의 <ᄒ염쩌>형식과 같이 현재 진행의 의미를 나타낼 수는 없다.

2) 반복습관

제주시방언에서의 <ᄒ염쩌>형식은 「요즘, 자주, 가끔」과 같은 시간부사와 공기되거나, 주체가 복수인 경우 파생적 의미로서 반복습

---

6 일본어의 방언 중에서도 오키나와의 수리방언은 공통어와 본토의 다른 방언과는 달리 무표형식인 <スル>형식이 존재하지 않기 때문에 シオル상당의 형식이 완성상의 의미를 나타내고 있다.
   ・アチャーヤ ジュージニ <u>アチュン</u>。(明日は10時に開く。)(工藤2006：125)

관의 의미를 나타낼 수 있다.

 (25) 철수는 요즘 매날 술 먹엄쩌.(チョルスは最近毎日酒を飲む。)

 (26) 요즘 교통사고로 사름들 하영도 죽엄쩌.

   (最近交通事故で人がたくさん死ぬ。)

 예(25)(26)는 <ㅎ 염쩌>형식이 사용된「먹엄쩌, 죽엄쩌」는「요즘,
자주, 가끔」과 같은 시간부사와 공기되거나, 복수의 주체와 같이 쓰
여 시간적 한계성을 갖지 않고 일정한 기간 반복되는 운동의 의미를
나타내고 있다.

 (27) 철수는 술 먹엄쩌.(チョルスは酒を飲んでいる。)

 (28) 교통사고로 사름이 죽엄쩌.(交通事故で人が死につつある。)

 예(27)(28)와 같이「요즘, 자주, 가끔」과 같은 시간부사가 공기되
지 않거나 주체가 복수가 아닌 경우의 <ㅎ 염쩌>형식은 현재의 동작
이나 변화진행의 의미를 나타내게 된다. 예(27)의「먹엄쩌」는 현재
철수가 술을 먹고 있다고 하는 동작진행의 의미를 나타내고 있고, 예
(28)의「죽엄쩌」는 사람이 교통사고로 점점 죽어가고 있다고 하는
변화가 진행중임을 의미하고 있다. 한편 공통어에 있어서도 <한다>
형식이 파생적 의미로서 반복습관의 의미를 나타낼 수 있다.

 (29) 영희는 다이어트로 요즘 야채만 먹는다/먹고 있다.

(30) 아프리카에서는 기아로 매년 많은 아이들이 <u>죽는다/죽고 있다</u>.

　예(29)(30)는 공통어의 예로, 제주시방언의 예와 마찬가지로 「요즘, 자주, 가끔」과 같은 시간부사와 공기하거나 주체가 복수인 경우 <한다>형식이 반복습관의 의미를 나타낼 수 있다. 특히 예(30)의 주체의 무의지적 변화동사인 「죽다」의 경우 구체적인 시간 안에서 이루어지는 실제적인 운동의 경우 「죽는다, 죽고 있다」와 같이 <한다, 하고 있다>형식이 사용되지 않지만 시간부사와 공기되거나 복수의 주체와의 사용이 가능하여 반복습관의 의미를 나타낼 수 있다. 따라서 <한다>형식이 반복습관의 의미를 나타낼 경우 <하고 있다>형식이 사용되는 「먹고 있다, 죽고 있다」로 바꿀 수 있다.

　일본어의 경우에는 공통어도 우와지마방언도 <スル>형식이 파생적의미로서 반복습관의 의미를 나타낼 수 있다.

(31) 「大丈夫だって、これくらい最近うちのジーサンだって抵抗なく<u>着る</u>ぜ。」

(三匹のおっさん : 181)

(32) 「スムージー屋の女主人のコニーさんを覚えているでしょう？彼女とね、会社を立ち上げたの。現在それぞれワゴンを一台ずつ受け持って、都内を<u>回ってる</u>の。今日は東京タワー前で商売してきた帰りよ。ランチタイムは観光地やオフィス街を<u>回る</u>の。平日は毎日違う場所に出店している<u>わ</u>」　　　　　　　(ランチのアッコちゃん : 68)

(33) この頃、よう、お客さんが<u>来る</u>。忙しゅうていけん。 (工藤1995 : 288)

(34) この頃は時々<u>酒飲む</u>ぜ。　　　　　　　　(工藤2014 : 373)

예(31)(32)는 공통어의 예로, <スル>형식이 반복습관의 의미를 나타내고 있다. 운동의 시간적 전개를 복합화하여 나타내는 반복습관은 운동을 완성적으로도 반복적으로도 받아들일 수 있기 때문에 일본어에 있어서는 <スル>형식과 <シテイル>형식과의 중화가 일어나서 <スル>형식과 <シテイル>형식과의 교체가 가능하게 된다. 따라서 예(31)(32)의 「着る、回る」는 「着ている、回っている」로 바꿀 수 있다. 그리고 예(33)(34)는 우와지마방어의 예로, <スル>형식이 사용되어 반복습관의 의미를 나타내고 있다. 우와지마방언도 공통어와 마찬가지로 반복습관을 나타내는 <スル>형식은 불완성상을 나타내는 <シヨル>형식과의 중화가 일어나서 <スル>형식과 <シヨル>형식과의 교체가 가능하게 된다. 따라서 예(33)(34)의 「来る、飲む」는 「来よる、飲みよる」로 바꿀 수 있다.

3) 항상적 특성

제주시방언에서의 <ᄒ염쩌>형식은 운동의 시간적 추상화가 더욱 진행된 항상적 특성의 의미를 나타낼 수 없지만, 공통어의 <한다>형식은 항상적 특성의 의미를 나타낼 수가 있다.

(35) 은수는 혼자서도 잘 논다.
(36) 사람은 누구나 죽는다.

예(35)(36)는 공통어의 예로, <한다>형식이 반복습관보다도 더욱 시간이 추상화되어 시간적 한정성이 없는 항상적 특성의 의미를 나타내고 있다. 이와 같이 <한다>형식이 항상적 특성의 의미를 나타낼 경우 <하고 있다>형식으로의 교체는 불가능하게 된다.

제주시방언의 <ᄒ염쩌>형식은 항상적 특성의 의미를 나타낼 수 없고, 형식상 공통어의 <한다>형식에 해당되는 <ᄒ다>형식으로 항상적 특성의 의미를 나타낸다.

(37) 가인 혼자서도 잘 <u>먹은다</u>.(その子は一人でもよく食べる。)

(38) 득 ᄃ리던 개 지붕이나 <u>본다</u>.(鷄を追っていた犬屋根だけ見る。)

예(27)(28)는 제주시방언의 예로 <ᄒ염쩌>형식을 사용하여 항상적 특성을 나타낼 수 없기 때문에 <ᄒ다>형식으로 항상적 특성을 나타내고 있다[7]. <ᄒ다>형식은 형식으로서는 공통어의 <한다>형식과 비슷하지만, 공통어의 <한다>형식은 항상적 특성뿐만 아니라 구체적인 시간 안에서의 실제적인(actual)인 운동에 대해서도 사용되는 반면에, 전통적인 제주시방언의 <ᄒ다>형식은 항상적 특성의 의

---

7 홍종림(1993:49-51)에서는 공통어의 <한다>형식이 형용사에는 사용되지 않지만 제주시방언의<ᄒ다>형식의 경우에는 형용사에도 사용이 되어 양태의 의미를 나타낸다고 하고 있다.
   A : 이 구둘은 춤 <u>돗다</u>. (이 방은 참 따뜻하다.)
   B : 이 구둘은 <u>돗나</u>.
   A의 '돗다'는 이 방이 그 발화시점에 따뜻한 상태임을 말하는 것으로 일종의 지각작용에 의한 판단을 나타내고 있는 것이고, B의 '돗나'는 발화시의 상태라기보다는 화자가 이 방이 따뜻하다는 것을 경험을 통해 이미 알고 있는 이 방의 일반적인 성질을 말하고 있는 것이라고 하고 있다. 따라서 <ᄒ다>를 화자 자신이 직접적인 경험을 토대로 하여 실연판단(實然判斷)을 한 것이라는 양태의 의미를 나타내는 요소라고 지적하고 있다.

미만 나타낼 수 있고 구체적인 시간 안에서의 실제적인 운동에는 사용될 수 없다.

　일본어의 경우에는 공통어도 우와지마방언도 <スル>형식이 항상적 특성의 의미를 나타낼 수 있다.

　　(39) あの人は良く食べる。

　　(40) 人は死ぬ。

　　(41) 大人は酒飲むんよ。　　　　　　　　　　（工藤2014：373)

　　(42) お百姓さんはよう働く。　　　　　　　　　（工藤1995：288)

　예(39)(40)는 공통어의 예이고, 예(41)(42)는 우와지마방언의 예로 둘 다 <スル>형식이 항상적 특성의 의미를 나타내고 있다. 이렇게 운동의 시간적 추상화가 더욱 진행되어 탈시간화 되면 운동은 시간적 전개성을 갖지 않게 되기 때문에 항상적 특성은 애스펙트적 측면이 없어지게 된다.

4   과거에서의 한일 대조

1) 완성상

제주시방언의 <ㅎ염쩌>형식과 텐스적인 대립관계에 있는 <ㅎ엿쩌>형식은 완성상과거의 의미를 나타낸다.

(43) 영흰 언치냑 지븨서 밥 먹엇쩌.

(ヨンヒは昨日の夜家でご飯を食べた。)

(44) [어제는 몇 시에 문을 열었는가라는 질문에 대하여]

어지는 10시에 율앗쩌.(昨日は10時に開けた。)

제주시방언의 <ㅎ엿쩌>형식은 공통어의 <했다>형식의 문법화와 밀접하게 관련되어 있다. <했다>형식이 <해 잇다>형식으로부터 문법화되었다는 것과 관련하여, <ㅎ엿쩌>형식도 <ㅎ여 시다>형식으로부터 문법화되었다는 견해가 일반적이다. <ㅎ여 시다>형식으로부터의 문법화에 의해 <ㅎ엿쩌>형식이 완성상과거의 의미를 나타낼 수 있게 된 것은 일반언어학에 있어서 결과계속이 퍼펙트로, 더 나아가서 퍼펙트는 완성상/단순과거로의 문법화경로[8]를 거친 것으로 세계의 언어에서도 일반적으로 나타나는 현상과 다를 바 없다고 여겨진다. 따라서 이러한 제주시방언의 <ㅎ엿쩌>형식이 사용된 예 (43)(44)의 「먹엇쩌, 율앗쩌」는 운동을 단일한 전체로 보는 완성상 과거의 의미를 나타내게 된다[9]. 그리고 공통어의 <했다>형식도 <ㅎ엿쩌>형식과 유사한 문법화경로를 거쳤다고 보여지므로 그 의미에

---

8 Bybee et al.(1994 : 105)에서는 결과계속으로부터 완성상/단순과거로의 문법화 경로에 대하여 다음과 같이 지적하고 있다.

be／have → resultative → anterior → perfective/simple past

9 우창현(2001)에서는 종래의 연구에서 <-앗->을 <-아시->의 이형태로서 보고 있는 것에 대해, <-암섯저>의 형태소를 <-암시+앗+저>로서 분석하여 <-앗->은 과거를 나타내는 텐스의 형식이고, 애스펙트를 나타내는 <-아시->와는 다른 하나의 독립된 형태소로 인정해야 한다고 하고 있다. 그러나 Bybee et al.(1994 : 105)에서 기술되고 있는 완성상/단순과거로의 문법화 경로로부터 생각해 보면 <-앗->과 <-아시->를 구별할 필요가 있을까라는 의문이 든다.

있어서도 유사성을 보이고 있다.

> (45) 어제 철수는 소설책을 <u>읽었다</u>.
>
> (46) 「두 번째 불빛은 10시 40분경에 나타났는데 움지이는 속도가
> 굉장하더군요. 그러다 갑자기 멈춰서더니 20분쯤 후에 <u>떠났어</u>
> <u>요</u>.」   (7년의 밤:161)

예(45)(46)는 공통어의 예로 <했다>형식이 <ㅎ엿쩌>형식과 마
찬가지로 완성상과거의 의미를 나타내고 있다. 이와 같이 공통어의
<했다>형식과 제주시방언의 <ㅎ엿쩌>형식이 완성상의 의미를 나
타낸다고 하는 점에 대해서 유사성을 보이고 있다.

반면, 일본어의 경우 공통어와 우와지마방언은 <スル>형식의 과
거형인 <シタ>형식으로 완성상과거의 의미를 나타낸다.

> (47) 「犯人たちは呆れて、ひどい親だとなじったけれど、俺には理解でき
> た。ない袖は振れない。その通りだ。子供は助けたくても、払うお金が
> ない。どうしようもないことだ。俺は自分でどうにかしないといけない、と
> 分かった。で、<u>逃げた</u>。」   (マリアビートル:180)
>
> (48) 「長いこと剣道の道場持ってましから」
>
> 「ああ、それで。祐希くんは習ってなかったの」
>
> 「中学上がって<u>あめました</u>」   (三匹のおっさん：110)
>
> (49) きのう父ちゃんが犬小屋<u>作った</u>。   (工藤2006：119)
>
> (50) さっき、町の上を、飛行機が<u>飛んだ</u>。   (工藤1995：273)

예(47)(48)는 공통어의 예이고, 예(49)(50)는 우와지마방언의 예로, 공통어도 우와지마방언도 <シタ>형식으로 운동의 단일한 전체로서 완성상과거의 의미를 나타내고 있다.

2) 현재퍼펙트

완성상과거의 의미를 나타내는 제주시방언의 <ㅎ엿쩌>형식은 파생적의미로서 현재퍼펙트의 의미를 나타낼 수 있다.

(51) 밥은 먹어서?(ご飯は食べたのか。)

어, 벌써 먹엇쩌.(うん、もう食べた。)

(52) [철수가 집에 있는지 묻는 질문에 대하여]

철순 학교 갓쩌.(チョルスは学校に行った。)

상술한 것과 같이 <ㅎ여 시다>형식으로부터의 문법화에 의하여 <ㅎ엿쩌>형식이 완성상과거의 의미를 나타내게 되었어도 이전에 갖고 있던 퍼펙트(perfect)[10]의 의미를 전부 잃어버리는 것이 아니라, 현재퍼펙트의 의미만을 남기고 있다. 따라서 例(51)(52)의 <ㅎ

---

10 퍼펙트(perfect)에 관하여 Comrie(1976:52-53)는 어느 과거의 장면이 계속해서 현재까지 관계되는 것을 나타내는 것으로, 선행하는 장면으로부터 결과로서 발생하는 상태의 시간과 선행하는 장면 그 자체의 시간 사이의 관계를 표현하는 것이라 하고 있다. 그리고 工藤(1995:105)는 퍼펙트를 <설정시점에 대한 사건시점의 선행성>이라고 하는 텐스적인 요소와, <운동 자체의 완성성+그 효력>이라고 하는 애스펙트적인 요소를 포함한 복합적인 시간개념이라고 정의하고 있다.

엿쩌>형식이 사용된 「먹엇쩌, 갓쩌」는 과거에 완성된 운동이 현재
와 관계지어져 있기 때문에 현재퍼펙트의 의미를 나타내고 있다고
할 수 있다. 그리고 <ㅎ엿쩌>형식이 현재퍼펙트의 의미를 나타내는
경우, 현재퍼펙트의 의미를 나타내는 <ㅎ연 잇쩌>형식과의 교체가
가능해진다. 따라서 예(51)(52)의 「먹엇쩌, 갓쩌」는 「먹언 잇쩌, 간
잇쩌」로 바꿀 수 있다. 한편 공통어의 <했다>형식도 <ㅎ엿쩌>형식
과 마찬가지로 현재퍼펙트의 의미를 나타낼 수 있다.

    (53) 벚꽃이 벌써 <u>피었네</u>.
    (54) 영희는 흰 원피스를 <u>입었어</u>. 찾기 쉬울거야.

    공통어에 있어서도 <했다>형식이 사용된 예(53)의 「피었네」는
벚꽃이 피었다는 운동이 과거에 종료하여 발화시점인 현재에도 그
결과·효력이 남아 있다는 의미로 현재퍼펙트의 의미를 나타내고 있
다. 그리고 예(54)의 「입었어」도 원피스를 입었다고 하는 운동의 종
료에 의한 변화·효력이 현재와 관계지어져 있는 현재퍼펙트의 의미
를 나타내고 있다. 그러나 예(53)의 「피다」와 같은 주체변화동사의
<했다>형식이 현재퍼펙트의 의미를 나타내는 경우에는 <해 있다>
형식으로 바꿀 수 있지만, 예(54)의 「입다」와 같은 주체변화동사 중
에서도 재귀동사의 경우에는 <해 있다>형식으로 바꿀 수 없고 <하
고 있다>형식으로 바꿀 수 있게 된다.
    또한, <했다>형식은 동사의 어휘적 의미로부터 해방되어 주제변
화동사 뿐만아니라 주체동작동사와도 사용되어 현재퍼펙트의 의미

를 나타낼 수 있게 된다.

(55) 기쁠 때나 화날 때나 늘 변함없이 덤덤한 목소리다.

「유희한테 들었어. 안 좋은 일 있었다면서?」

「안 좋은 일은 무슨·」

「그래도 이번엔 잘 될 줄 알았는데. 이번에 걔는 널 되게 좋아했

잖아.」   (달콤한 나의 도시:102)

예(55)는 주체동작동사의 <했다>형식이 사용된 예로, 이미 이야
기를 듣고 그 결과·효력으로서 발화시점이 현재 그 이야기에 관해
알고 있다는 의미로 현재퍼펙트의 의미를 나타내고 있다. 이러한 현
재퍼펙트를 나타내는 주체동작동사의 <했다>형식은 제주시방언
의 <ᄒ엿쩌>형식이 주체동작동사의 경우에도 <ᄒ연 잇쩌>형식과
교체가 가능한 것과는 달리, <해 있다>형식으로도 <하고 있다>형
식으로도 교체가 불가능하다.

그리고 제주시방언의 <ᄒ엿쩌>형식과 공통어의 <했다>형식은
텐스적으로 과거의 의미를 나타내지만 퍼펙트에 있어서 마찬가지
로 과거의 의미를 나타내는 과거퍼펙트로서는 사용되지않는다.

반면, 일본어의 있어서는 공통어도 우와지마방언도 <シタ>형식
이 현재퍼펙트의 의미를 나타낼 수 있다[11].

11 工藤(2001:125)는 현대일본어에 있어서 비분석적인 シタ형식은 <완성상과거>
　　를 나타내지만, 또한 <현재퍼펙ㅏ>의 용법도 갖고 있어서 이것이 <오래된 퍼펙
　　트>라고 한다면, 분석적 형식인 シテイル형식이 나타내는 퍼펙트는 <결과>로부
　　터 발전해온 <새로운 퍼펙트>이고, 문법화가 점차적 프로세스이기 때문에 오

(56) 「駐車場内に痴漢が<u>出ました</u>。手隙の男性バイトは捕まえるのに協力し

てください。」   (三匹のおっさん : 111)

(57) 椅子に腰かけながら、研人は訊いた。「おじいちゃんたちは？」

「お散歩がてら、買い物に<u>行った</u>わ。」と母は気怠そうに答えた。

(ジェノサイド(上) : 69)

(58) 「そのはなしはもう<u>聞いた</u>。」

(59) 「先生、もう<u>来た</u>かな？」「うん、来たぜ」   (工藤1995 : 288)

(60) 「ごはん、もう<u>食べた</u>かな？」「まだ食べとらんのよ」 (工藤1995 : 288)

예(56)~(58)는 공통어의 예로, 「出ました、行った、聞いた」는 그 운동이 과거의 시점에서 완성되어 그 결과·효력이 발화시점인 현재와 관계지어져 현재퍼펙트의 의미를 나타내고 있다. 이처럼 일본어의 공통어에서의 <シタ>형식도 현재퍼펙트의 의미를 나타내는 경우 <シテイル>형식으로의 교체가 가능하게 된다. 그리고 예(59)(60)는 우와지마방언의 예로 공통어의 <シタ>형식과 마찬가지로 현재퍼펙트의 의미를 나타내고 있다. 우와지마방언의 <シタ>형식이 현재퍼펙트의 의미를 나타내는 경우에는 퍼펙트를 나타내는 전용형식인 <シトル>형식으로 바꿀 수 있다. 이와 같이 공통어와 우와지마방언의 <シタ>형식은 공통어의 <シテイル>형식과 우와지마방언의 <シトル>형식과는 달리 미래퍼펙트와 과거퍼펙트의 의미를 나타낼 수 없고, 현재퍼펙트의 의미만을 나타내게 된다.

래된 것은 한꺼번에 없어지지 않고 <層化(layering)>로서 오래된 것과 새로운 것이 공시적으로 존재하는 경우가 많다고 지적하고 있다.

3) 반복습관

제주시방언의 <ᄒᆞ엿쩌>형식은 파생적의미로서 반복습관의 의미를 나타낼 수 있다.

> (61) 느네 하르방 젊었을 땐 술 하영 <u>먹엇쩌</u>.
>
>   (あなたのおじいさんは若いときは酒たくさん飲んだ。)
>
> (62) 옛날엔 먹을거 어선 사름들 하영 <u>죽엇쩌</u>.
>
>   (昔は食べ物がなくて人がたくさん死んだ。)

예(61)(62)는 완성상과거를 나타내는 <ᄒᆞ엿쩌>형식이 사용되어 과거의 반복습관의 의미를 나타내고 있는 예이다. 제주시방언의 <ᄒᆞ엿쩌>형식이 반복습관의 의미를 나타내는 경우, 진행의 의미를 나타내는 <ᄒᆞ염쩌>형식의 과거형인 <ᄒᆞ염섯쩌>형식으로의 교체는 불가능하다. 따라서 예(61)(62)와 같은 <ᄒᆞ엿쩌>형식이 과거의 반복습관을 나타내는 경우에는 「먹엄섯쩌, 죽엄섯쩌」로 바꿔서 과거의 반복습관의 의미를 나타낼 수 없다.

공통어의 경우에도 <했다>형식이 과거의 반복습관의 의미를 나타낼 수 있다.

> (63) 영희는 어렸을 때 늘 원피스만 <u>입었다</u>.
>
> (64) 학교 다녔을 때는 매일 아침 6시에 학교에 <u>갔다</u>.
>
> (65) 작년까지는 한가할 때 영화를 자주 <u>봤다</u>.

예(63)(65)는 공통어의 예로 <했다>형식이 사용되어 제주시방언의 <ᄒᆞ엿쩌>형식과 마찬가지로 과거의 반복습관의 의미를 나타내고 있다. 공통어의 <했다>형식이 과거의 반복습관의 의미를 나타내는 경우 예(63)의 「입다」와 같은 재귀동사는 <하고 있다>형식으로의 교체가 가능하지만, 예(64)의 「가다」와 같은 주체의 의지적동작에 의한 위치변화동사는 <하고 있다>형식이 아니라 <해 있다>형식으로 바꿀 수 있다. 그러나 예(65)의 「보다」와 같은 주체동작동사의 경우에는 <하고 있다>형식으로도 <해 있다>형식으로도 바꿀 수 없다.

일본어의 경우, 공통어도 우와지마방언도 <シタ>형식이 파생적 의미로서 반복습관의 의미를 나타낼 수 있다.

(66) 花子は子供の時よく泣いた。

(67) 私は一年前までは家でよくおかずを作った。

(68) 小さい頃は、よう、本を読んだなあ。　　　　　(工藤1995 : 288)

(69) あの人は若い頃よー酒飲んだぜ。　　　　　　(工藤2014 : 373)

예(66)(67)는 공통어의 예로 「泣いた、作った」는 과거에 있어서의 반복습관의 의미를 나타내고 있다. 운동의 시간적전개를 복합화하는 반복습관은 운동을 완성적으로도 계속적으로도 복합적으로 받아들여지기 때문에 일본어에 있어서는 <スル(シタ)>형식과 <シテイル(シテイタ)>형식과의 중화가 일어나서 <スル(シタ)>형식과 <シテイル(シテイタ)>형식과의 교체가 가능하게 된다. 따라서 例(66)(67)의

「泣いた、作った」는「泣いていた、作っていた」로 바꿀 수 있게 된다. 그리고 예(68)(69)는 우와지마방언의 예로 공통어와 마찬가지로 <シタ>형식이 사용되어 과거의 반복습관의 의미를 나타내고 있다. 우와지마방언의 경우 반복습관을 나타내는 <スル(シタ)>형식은 <シヨル(シヨッタ)>형식과 중화가 일어나 <スル(シタ)>형식과 <シヨル(シヨッタ)>형식으로의 교체가 가능하게 된다. 따라서 예(68)(69)의「読んだ、飲んだ」는「読みよった、飲みよった」로 바꿀 수 있게 된다.

5 맺음말

이상으로 완성상 형식이 갖고 있는 의미/기능을 제주시방언의 <ᄒᆞ염쩌>형식과 우와지마방언의 <スル>형식을 중심으로 한일 양언어의 대조를 통하여 고찰해보았다. 이를 표로 정리해 보면 다음과 같다.

| | 韓国語 | | 日本語 | |
	済州市	共通語	共通語	宇和島方言
非過去	<ᄒᆞ염쩌>	<한다>	<スル>	<スル>
	完成相 動作進行 変化進行 反復習慣	完成相 動作進行 反復習慣 特性	完成相 反復習慣 特性	完成相 反復習慣 特性
過去	<ᄒᆞ엿쩌>	<했다>	<シタ>	<シタ>
	完成相 現在パーフェクト 反復習慣	完成相 現在パーフェクト 反復習慣	完成相 現在パーフェクト 反復習慣	完成相 現在パーフェクト 反復習慣

　종래의 연구로부터도 알 수 있듯이 제주방언의 애스펙트에 관한 연구가 공통어와 비교하여도 결코 늦지 않은 시기부터 이루어져 왔음에도 불구하고 제주방언의 애스펙트의 체계화가 이루어졌다고 보기는 어려운 것 같다. 이에 본 연구에서는 제주방언의 애스펙트의 체계화를 위한 한 단계로서 완성상에 대하여 일본어의 우와지마방언과의 대조를 통하여 고찰하고 하였다. 아직 산적해 있는 문제점도 많이 있으리라 생각되지만 이를 바탕으로 하여 언어유형론적 관점에서 한일 양언어의 대조를 통하여 제주방언의 애스펙트 체계화에 도움이 되도록 연구해나가고자 한다.

〈참고문헌〉

고영근(2007) 『한국어의 시제 서법 동작상』 태학사(보정판), pp.1-575.
고영진(2008) 「제주도 방언의 형태론적 상 범주의 체계화를 위하여」 한글 280, pp.101-128.
문숙영(1998) 「제주도 방언의 시상 형태에 대한 연구』 서울대 대학원 석사논문, pp.1-110.
＿＿＿(2004) 「제주 방언의 현재시제 형태소에 대하여」 형태론 6권 2호, pp.293 -316.
우창현(1997) 『濟州 方言의 時相範疇에 대하여-'암시'와 '아시'를 중심으로-』 서강어문 13, pp.57-81.
＿＿＿(2001) 「제주 방언 선어말어미 '-엇-'에 대하여」 순천향어문논집, pp.385 -402
이남덕(1982) 「제주방언의 동사 종결어미 변화에 나타난 시상체계에 대하여」 한국문화연구원논총40, 이화여대 한국문화연구원, pp.7-54.
이숭녕(1957) 『濟州道方言의 形態論的 硏究』 동방학지 3, pp.41-193.
한동완(1999) 「'-고 있-' 구성의 중의성에 대하여」 한국어 의미학 5, pp.215-248.
＿＿＿(2000) 「'-어 있-' 구성의 결합제약에 대하여」 형태론 2권 2호, pp.257-288.
현용준·김영돈(1980) 『한국구비문학대계 9-2』 한국정신문화연구원, pp.3-738.
현평효(1976) 『濟州道方言의 定動詞語尾硏究』 東國大學校 韓國學硏究叢書 3,

pp.1-148.

홍종림(1993)『제주방언의 樣態와 相』한신문화사, pp.1-172.

奥田靖雄(1985)『ことばの研究・序説』むぎ書房

工藤真由美(1995)『アスペクト・テンス体系とテクスト-現代日本語の時間の表現』ひつ
じ書房、pp.1-317.

　　　　　(2001)「アスペクト大系の生成と進化―西日本方言を中心に」『ことばの科
学10』むぎ書房、pp.117-173.

　　　　　(2014)『現代日本語ムード・テンス・アスペクト論』ひつじ書房、pp.1-674.

工藤真由美他(2006)『シリーズ方言学2方言の文法』岩波書店、pp.93-136.

湯谷幸利(1978)「現代韓國語의 動詞分類-aspect를 中心으로-」朝鮮学報87, pp.1-35.

Bybee, J. L., R. Perkins, and W. Pagliuca(1994), *The Evolution of Grammar:
tense, aspect, and modality in the languages of the world*, Chicago:
University of Chicago Press., pp.1-398.

Comrie, B.(1976), *Aspect,* Cambridge University Press., pp.1-138.

Nedjalkov, V. P. and S. Je. Jaxontov(1988), The Typology of Resultative
Constructions, In V. P. Nedjalkov(ed.), *Typology of Resultative
Constructions*, 3-62.

〈용례출전〉 ────────────────────────────────────

정유정(2011)『7년의 밤』은행나무
정이현(2006)『달콤한 나의 도시』문학과지성사
有川浩(2012)『三匹のおっさん』文春文庫
伊坂幸太郎(2013)『マリアビートル』角川文庫
高野和明(2010)『ジェノサイド(上)』角川文庫
道尾秀介(2012)『光媒の花』集英社文庫
柚木麻子(2015)『ランチのアッコちゃん』双葉文庫

〈사진 출처〉 ────────────────────────────────────

직접 촬영

현대 일본어학 연구의 논제와 과제

제3장

한국어 '이/가'와
일본어 'が'의 대조 연구

박 민 영

한국어 '이/가'와
일본어 'が'의 대조 연구

본고에서는 주어를 나타내는 형식(nominative marker)인 한국어의 '이/가'와 일본어의 'が'에 대하여 대조 고찰하고자 한다.

한국어와 일본어는 기본어순이 SOV형이고 교착어라는 점에서 유형적인 공통점이 많다. 그 중에서도 부속어로서 조사를 사용하는 점, 특히 주어(subject)와 주제(topic)를 나타내는 조사가 구별되어 있다는 점에서 세계 어느 언어에서도 볼 수 없는 공통점을 갖고 있다.

한국어의 '이/가'와 '은/는', 그리고 이에 대응되는 일본어의 'が'와 'は'는 문의 구조상 맨 앞에 위치하는 형식이지만 주어와 주제라는 문법적인 의미와 관련하여 다른 종류의 형식으로 취급되어 왔다. 주어를 나타내는 '이/가'와 'が'는 둘 다 격조사로 분류되는 것이 일반적이지만 주제를 나타내는 '은/는'과 'は'는 한국어에서는 보조사, 일본어에서는 계조사(係り助詞)로 분류된다.

이제까지 한일 양언어의 선행연구를 살펴보면 각각의 개별 연구에 있어서 주어와 주제의 차이를 고찰하는 연구, 예를 들어 '이/가'와 '은/는'의 차이 및 'が'와 'は'의 차이를 고찰하는 연구는 방대하지만 양 언어의 대응 형식을 비교 고찰하는 연구, 예를 들어 '이/가'와 'が'의 차이 및 '은/는'과 'は'의 차이를 비교 고찰하는 연구는 상대적으로 많지 않다.

이것은 한국어의 '이/가'와 일본어의 'が', 한국어의 '은/는'와 일본어의 'は'가 거의 일대일로 대응하고 있다는 점에 기인하는 것으로 생각된다. 즉 한국어와 일본어는 세계의 언어 중에서 공통적으로 주어와 주제를 구별하는 형식을 갖고 있고 또한 각각의 대응 형식이

의미용법 면에서도 유사하기 때문에 오히려 차이점이 간과되고 있는 것이다.

따라서 본고에서는 양 형식이 가진 미묘한 차이점에 주목하여 주어를 나타내는 형식인 한국어의 '이/가'와 일본어의 'が'를 비교 고찰하고자 한다. 고찰에 있어서는 특히 구노스스무(久野障,1973)의 "정보의 신구"라는 점에 주목하여 고찰 대상을 문맥으로 확장하여 텍스트 전체를 통하여 한국어의 '이/가'와 일본어의 'が'의 차이점에 대하여 살펴보고자 한다.

1 한국어의 '이/가'와 일본어의 'が'의 대응 관계

한국어의 문법에 있어서도 일본어의 문법에 있어서도 '이/가'와 'が'는 주격조사로 취급된다.

한국어의 '이/가'는 선행하는 음운에 따라서 2가지의 이형태로 사용되며 다음과 같이 다양한 용법을 갖고 있다.

여기서는 우선 『외국인을 위한 한국어문법2 용어편』(2005)을 중심으로 한국어의 '이/가'의 용법을 개관하고 다음으로 일본어의 'が'와의 대응관계에 대해 살펴보고자 한다.

양 언어의 주격조사의 대응관계를 보면 다음과 같다.

〈표1〉 한국어 '이/가'의 의미용법과 일본어 'が'와의 대응관계

	한국어의 '이/가'의 의미용법	일본어의 'が'와의 대응관계
①	['누가 무엇을 하다, 누가 어찌하다, 무엇이 무엇이다' 구성에서] 어떠한 상황이나 상태의 주제나 대상임을 나타낸다. 예) **동생이** 밥을 먹는다. (≒**弟が**ご飯を食べる。)	동일
②	['좋다, 부럽다, 무섭다, 그립다' 등의 형용사와 함께 쓰여] 어떠한 기분을 느끼게 하는 대상임을 나타낸다. 예) 나는 **귤이** 좋아. (≒私は**みかんが**好きだ。)	동일
③	['되다, 아니다'의 앞에 쓰여] 주어가 된 대상, 주어가 아닌 대상을 가리킨다. 예) 나는 커서 **대통령이** 되고 싶어요. (≠私は大きくなって**大統領に**なりたいです。)	다름
④	['얼마가 지나다/남다' 구성에서] 그 수량을 지적하여 강조한다. 예) 한국에 온 지 벌써 **1년이** 지났어요. (≒韓国に来てもう**一年が**たちました。)	동일
⑤	새로운 화제를 도입하여 말할 때 쓴다. 예) 옛날에 어떤 사람이 살았습니다. (≒昔、ある**人が**住んでいました。)	동일
⑥	'누구, 어디, 무엇'등이 있는 문장의 주어에 쓰며, 그에 대한 대답에도 쓴다. 예) 선생님: 다음에 **누가** 하겠어요?(≒次に**だれが**やりますか。) 학생: **마이클이** 할 겁니다. (≒**マイクルが**やります。)	동일
⑦	여럿 가운데 하나를 지정하여 강조할 때 쓴다. 예) 제 동생은 **눈이** 예뻐요.(≒妹は**目が**かわいい。)	동일
⑧	인용되는 말의 출처를 나타낸다. 예) 의사 말이 더 이상 술을 마시면 위험하대. (≠**医者の話では**これ以上お酒を飲むと危ないって。)	다름

상기 <표 1> 중에서 주어에 해당되는 것은 ①, ⑤, ⑥이다. 주어의 정의 및 범주에 대한 연구도 아직 충분하다고 말할 수는 없지만 Li, C. N. &Thompson, S. A.(1976) 에 의하면 "Verb determines <subject>. Always an argument of the verb. Obligatory of subject-verb agreement." 라고 정의되어 있다. 이와 같은 주어와 동사와의 관계를 생각하면 주어에 해당되는 것은 ①, ⑤, ⑥이며 여기에서도 이에 해당되는 경우를 고찰 대상으로 한다.

한편 일본어의 연구에 있어서 'が'는 크게 <중립서술(中立叙述)> 과 <총기(総記)> 로 나누어진다.

<중립서술> 이라는 것은 "雨が降っている(비가 내리다)。男の人が 倒れている(남자가 쓰러져 있다)。" 처럼 무제문(無題文) 에서 사용되는 경우로서 이른바 "현상문(現象文)"을 말한다.

<총기>라는 것은 "この方が山田さんです。(이 분이 야마다상입니다)"의 경우와 같이 '다름이 아니라 바로 이 분이 야마다상이다' 라는 지시 의미가 강조되는 경우로서 이 경우 'が'가 사용되는 문 전체는 유제문(有題文)이 된다.

이 2가지 의미를 토대로 앞의 <표 1>의 용례를 살펴보면 ①과 ⑥은 <총기>, ⑤는 <중립서술>로 분류할 수 있다. 그러나 이것은 어디까지나 일차적인 분류로서 <총기>인가 <중립서술>인가의 분류는 지시 대상에 대한 초점과도 관련이 있기 때문에 단순하게 단문 레벨에서 판단하기에는 어렵다고 생각된다.

한편 전술한 바와 같이 주어를 나타내는 'が'는 지금까지 주제를 나타내는 'は'와의 비교를 통해서 고찰되어 왔다. 일본어교육현장

에서도 가장 영향력이 있는 노다히사시(野田尚史, 1996)는 'が'와
'は'의 구별에 관하여 다음과 같이 5가지의 원리를 제안하고 있다.

(1)   구정부(旧情報)의 'は'   / 신정보(新情報)의 'が'

(2)   판단문(判断文)의 'は'   / 현상문(現象文)의 'が'

(3)   문 말까지 지배하는 'は' / 배타(排他)의 'が'

(4)   대비(対比)의 'は'   / 배타(排他)의 'が'

(5)   조정(措定)의 'は'   / 지정(指定)의 'が'

노다는 최근 개편된 『新版日本語教育事典』(2005, 日本語教育学会
編)에서도 'は'와 'が'를 설명하기 위해서는 적어도 다음의 4가지 기
준에 대한 설명이 필요하다고 말하고 있다.

〈표 2〉 'は'와 'が'를 구분하는 4가지 기준

「は」		「が」	
私は京都に住んでいます。 (나는 교토에 살고 있습니다.)	유제문 有題文	무제문 無題文	きのう北海道で地震がありました。 (어제 홋카이도에서 지진이 있었습니다.)
これは何ですか。 (이것은 무엇입니까?)	현제문 顕題文	음제문 陰題文	だれがそんなことを言ったんですか。 (누가 그런 말을 했습니까?)
私は高校生です。 (나는 고등학생입니다.)	문말까지 文末まで 支配する	절안에서 節の中で 使われる	私が高校生のとき、父が亡くなりました。 (내가 고등학생일 때 아버지가 돌아가셨습니다.)

「は」			「が」
<u>私の家では</u>弟がいち ばん背が高いです。 (<u>**우리 집에서는**</u> 남동 생이 제일 키가 큽니다.)	대비 對比	배타 排他	<u>私の家では</u>**弟が**いちばん背が 高いです。 (우리 집에서는 **남동생이** 제 일 키가 큽니다.)

　이와 같은 설명은 주로 일본어교육 현장에서 활용되는데 이것은 '는' 와 'が'가 문법적으로는 다른 종류의 조사이지만 술어에 대응하는 형식으로서 둘 다 문의 맨 처음에 위치하기 때문에 일본어를 습득하는 외국인들은 모두(사실을 말하자면 한국인 일본어 학습자를 제외하고는 모두) 두 형식에 대한 오용이 많기 때문이다.

　다만, 한국어 학습자에게도 오용이 없는 것은 아니다. 한국어의 '이/가'와 일본어의 'が'는 일차적 대응관계이지만 완전 일치는 아니다. 따라서 아주 미묘한 부분에서 오용이 발견되는 데 그 중 하나가 의문문의 경우이다.

　일본어에서는 의문사를 동반한 질문문에 있어서 「これは何ですか。(<u>**이것은**</u> 무엇입니까?)」는 옳고 「<u>***これが**</u>何ですか。(이것이 무엇입니까?)」는 비문이 된다. 그러나 한국어에서는 "<u>**이것은**</u> 무엇입니까?"뿐만이 아니라 "<u>**이것이**</u> 무엇입니까?"와 같이 둘 다 사용하고 있다. 따라서 한국인 일본어학습자는 종종 「*トイレがどこですか。(화장실이 어디입니까?)」라는 잘못된 표현을 사용하게 되는데 이것은 모국어의 간섭이다. 한국어에서는 "<u>**화장실은**</u> 어디입니까?"와 함께 "<u>**화장실이**</u> 어디입니까?", 양쪽 다 사용하기 때문이다.

　이상과 같이 한국어의 '이/가'와 일본어의 'が'의 대응관계를 살펴

보았지만 문 레벨의 비교에서는 의문문의 경우를 제외하고는 두 형식의 차이가 발생하는 유의미한 근거를 얻을 수 없었다. 따라서 본고에서는 연구 대상을 문 레벨에서 문장 전체의 텍스트로 확장하여 양형식의 차이점을 살펴보고자 한다.

이와 관련하여 가장 주목하고 싶은 연구는 구노스스무(1973)의 "정보의 신구(新旧)"라는 관점과 Lee&Shimojo(2010)의 'は, が'와 '은/는, 이/가'의 교체현상에 관한 연구이다.

구노스스무(1973)는 일본어의 'が'와 'は'를 기능적인 측면에서 분류하여 주제가 될 수 있는 것은 화자와 청자 사이에 이미 공유된 사실이 전제가 될 때이며 따라서 'は'는 구정보(旧情報)를, 'が'는 신정보(新情報)를 나타낸다고 기술하고 있다.

Lee&Shimojo(2010)에서는 성경의 한일번역을 비교분석하면서 일본어의 'は'는 '은/는'뿐만이 아니라 '이/가'에도 대응할 때가 있다고 지적하고, 문맥에 있어서 'は, が'와 '은/는, 이/가'의 교차 사용에 대하여 포괄적으로 고찰하고 있다.

양쪽 다 필자의 생각과 마찬가지로 문맥 분석, 즉 고찰 대상을 텍스트로 확장하고 있는 점에서 상당히 흥미롭다.

2 '이/가'와 'が'의 텍스트적인 의미기능

고찰에 앞서 다시 한 번 정리하면 본고의 목적은 대화와 담화라는 텍스트 분석을 통해 한국어 '이/가'와 일본어 'が'의 의미기능을 고찰하는 것이다. 거듭 서술했듯이 '이/가'와 'が'의 미묘한 차이는 문 레벨에서는 의문사를 동반한 질문문 외에는 명확한 근거를 확인할 수 없었기 때문에 본고에서는 텍스트 분석을 통해 특히 구노스스무 (1973)의 "정보의 신구"라는 관점에서 양자의 공통점과 차이점을 살펴보기로 한다.

구노스스무(1973)는 'は'는 구정보를 나타내고 'が'는 신정보를 나타내는 것으로 설명하고 있다. 여기서 'が'가 나타내는 신정보란 화자와 청자 사이에 알려지지 않는 것이 전제가 되어 있다고 기술되어 있다. 그러나 실제 용례를 살펴보면 'が'가 반드시 신정보라고 할 수 없는 경우가 있기 때문에 구노스스무(1973)가 말하는 "정보의 신구"개념에 대하여 보다 명확하게 정의할 필요가 있다고 생각된다.

따라서 본고에서는 구노스스무(1973)에서 제시된 "정보의 신구" 개념을 보다 더 엄격하게 구분하여 1)텍스트에 있어서 신정보인지 구정보인지 (Discourse-new/ Discourse-old), 2)청자에 있어서 신정 보인지 구정보인지 (Hearer-new/ Hearer- old)로 하위 분류하여 고 찰하고자 한다.

이와 같이 "정보의 신구"에 대하여 보다 구체적으로 텍스트에 있어서의 신구인지, 청자에 있어서의 신구인지라는 2가지 관점에서 생각하면 이론상 가능한 패턴은 다음과 같다.

1) Discourse-new, Hearer-new

2) Discourse-new, Hearer-old

3) Discourse-old, Hearer-new

4) 　Discourse-old, Hearer-old

이 중에서 신정보를 나타내는 'が'의 가장 전형적인 패턴은 1)
<Discourse-new, Hearer-new>이고 구정보를 나타내는 'は'의 가장
전형적인 패턴은 4) <Discourse-old, Hearer-old>가 된다. 그러나 본
고에서와 같이 "정보의 신구"를 세분화하게 되면 선행연구에서 애매
하게 취급되던 2) <Discourse-new, Hearer-old> 와 3) <Discourse-
old, Hearer- new>와 같은 중간적인 단계에 대한 고찰도 가능해질
것으로 생각된다.

그럼 이하, 일본어의 'が'를 중심으로 각각의 패턴에 대해 살펴보
기로 하자.

1) ⟨Discourse-new, Hearer-new⟩

이 패턴은 아직까지 없었던 전혀 새로운 정보가 제시되는 경우로
서 주어를 나타내는 형식중 가장 전형적인 신정보 용법이다.

(1) 　ある八月の午後、大きな木箱と水筒を、肩から十文字にかけ、まるでこ
　　れから山登りでもするように、ズボンの裾を靴下のなかにたくしこんだ、
　　ネズミ色のピケ帽の男が一人、Ｓ駅のプラットホームに降り立った。
　　だが、このあたりには、わざわざ登るほどの山はない。改札口で切符を
　　受取った駅員も、つい不審の表情で見送った。男はためらいも見せ
　　ず、駅前のバスの、一番奥の座席に乗り込んだ。それは山とは逆方向

に向うバスだった。 (『砂の女』)

(어느 8월의 오후 커다란 나무상자와 물통을 어깨에 십자 모양
으로 걸치고 마치 이제부터 등산이라도 하려는 듯이 바지 자락
을 양말 안에 찔러 넣고 <u>쥐색 챙 모자를 쓴 남자가</u> 한 사람, S 역
의 플랫홈에 내려섰다.

그러나 이 근처에는 일부러 오를 정도의 산은 없다. 개찰구에서
표를 받은 역원도 바로 의심하는 표정으로 쳐다보았다. 남자는
주저함도 없이 역 앞의 버스의 가장 안 쪽 좌석에 타 올랐다. 그
것은 산과는 반대 방향으로 가는 버스였다.)

용례 (1)은 소설의 첫머리 부분으로 주인공인 남자가 등장하는 장
면이다. 텍스트에 있어서도 첫 등장이고 청자(여기서는 독자)에 있
어서도 전혀 새로운 정보라는 것으로 <Discourse-new, Hearer-
new>에 해당한다.

옛날이야기에 자주 등장하는 "옛날옛날 어느 마을에 **할아버지와**
할머니가 살았습니다. 할아버지는 산에 나무를 하러, 할머니는 강에
빨래를 하로 갔습니다. …"와 같이 처음 등장하는 인물이 '이/가' 또
는 'が'로 표시되는 것도 이 패턴의 전형적인 예이다.

그러나 소설의 첫머리의 첫 등장인물이 모두 'が'로 표시되는 것
은 아니다. 다음과 같은 특수 경우가 존재한다.

먼저 불특정인물이라도 다음과 같이 'は'로 마크되는 경우가 있
다. 이 경우는 이미 청자가 알고 있을 것이라는 공유지식을 전제로
하고 있는 것이라고 생각된다.

아래의 용례는 "백설공주" 이야기를 새로 해석한 소설의 첫머리
인데 누구나 알고 있을 것 을 전제로 처음 등장하는 불특정인물인
"왕비"는 구정보를 나타내는 "は"로 표시되어 있다.

(3)　<u>王妃は</u>廊下の曲がり角に身をひそめて待っていた。燭台の仄暗い明か
　　　りが、長々とつづく廊下をじらじらと照らしている。
　　　そのとき、廊下を擦るような忍び足の足音が聞こえ、マントに顔を隠す
　　　ようにして、一人の大柄な男が向こうから歩いてきた。それが他ならぬ
　　　王であることを、王妃はすぶにみとめた。

(『本当は恐ろしいグリム童話』)

　　　(왕비는 복도가 굽어진 곳에 몸을 숨기고 기다리고 있었다. 촛
　　　대의 어슴푸레한 불빛이 길게 이어진 복도를 비추고 있었다.
　　　그 때 복도 바닥을 스치듯이 살금살금 걸어오는 발소리가 들리
　　　고 망토에 몸을 숨긴 한 체격이 좋은 남자가 저쪽으로부터 걸어
　　　왔다. 그게 바로 왕이라는 것을 왕비는 바로 알아차렸다.)

다음으로 아래와 같이 특정인물이 등장하는 경우에는 'は'로 표시
되기 쉽다. 특히 처음 등장하는 인물이지만 등장인물에 대하여 뭔가
구체적인 정보가 있을 경우(여기서는 '소설가') 이미 그 인물에 대한
정보가 제시된 것으로 간주하여 마치 구정보와 같이 취급되는 것이
다. 혹은 구정보를 나타내는 'は'를 사용함으로서 새로운 인물임에
도 불구하고 독자들도 이미 알고 있는 구정보로서 효과를 연출하고
있는 것인지도 모른다.

(2)　秋もおわりのある寒い夜のことである。

　　　岡の上の畑のまん中にたっている一軒家で、**小説家のフン先生は**、冷
　　　飯に大根のつめたいみそ汁をぶっかけて、その日七度目にあたる食事
　　　を胃の中へ流し込んでいた。　　　　　　　　　　　　　（『フンとブン』）

(가을도 거의 끝나는 어느 추운 밤의 일이다.

언덕 위의 밭 한 가운데 지어진 단독 주택에서 <u>소설가 Hun 선생</u>
<u>님은</u> 찬밥에 차갑게 식은 무 된장국을 부어서 그 날 일곱 번째에
해당하는 식사를 위 속으로 부어 넣고 있었다.)

이상과 같이 <Discourse-new, Hearer-new>는 신정보의 가장 전
형적인 패턴으로서 일본어의 'が'와 한국어의 '이/가'에 공통적으로
해당된다.

2) 〈Discourse-new, Hearer-old〉

종래 연구에서 언급이 적은 이 패턴은 사실은 '질문문'에서 확인
할 수 있다.

일본어에서도 한국어에서도 「トイレはどこですか(화장실은 어디입
니까)?」처럼 의문사를 동반한 질문문에서는 자주 'は'와 '은/는'을
사용한다.

생각해보면 '질문'이라는 언어행동은 청자에 있어서는 전혀 예상
조차 못하는 화자의 일방적인 작용이고 그런 의미에서 'は'와 '은/
는' 본연의 구정보라는 의미기능과 일치하지 않는 것으로 생각할 수

도 있다.

과연 질문문에서의 '‘は’와 ‘은/는’의 사용은 특수한 예외인 것일까?

필자는 이것은 ‘は’와 ‘은/는’의 예외가 아니라 ‘정보의 신구’의 득수한 패턴이라고 생각한다. 다시 말해서 전형적인 구정보나 전형적인 신정보가 아니라, 텍스트로 보면 새로운 정보이지만 청자에게는 구정보로 취급되는, 다시 말해서 <Discourse-new, Hearer-old>의 경우인 것이다.

일본어에서도 한국어에서도 질문문의 경우 일반적으로 ‘は’나 ‘은/는’을 사용한다는 것은 사실은 텍스트에서는 돌발적인 상황 <Discourse-new>이지만 질문을 받는 상대(청자)가 이미 답을 “알고 있다”<Hearer-old>는 사실을 함의하고 있다고 말할 수 있다.

우리는 상대방에게 무언가를 묻고 싶을 때 많은 경우 “알고 있을 것 같은” 사람을 찾아서 질문을 한다. 또한 「トイレはどこですか(화장실은 어디입니까)?」라는 질문에 대한 부정의 답이 종종 “저도 잘 모르는데요.”와 같이 “모르다”라는 표현이 사용된다는 것은 질문이라는 언어행동의 전제에는 “청자는 이미 알고 있다”, 다시 말해서 <Hearer-old>를 전제로 하고 있다고 말할 수 있다.

따라서 ‘정보의 신구’를 세분화함으로서 질문문에서의 ‘は’나 ‘은/는’의 사용은 <구정보>의 예외가 아니라 <구정보>의 또 다른 패턴이 되는 것이다.

다만 전술한 바와 같이 일본어에서는 의문사를 동반한 질문문에서 「これは何ですか。トイレはどこですか。」와 같이 ‘は’만 사용되지만 한국어에서는 "**이것[은/이]** 무엇입니까(*これがなんですか)?, **화장실[은/이]** 어디입니까(*トイレがどこですか)? "와 같이 '이/가'도 사용된다.

이러한 '이/가'의 용법을 통하여 한국어에서는 앞서 기술한 1) <Discourse-new, Hearer-new>패턴과 관련하여 텍스트에 있어서 새로 등장하는 정보, 다시 말해서 <Discourse-new>의 경우에는 필수적으로 '이/가'를 표시하여 신정보로 제시하고 있다고 말할 수 있다.

3) ⟨Discourse-old, Hearer-new⟩

이 패턴은 텍스트에 있어서 이미 나와 있는 내용을 구정보로 취급하지 않고 다시 새로운 정보로써 제시하는 경우이다. 한국어에서 종종 관찰되는 이 패턴은 일본어에서는 보기 드물다.

> (4) A: ① 저어, <u>한일영화관은/이</u> 어디 있어요?
>   B: ② <u>한일빌딩 3층에 있어요.</u>
>   A: ③ **한일빌딩은/ 한일빌딩이** 어디 있어요?
>   B: ④ 우체국 앞에 있어요.

상기 (4)의 한국어 용례는 장소를 묻는 경우의 대화이다. 첫 번째 대화 ①② 를 통해서 A가 찾고 있는 '한일영화관'이 '한일빌딩 3층'에 있다는 것이 제시되었다. 이미 제시되었기 때문에 이 경우 '한일

빌딩'은 구정보로 취급됨에도 불구하고 한국어에서는 신정보를 표
시하는 '이/가'도 함께 사용되고 있다.

　이와 유사한 장면을 일본으로 설정한 것이 다음(5)이지만 일본어
대화에서는 ③의 "한일빌딩"을 묻는 질문에서는 'は'를 표시히는 것
이 일반적이다.

　　5)　A: ①　あの、韓日映画館はどこですか。

　　　　B: ②　韓日ビルの3階にあります。

　　　　A: ③　**韓日ビルは** ／* **韓日ビルが**どこにありますか。

　　　　B: ④　郵便局の前にあります。

　이와 같은 <Discourse-old, Hearer-new>의 의미기능은 한국어
'이/가'에만 보이는 특징 중 하나이다.

　일본어와 한국어의 대역을 비교해보면 이 점에 있어서의 양자의
차이가 보다 명백해진다.

　다음은 일본소설 『キッチン』과 한국어 번역본 "키친"의 일부분
이다.

〈표 3〉『キッチン』과『키친』의 対訳比較

『キッチン』(p.19)	대응관계		『키친』(p.19)
① 車のキーをガチャガチャ鳴らしながら雄一は戻ってきた。	は	이/가	찰랑찰랑, 차 키소리를 내며 유이치가 돌아왔다.
② 「十分しか抜けられないなら、電話入れればいいと思うんだよね」とたたきで靴を脱ぎながら彼は言った。	は	이/가	「10분밖에 빠져나올 수 없으면, 전화를 할 것이지」현관에서 신발을 벗으며 그가 말했다.
③ 私はソファーにすわったまま、「はあ」と言った。	は	은/는	나는 소파에 앉은 채 그냥, 「네에」라고만 말했다.
④ 「みかげさん、うちの母親にビビッタ?」彼は言った。	は	이/가	「미카게 씨, 우리 엄마 보고 쫄았어요?」그가 물었다.
⑤ 「うん、だってあんまりきれいなんだもの。」私は正直に告げた。	は	은/는	「네, 너무너무 예쁘잖아요」 나는 정직하게 말했다.

상기 <표 3>에서 알 수 있듯이『キッチン』의 용례 중 ①, ②, ④의 '는'는 한국어에서는 모두 '이/가'로 번역되어 있다. 등장인물들이 모두 구정보이고 원칙적으로 보면 ③이마 ⑤처럼 구정보를 나타내는 '은/는'으로 표시하는 것이 일반적이지만 한국어에서는 이런 경우에도 '이/가'를 쓸 수 있다.

이와 같은 '이/가'의 용법은 Lee&Shimojo(2010)에서 고찰된 교체현상의 하나로서 한국어에서는 이미 등장한 화제라도 다시 몇 번이나 신정보로 표시할 수 있다는 내용과 깊은 연관이 있다.

왜 신정보로 취급하는 가를 생각해 볼 때 이것은 다시 말해서 새로운 정보의 제시이다. 즉 '이/가'에 의해 신정보로 제시함으로서 화제를 전환할 뿐만이 아니라 새로 등장하는 인물이나 사건에 초점을 모으는 효과를 가져 온다. 텍스트에 있어서의 이러한 의미기능은 한국어 '이/가'가 가진 독특한 특징의 하나라고 말할 수 있다.

4) ⟨Discourse-old, Hearer-old⟩

이것은 구정보를 나타내는 'は'와 '은/는' 의 전형적인 패턴이다. 텍스트에 한번 등장한 지시대상은 원칙적으로 'は'나 '은/는' 으로 표시된다.

앞서 살펴본 용례를 재인용해보면 한번 등장한 사건은 다음과 같이 일본어에는 'は', 한국어에서는 '은/는' 으로 표시된다. 아래 용례에서 처음 등장한 밑줄의 지시대상은 다음 문맥에서는 모두 구정보로서 제시되고 있다.

(1') ある八月の午後、大きな木箱と水筒を、肩から十文字にかけ、まるでこれから山登りでもするように、ズボンの裾を靴下のなかにたくしこんだ、<u>ネズミ色のピケ帽の男</u>が一人、Ｓ駅のプラットホームに降り立った。

　だが、このあたりには、わざわざ登るほどの山はない。改札口で切符を受取った駅員も、つい不審の表情で見送った。<u>男は</u>ためらいも見せず、駅前のバスの、一番奥の座席に乗り込んだ。それは山とは逆方向に向うバスだった。　　　　　　　　　　　　（『砂の女』）

(어느 8월의 오후 커다란 나무상자와 물통을 어깨에 십자 모양
으로 걸치고 마치 이제부터 등산이라도 하려는 듯이 바지 자락
을 양말 안에 찔러 넣고 쥐색 챙 모자를 쓴 남자가 한 사람, S 역
의 플랫홈에 내려섰다.

그러나 이 근처에는 일부러 오를 정도의 산은 없다. 개찰구에서
표를 받은 역원도 바로 의심하는 표정으로 쳐다보았다. <u>남자는</u>
주저함도 없이 역 앞의 버스의 가장 안 쪽 좌석에 타 올랐다. 그
것은 산과는 반대 방향으로 가는 버스였다.)

(4') A: ① 저어, 한일영화관은 어디 있어요? (「あの、韓日映画館はど
こですか。」)

B: ② 한일빌딩 3층에 있어요. (「韓日ビルの3階にあります。」)

A: ③ <u>한일빌딩은</u> 어디 있어요? (「**韓日ビルは**どこですか。」)

B: ④ 우체국 앞에 있어요. (「郵便局の前にあります。」)

이러한 패턴은 구정보를 나타내는 'は'와 '은/는'의 전형적인 패턴
으로서 신정보를 나타내는 'が'와 '이/가'의 전형적인 패턴과 상호
대립적이다.

3 한일 양국어의 주어 표시의 차이

이상으로 여기에서는 한국어 '이/가'와 일본어 'が'를 비교 고찰하

였다.

　종래 한국어 '이/가'와 일본어 'が'는 주어 형식으로서 문 안에서의 의미용법 면에서는 거의 유사하므로 차이점을 연구하는 대조 연구는 많지 않았다. 그러나 필자는 양 형식이 가진 미묘한 차이에 주목하여 "정보의 신구"라는 관점에서 텍스트 분석을 통해서 상호 차이점을 살펴보았다.

　특히 "정보의 신구"를 보다 더 세분화하여 1) 텍스트에 있어서 신정보인지 구정보인지 (Discourse-new/Discourse-old), 2)청자에 있어서 신정보인지 구정보인지 (Hearer-new/Hearer-old)를 하위분류함으로써 구정보와 신정보의 전형적인 패턴이외에 <Discourse-new, Hearer-old>와 <Discourse-old, Hearer-new>와 같이 중간단계인 특수한 정보 패턴에 대한 고찰이 가능해졌다고 말할 수 있다.

　고찰결과를 정리하면 다음과 같다.

'정보의 신구' 분류	일본어	한국어
1) Discourse-new, Hearer-new	が	이/가
2) Discourse-new, Hearer-old	は	은/는, 이/가
3) Discourse-old, Hearer-new	해당없음	이/가
4) Discourse-old, Hearer-old	は	은/는

　신정보를 나타내는 'が'와 '이/가'의 가장 전형적인 패턴은 둘 다 "new"인 경우로서 1) <Discourse-new, Hearer-new> 이고, 구정보를 나타내는 'は'와 '은/는'의 가장 전형적인 패턴은 둘 다 "old"인

4) <Discourse-old, Hearer-old>이다.

중간단계의 하나인 2) <Discourse-new, Hearer-old>는 「トイレはどこですか(**화장실은** 어디입니까)?」와 같이 의문사를 동반하는 질문 문에 보이는 패턴으로서 주로 텍스트로서는 신정보이지만 청자에게는 구정보로서 함의되는 경우이다. 다만 한국어에서는 "**화장실이** 어디입니까(*トイレがどこですか)?"와 같이 의문문에서 '이/가'도 사용되기는 하는데 이와 같이 한국어에서는 텍스트에 있어서 새로 등장하는 신정보는 의문문이라 할지라도 '이/가'로도 표시된다.

또 하나의 중간단계인 3) <Discourse-old, Hearer-new>는 지금까지 등장했던 지시대상을 구정보가 아니라 새로운 화제로써 제시하는 경우로서 한국어의 '이/가'에만 보이는 특징이라고 말할 수 있다. 한국어에서는 이미 등장한 지시대상이라 할지라도 '이/가'를 사용함으로서 화제 전환과 초점화가 가능해진다.

이상의 결과로부터 일본어의 'が'는 전형적인 신정보의 패턴인 1) <Discourse-new, Hearer-new>의 경우만 사용되지만 한국어의 '이/가'는 1) <Discourse-new, Hearer-new>뿐만이 아니라 중간단계인 2) <Discourse-new, Hearer-old>와 3) <Discourse-old, Hearer-new>에도 사용되고 있는 점에서 차이점이 있다.

결과적으로 한국어의 '이/가'는 '정보의 신구'라는 측면에서 텍스트와 청자 어느 한 쪽만 새로워도 쓸 수 있지만 일본어의 'が'는 텍스트와 청자 모두 새로운 것을 필수 조건으로 한다는 점에서 상호 다르다고 말할 수 있다.

〈참고문헌〉

김정숙·김인균·박동호·이병규·이해영·정희정·최정순·허용(2005) 『외국인을 위한 한국어문법2 용법편』 커뮤니케이션북스
최수영(1984) 「주제화와 주격조사: 조사 '-는'과 '-가'를 중심으로」 『어학연구』 20(3), 233-249.
庵功雄·高梨志乃·中西久実子·山田敏弘(2000) 『初級を教える人のための日本語文法ハンドブック』スリーエーネットワーク.
庵功雄(2002) 『新しい日本語学入門』スリーエーネットワーク.
久野暲(1973) 『日本文法研究』大修館書店
野田尚史(1996) 『新日本文法選書1 'は'と'が'』くろしお出版.
Lee, E. & Simojo, M. (2010). Mismatch of topic between Japanese and Korean. Paper presented at the AATK 16th Annual Conference and Workshop. Yale University.
Li, C. N. & Thompson, S. A. (1976). Subject and topic: a new typology of language. In C. N. Li. (Ed.), Subject and Topic (pp. 457-461). New York: Academic Press.

〈용례출전〉

吉本ばなな(1998 ; 2012) 『キッチン』角川文庫
(翻訳本 : 김난주 옮김(1999) 『키친』민음사)
阿部公房(1981 ; 1995) 『砂の女』新潮文庫
井上ひさし(1974 ; 1993) 『ブンとフン』新潮文庫
桐生操(2001) 『本当は恐ろしいグリム童話』KKベストセラーズ

〈사진 출처〉

東京都人権啓発センターポスター
https://twitter.com/tokyojinken/status/408489942143086593

* 이 글은 『東亜歴史文化研究 NO 4』(2013, 東亜歴史文化学会)에 실린 「韓国語の「이/가」と日本語の「が」の比較研究」를 토대로 수정·첨삭한 것이다. 고찰 내용과 결과에 변경이 있으므로 양해 바랍니다.

제4장

「この類」와 「このような類」의 문맥지시 용법

坂 口 清 香

제4장

「この類」와 「このような類」의 문맥지시 용법

일본어 작문교육에서 상급 수준의 학습자를 대상으로 하는 경우
에는 문법적 오용이 없는 문장을 쓸 수 있도록 할 뿐 아니라, 문맥적
결속력이 있는 문장을 쓸 수 있도록 지도하는 것이 필요하다. 문장에
결속력을 부여하는 문법항목으로는 접속사나 지시사 등을 들 수 있
다(이오리; 庵 2007). 그 중에서도 지시사는 상급 수준이 되어도 오
용이 나타난다는 사실이 지적되고 있고 습득이 어려운 문법항목이
란 의견이 있음에도 불구하고(사코다; 迫田 1998, 단; 單 2005 등) 접
속사나 접속조사에 비해서 체계적인 지도가 이루어지지 않고 있다
고 생각된다.

지시사의 용법은 크게 현장지시와 문맥지시로 나눌 수 있다. 지시
대상이 현장에 존재할 때 쓰이는 지시 방식인 현장지시는 일본어교
육의 초급단계 초반부에 교과서에 제시된다. 한편 문맥지시는 지시
대상이 담화나 텍스트 속에 나올 때 쓰이는 지시 방식으로, 초급 후
반부터 교과서에 제시된다. 중·상급 수준이 되면 문맥지시의 지시
대상이 무엇인지 답하게 하여 문장의 이해도를 측정하는 문제가 자
주 등장한다. 그러나 이 문맥지시의 의미와 쓰임의 구별에 관해서 자
세하게 설명해 놓은 교과서를 거의 찾을 수 없다는 사실을 스즈키(鈴
木 2004)등의 연구에서 확인 할 수 있다. 이상의 내용으로부터 다방
면에 걸친 지시사의 연구 성과가 교육현장에 충분히 반영되지 않고
있음을 엿볼 수 있다.

1 선행연구

1) 일본어 교육 교과서·참고서를 분석한 선행연구

일본과 한국의 지시사를 대조연구 한 송(宋 1991)은 양국 지시사의 체계가 3계열로 매우 비슷하기 때문에「유사성에 지나치게 의존하는 안이한 자세로 인하여『コ·ソ·ア』용법의 학습 또는 교육이 소홀해지거나 실패하는 경우가 종종 있다」는 사실을 지적하는 한편,「한 가지 원인이 더 있다면 그것은 일본어교육을 위한 학습항목으로서의『コ·ソ·ア』사항이 대체적으로 등한시 되고 있다」라는 사실을 들 수 있다고 하면서 다음과 같은 주장을 한다.

『문형·문법』을 기반으로 한 일본어 교과서(여기서 말하는 교과서는 일단 교수법을 포함한 교재를 말한다. 이하의「교과서」도 그러하다)도 그렇고 소위『커뮤니케이션 기능』을 기반으로 한 일본어 교과서도『コ·ソ·ア』의 문법항목은 대체로 초급단계에서만 이루어지고 있는데『コ계는 화자에게 가까운 대상, ソ계열은 청자에게 가까운 대상, ア계열은 양쪽 모두로부터 멀리 떨어진 대상을 가리킨다』나『물리적으로 가까운 곳에 있는 대상은 コ계열, 먼 곳에 있는 대상은 ア계열, 그 중간 지점에 있는 대상은 ソ계열로 지칭한다』라는 식의 설명을 하고 있다. 그 정도의 개념규정만을 가지고『コ·ソ·ア』를 분별하여 사용하는 것이 가능할까. 물론 이러한 설명은『コ·ソ·ア』를 구분하는 기초적인 개념규정으로서는 적당할지 모르지만 이른바『단계별 학습방식』에 따라 상급 단계에 해당하는 난해한 『コ·ソ·ア』의 개념도 학습자가 알기 쉽도록 적당한 순서로 배열하여 제시해야 하는 것이 아닌가 생각한다.

또한 마에다(前田 2005)는 「문맥 지시사에 대한 선행연구」중에서 일본어 교과서에서 문맥지시사가 어떤 식으로 제시, 기술되어 왔는가에 관해 언급하고 있다. 논문에 따르면 「많이 사용되는 교과서·참고서 9종류 중 『こ』 『そ』에 관해 기술하고 있는 것은 『日本語文法セルフマスターズシリーズ4』뿐이었다. 그리고 『SITUATIONAL FUNCTIONAL JAPANESE』, 『JAPANESE FOR EVERYONE』, 『Japanese for busy people』, 『日本語中級J301-基礎から中級へ-英語版』, 『現代日本語初級総合講座』, 『新文化初級日本語Ⅰ』, 『新日本語の基礎Ⅰ』은 문맥 지시사에 관한 기술은 없었고 『日本語初中級　理解から会話へ』에서만 『そ』의 체험제시·상대영역에 대한 기술이 있었다」고 언급하고 있다.

한국 고등학교에서 사용하는 12종류의 일본어 교과서를 대상으로 지시사를 어떻게 다루고 있는지 조사한 이(李 2011)는 문맥지시에 관한 교과서의 기술은 전혀 볼 수 없다는 사실과 교사용 지도서에서는 2종류에서 문맥지시에 관한 기술이 있었지만 용법 설명이 불충분하였다는 점을 지적하고 있다.

이상의 내용을 토대로 문맥지시 용법을 명시적으로 학습하고 있는 학습자는 많지 않을 것으로 보여진다.

2) 습득연구 과제 및 본 연구의 배경

　지시표현[1]에 관한 습득연구로는 구두어를 다루고 있는 것이 많으며 문장어를 다루고 있는 연구는 적다. 안(安 2004)은 「문장에서의 문맥지시」[2]를 다룬 많지 않은 연구 중 하나인데 여기서는 「이제까지의 문맥지시 습득연구에서는 지시대상이 경험적인 것을 대상으로 하는 것이 많아, 본고에서 다루고 있는 지시대상이 문장소재로 제한되는 지시사, 즉『단순조응지시』에 관해서는 자세하게 검토되지 않았다」는 점을 지적하고 있다.

　더욱이 지시표현의 상세한 분석을 거의 볼 수 없다는 사실도 큰 과제라고 할 수 있다. 지시사 습득의 연구개관을 정리한 손(孫 2007)의 주장을 살펴보면, 올바른 사용인가 오용인가의 판단 및 고찰은 용법별 コ·ソ·ア의 쓰임 방법에만 머물러 있고 지시표현의 종류별 차이까지 언급한 연구는 볼 수 없다. 전술한 안(安 2004)도 「コ계열만이 정답인 문제에서의 ソ계열 선택」이나 「ソ계열만이 정답인 문제에서의 コ계열 선택」에 있어서 각종 오용이 중급이나 상급에서도 어느 정도 확인된다는 막연한 결과만을 제시하고 있다. 따라서 습득연구에서 지시표현을 다룰 때는 크게 「コ·ソ·ア」의 잘못된 사용을 분석하는데

1　본고에서는 지시사뿐만이 아니라 「지시사＋명사(구)」나 「φ」 등을 포함한 총칭으로서 「지시표현」이란 단어를 사용한다.
2　문맥지시는 청자의 존재가 문제가 되는 「대화에서의 문맥지시」인가, 그것이 문제가 되지 않는 「문장에서의 문맥지시」인가에 주의할 필요가 있다. 전자는 ソ계열(『そ』로 시작되는 지시사, 「それ」「その」 등)와 ア계열(『あ』로 시작하는 지시사)를 구분해 사용하는 것이 주된 쟁점이고, 후자는 보통 ア계의 사용은 오용이기 때문에 コ계열과 ソ계열의 구별이 주된 쟁점이다.

그칠 것이 아니라 각 지시사의 차이까지 언급하는 고찰이 필요하며, 이러한 연구가 새로운 시사점이 될 것이다. 또한 「この類」에서는 지정지시와 대행지시[3]에서 コ계열과 ソ계열의 사용방식이 다르다는 사실이 문법연구 등에서 지적되고 있기 때문에 이 차이를 고찰한 분석이 필요하다.

필자의 사견으로는 「문장에서의 문맥지시」를 다룬 습득연구 중에서 「この類」의 지정지시와 대행지시에 관해서도 고찰하고 있는 선행연구는 아사이(浅井 2006)와 사카구치(坂口 2012b)뿐이다.

아사이(浅井 2006)는 결속성과 관련하여 지시표현의 「この類」에 대해서, 일본어 모어화자(이하, NS)와 학습자의 작문 특징을 분석하였다. 논설문 장르에서의 「この類」의 사용 경향이 다른 장르와는 다를 수 있다는 점을 시사하고, 학습자에게서 「この類」의 사용회피 가능성이 있음을 밝히고 있는데, 「『この』『その』를 비롯한 지시표현을 적절하게 사용함으로서 부자연스러운 어구의 반복을 막고 주제가 정리된 결속성 있는 문장을 작성하는 것이 가능하다」며 지시표현 지도의 필요성을 이야기 하고 있다.

사카구치(坂口 2012a)는 총120명[4]의 NS를 대상으로 한 조사를

---

3 「문장에서의 문맥지시」인 「この類」중에서 「この/その/φ+NP」전체가 지시대상과 대응하는 경우를 「지정지시」라 하고, 「この/その」의 「コ/ソ」부분만 지시대상과 대응하여 「これの/それの」의 의미가 되는 경우를 「대행지시」라고 한다.
　【예】· 형은 언제나 케이크를 사 왔다.{○この / ○その} 케이크는 우리 가족 해 마다의 즐거움이었다.　　　　　　　　　　　　　　　　　　　(⇒지정지시)
　　· 형은 언제나 케이크를 사 왔다.{×この / ○その} 맛은 웬일인지 가게에서 먹는 것 보다 맛있었다.　　　　　　　　　　　　　　　(⇒대행지시)
4 총 120명이지만, 120명 전원이 응답한 과제도 있으나 응답자가 60명 정도인 과제도 있다.

실시하였다. 이 연구에서는 지시표현과 관련된 선행연구의 과제를 근거로 하여 다음 2종류의 조사방법을 채용한 것 외에도 선행연구가 적었던 「사물의 속성을 나타내는 지시표현」[5]을 다룬 점 등을 평가 할만하다.

---

① 빈칸 채우기

연구대상을 처음부터 지시표현으로 한정하지 않고, 공란에 쓰인 다양한 조응표현을 고찰하는 기법

② 5지 선다형 문법 판정 과제

コ계와 ソ계의 차이 뿐 아니라 지시사 종류의 차이에도 중점을 둔 고찰 기법

조사결과를 보면 「사물의 속성을 나타내는 지시표현」과 관련하여 기본적으로는 コ계열이 우선 사용되는데, 지시대상의 명확성이나 지시범위에 따라 같은 부분에서 ソ계열 사용의 허용도에 차이를 보이는 점과 같은 부분에서 공기하는 다른 표현을 보아도 그 차이가 명확하다는 점 등을 시사하고 있다. 또한 「この類」와 관련하여 지정

예를 들면 후술하는 표4에 나타난 빈칸 채우기 과제의 텍스트 A1에서 응답자는 총63명이다.

5 특정한 지시대상을 가리키는 「この類」와는 다르며 어떠한 지시대상이 갖는 속성(색, 디자인, 성질, 특징 등)을 갖는 것을 지시하는 표현으로 「こんな類」「このような類」「こういう類」「こういった類」 등이 존재한다. 본고에서는 이들 연체 수식형 지시표현을 총칭하여 「사물의 속성을 나타내는 지시표현」이라고 부르도록 하겠다. 이러한 명칭은 오카베(岡部1995)의 용어를 참고한 것이다.

지시와 대행지시를 구별하여 고찰한 결과, 대행지시인 ソ계열의 우선도가 매우 높다는 것과 지정지시에서는 바꿔 쓰기가 있는 경우에는 コ계열이, 가정·추측·제안문 속에서는 ソ계열이 우선한다는 사실을 언급하고 있다.

이상의 내용을 토대로 사카구치(坂口 2012b)는 중국어를 모어로 하는 중·상급 일본어 학습자(이하, C-NNS)를 대상으로 해서, 사카구치(坂口 2012a)를 참고하여 2종류의 조사를 실시하였다. 문법판정 과제에서는 중급 C-NNS와 상급 C-NNS의 결과에 차이가 없었지만, 빈칸 채우기 과제에서 다양한 차이를 보인 결과를 보면, 이해나 지식 면에서는 양쪽 모두 큰 차이가 없으나 중급 C-NNS는 산출면에서 회피의 경향이 강하게 나타나고 있다는 사실을 시사하고 있다. 구체적으로는 주제가 반복되는 부분에서 지시표현의 사용이 회피되고 있으며, 가정의 내용을 지시한 부분에서 ソ계열의 사용이 현저하지 않고, 복수의 형식단락을 정리하여 인용하는 부분에서는 「このような類」의 コ계열 사용 비율이 낮다는 사실을 확인하였다. 또한 중급 C-NNS와 상급 C-NNS에서 공통적으로 보이는 과제로서 대행지시 「その」의 사용회피 등이 지적되었다. 더욱이 상급 C-NNS에 비해서 지시표현 사용률이 모어화자의 2배 이상인 부분도 보이기 때문에 지시표현에 편중되지 않은 다양한 조응표현의 사용이 가능하도록 지도하는 것이 바람직하다는 교육적 시사점을 제시하고 있다.

② 본 연구의 개요

본 연구는 한국어를 모어로 하는 중·상급 일본어 학습자(이하, K-NNS)을 대상으로 사카구치(坂口 2012b)와 같은 조사[6]를 실시한 것으로, 「この類」와 「このような類」를 중심으로 하는 문맥지시와 관련하여 학습자의 이해와 산출의 측면에서 NS와의 차이를 명확히 하는 것을 목표로 한다. 고찰은 주로 사카구치(坂口 2012a)의 NS 결과와 비교해 가는 식으로 진행한다. 나아가 본 연구에서도 최종적으로는 보고서나 논문의 작성과 같은 중·상급 작문교육에 기여하고자 「문장에서의 문맥지시」를 다루었다. 때문에 기본적으로 ア계열은 고찰 대상에서 배제하기로 한다.

빈칸 채우기 과제와 문법판단 과제 2종류의 조사는 한국 K대학에서 일본어 통번역학을 주 전공으로 하는 37명의 학습자를 대상으로 실시하였다<표 1>. 일본어학습기간이 긴 대상자는 상급 학습자라고 할 수 있겠지만 JLPT N1이나 구1급을 취득한 학습자가 60%에 못 미쳤기 때문에 클래스의 전체적인 레벨은 중·상급 수준이라고 보았다.

---

6 과제에 사용한 텍스트는 논문 말미에 참고자료로 첨부하였다. 조사의 구체적인 사항과 관련해서는 사카구치(坂口2012b)도 참조하기 바란다. 본 조사에서는 사카구치(坂口2012b)에서 중국어 번역으로 되어있던 부분을 한국어로 바꾼 것을 사용하였다.

〈표 1〉 피조사자 데이터

	학습 자수	일본어 학습 시작 연령	일본어 학습기간	취득 최고급		남성 : 여성
				N2	N1 /구1	
34교시	16명	16.6세	6 9년	3명	10명	4 : 12
56교시	21명	17.4세	6.4년	4명	11명	10 : 11
34교시+56교시	37명	17.0세	6.6년	7명	21명	14 : 23

③ 빈칸 채우기 과제 결과 및 고찰

중·상급 K-NNS의 지시표현 사용률은 NS와 큰 차이가 없었고 사카구치(坂口 2012b)의 중급 C-NNS에서 확인 할 수 있었던 지시표현 사용에 대한 강한 회피경향이나 상급 C-NNS에서 보인 지시표현의 사용 과다와 같은 경향은 그다지 볼 수 없었다<표 2>.

설문 A2-1는 NS의 대부분이 「この類」중에서 대행지시 「その」를 사용한 표현을 정답으로 고른 부분이다. 이 설문에서 「사물의 속성을 나타내는 지시표현」이 전혀 사용되지 않고 「この類」나 「これ類」가 사용되는 경향이 NS와 K-NNS에서 일치하였다. 여기서는 「이에 관한 의견」과 같은 「これ類」를 사용한 응답도 있었으며 K-NNS에서 『대행지시의 「その」+명사(N)』를 사용한 경우는 53%에 머물렀다. 한편 NS에서 『その+N』는 76%로 「그 주된 이유」 「그 원인으로 생각되는 것」과 같은 『その+명사구(NP)』의 응답도 포함하면 82%에 달했다. K-NNS의 산출결과를 살펴보면, 약 30포인트의 차를 보이고 있어,

대행지시의 「その」를 사용한 응답과 관련해 사용회피의 경향이 있다
는 사실을 알 수 있었다.

〈표 2〉 지시표현의 종류별 사용 비율(빈칸 채우기 과제)

텍스트	A1 쓰레기 수거 유료화			A2 인폼드 컨센트		
	A1-1	A1-2	A1-3	A2-1	A2-2	A2-3
NS 지시표현사용률(총계)	**41%**	**57%**	**27%**	**87%**	**29%**	**57%**
この類, これ類	37%	40%	0%	87%	7%	57%
사물의 속성	2%	16%	27%	0%	23%	0%
그 외의 지시표현	3%	2%	0%	0%	0%	0%
중상급 K-NNS 지시표현사용률(총계)	**56%**	**50%**	**31%**	**78%**	**19%**	**53%**
この類, これ類	44%	44%	0%	75%	0%	50%
사물의 속성	6%	6%	28%	0%	19%	3%
그 외의 지시표현	6%	0%	3%	3%	0%	0%
중급C-NNS 지시표현사용률(총계)	6%	50%	22%	56%	50%	44%
상급C-NNS 지시표현사용률(총계)	67%	89%	67%	94%	72%	78%

주 : NS와 K-NNS의 결과를 비교하여, 10포인트 이상 차이가 나는 곳을 □
　　로 표시하였다.
　　또한 참고로 중급C-NNS 및 상급C-NNS의 지시표현 사용률(총계)의 결
　　과도 함께 기재하였다.

〈표 3〉지시표현의 コ계열/ソ계열별 사용 비율(빈칸 채우기 과제)

텍스트		A1 쓰레기 수거 유료화			A2 인폼드 컨센트		
		A1-1	A1-2	A1-3	A2-1	A2-2	A2-3
NS	지시표현사용률(총계)	41%	57%	27%	87%	29%	57%
	コ계열	22%	13%	22%	5%	19%	0%
	ソ계열	19%	44%	5%	82%	10%	57%
K-NNS 중상급	지시표현사용률(총계)	56%	50%	31%	78%	19%	53%
	コ계열	42%	36%	31%	16%	9%	0%
	ソ계열	14%	14%	0%	63%	9%	53%

주 : NS와 K-NNS의 결과를 비교하여 10포인트 이상 차이가 나는 부분을 □로
표시하였다. 20포인트 이상의 차이가 나는 부분에는 음영을 넣어 표시하
였다.

종류별 지시표현 사용비율 <표 2>에서는 설문A2-1외에도 A1-2
에서도 K-NNS와 NS간에 10포인트 이상의 차이가 있음을 알 수 있
다. <표 2>와 지시표현인 コ계열/ソ계열에 따른 사용비율을 정리한
<표 3>을 보면, 설문A1-2에서는「사물의 속성을 나타내는 지시표
현」을 사용한 응답이 다소 적었을 뿐 아니라 K-NNS는 NS와는 반대
로 コ계열의 사용이 많다는 사실이 확인되었다.

이에 NS의 구체적인 기술 예를 정리한<표 4>를 살펴보았더니 설
문A1-2는 지시대상이 무엇인지 다양하게 해석 할 수 있는 부분으로
지시대상을 주제나「행위」로 파악한 경우에는「この類」가 사용되었
고「(그 행위를 행한)사람들」로 파악한 경우에는「사물의 속성을 나
타내는 지시표현」만이 사용되었다는 사실을 알 수 있었다.

〈표 4〉 빈칸 채우기 과제의 기술 예(텍스트 A1, NS 총63건)

	공기한 표현 예	건수	비율
A1 -1	·この/その＋ 주제 바꿔쓰기N : 유료화, 제도, 방법, 대처, 시스템	12	19%
	·これ/それ	11	17%
	·주제NP : 쓰레기 수거 유료화	23	37%
	·주제 바꿔쓰기N : 유료화, 유료 쓰레기 봉투, 수거, 쓰레기 수거 방법	7	11%
	·주제 바꿔쓰기NP : 쓰레기 유료화, 쓰레기 봉투 유료화, 유료화 하는 것	6	10%
A1 -2	·주제 : 지시표현유)この방법, この시스템 지시표현무)φ유료화, 쓰레기 수거 유료화	총9 2 7	14%
	·행위 : 지시표현유)その것 지시표현무)그들의 계약, 쓰레기를 줄이려고 하는것, 쓰레기를 버리지 않도록 하는것	총4 1 3	6%
	·사람 : 지시표현유)これらの/このような/そのような/そうした/こういった/そういった＋사람들 지시표현무)φ사람들, φ그들, 유료화로 인해 쓰레기를 줄이는 사람	총21 10 11	33%
	·これ/それ (3：16)	19	30%
A1 -3	·このような/そのような/こうした/こういった	17	27%
	·φ	20	32%
	·주제(N/NP) ＋などの/のような/という/といった	17	27%

K-NNS의 기술 예를 정리한 <표 5>를 보면, 지시대상을 「사람들」로 판단하여 응답한 것은 총 5건(14%)으로 적었고 이러한 응답은 모

두 지시표현을 사용하지 않은 응답이었다. 따라서 지시대상을 어떻게 판단했는가에 따라 「사물의 속성을 나타내는 지시표현」사용률에 차이가 나타나는 것이라고 생각된다. K-NNS에서는 단순히 주제를 지시대상으로 판단한 응답이 가장 많아 40%를 차지하였고, 이는 NS에서 나타난 비율의 약 3배에 해당한다.

그리고 이 설문에서는 지시대상이 위치하고 있는 앞 문장이 추측의 내용이기 때문에 문법적으로는 ソ계열의 지시표현이 많이 사용될 것이라고 예상하였다. NS의 결과를 보면 コ계열 사용 13%에 비해 ソ계열이 44%로 コ계열의 3배 이상의 수치를 보여 예상과 일치하였다<표 3>. 그러나 K-NNS에서는 コ계열이 36%, ソ계열 14%로 コ계열 우선 경향이 보였다. コ계열의 사용이 많이 나타난 원인중 하나로 앞서 언급한대로 K-NNS의 대부분이 지시대상을 주제의 반복이라고 판단한 사실을 들 수 있는데, 그 뿐 아니라 K-NNS에서 추량의 부분을 지시할 때 ソ계열의 우선사용이 그다지 습득되지 않았을 가능성도 고려된다. 또한 설문A2-3도 「たとえ～ても」에 이어지는 가정문이기 때문에 「この類」나 「これ類」의 ソ계열 사용이 우선하는 부분이다. 이 설문에서는 K-NNS도 NS와 마찬가지로 ソ계열만을 사용하고 있었다. 따라서 추량보다는 가정의 문장에서 ソ계열의 사용이 습득되었다는 사실, 또는 같은 문장 안에 지시대상이 위치하는 쪽이 앞 문장에 있을 때보다도 ソ계열의 사용이 높아진다는 사실이 시사되었다.

〈표 5〉빈칸 채우기 과제의 기술 예(텍스트 A1, K-NNS 총36건[7])

	공기한 표현 예	건수	비율
A1 -1	·この/その＋주제 바꿔쓰기N/주제 바꿔쓰기NP/주제 NP 예) この유료화, この제도, この대책, この대책의 생각, この쓰레기 수거 유료화	12	33%
	·これ/それ	3	8%
	·주제NP : 쓰레기 수거 유료화	13	36%
A1 -2	·주제 : 지시표현유)この쓰레기 수거 유료화, この＋제도/정책/대책/사고방식/문제 지시표현무)쓰레기 수거 유료화, 지자체가 進んでいる(진행되고 있는) * 쓰레기 수거 유료화	총14 6 8	39%
	·행위 : 지시표현유)この행동, こんな행동, このような결과 지시표현무) 유료 쓰레기봉투를 강제하는, 너무 많은 쓰레기를 버리지 않는, 사람들이 쓰레기를 줄이고 있는	총6 3 3	17%
	·사람 : 지시표현유) 지시표현무)φ사람, φ사람들	총5 0 5	14%
	·これ/それ (5：4)	9	25%
A1 -3	·このような/こんな/こういう/こうした	9	25%
	·φ	17	47%
	·주제(N/NP) ＋ のような/という/みたいな	3	8%

* :「進めている(진행하고 있는)」라고 써야 할 부분에서의 오용으로 보인다.

7 피조사자는 <표 1>에 나타난 것처럼 총 37명인데, 빈칸 채우기 과제를 실시 할 때 56교시의 학습자 1명이 결석 하였다. 때문에 이 과제의 응답자는 총 36명이다.

설문A1-2외에도 <표 3>의 A1-1와 A2-2에서도 양쪽의 응답 경향이 다르다는 것을 볼 수 있다. 특히 A1-1에서 NS는 コ계열과 ソ계열의 사용비율이 22%와 19%로 거의 같았지만, K-NNS는 コ계열의 사용이 ソ계열 사용의 3배나 되었다. 이 설문은 주제가 반복된 문장으로, 이오리(庵 2007)등 선행연구에서는 コ계열만이(혹은 우선적으로)사용된다고 주장하고 있다. 그러나 NS의 결과를 보면 이러한 문장에서의 コ계열 사용은 통어적으로 필수는 아닌 표현이며, 문장 산출시에 필자의 주장을 효과적으로 연출하기 위한 일종의 전략이라고 볼 수 있다. 그렇기 때문에 여기서의 ソ계열 사용도 오용은 아니며, K-NNS에서는 문법서에서 말 한대로 コ계열 우선사용을 볼 수 있는데 오히려 NS에서 ソ계열에 대한 허용도가 높아졌기 때문에 양쪽에 차이가 나타났다고 할 수 있다.

NS와 K－NNS에서 큰 차이가 드러난 설문 A1-3는 지금까지 언급 해온 내용(형식단락으로 3개 분량)의 한 예로, 문장의 주장과 이어지는 부분이다. 지시대상이 광범위한 경우에 コ계열 사용이 우선한다는 사실을 NS뿐 아니라 K-NNS에서도 확인 할 수 있었다.

또한 설문A2-2는 지시대상이 명확하고 가까이 위치하였기 때문에 「사물의 속성을 나타내는 지시표현」에서 コ계열과 ソ계열 둘 다 사용 가능하다고 볼 수 있는 부분이다. K-NNS의 합계 지시표현 사용률은 NS와 비교해보면 다소 낮지만 コ계열과 ソ계열 양쪽이 사용되었다는 점은 NS와 같았고, 어느 한쪽을 우선시하는 경향은 볼 수 없었다.

마지막으로 K-NNS의 응답에서 「사물의 속성을 나타내는 지시표

현」의 하나인 「こんな類」의 사용이 총 7건 확인된 점을 언급해 두도록 하겠다. 「こんな類」는 경우에 따라서 감정적 혹은 주관적인 뉘앙스를 갖는 경우가 있기 때문에 (스즈키(鈴木) 2005 등), 보고서나 논문과 같은 논설문 에서는 사용을 피하는 것이 현명하다고 사료된다.

4 문법판정 과제 결과 및 고찰

1) 결과 개관

문법판정 과제 결과를 <표 6>과 <표 7>을 통해 개관한 후, 4.2부터 그 내용을 상세하게 고찰하도록 하겠다. <표 6>과 <표 7>에서는 사카구치(坂口2012b)에서 검토한 C-NNS의 결과도 함께 기록하였다.

〈표 6〉 지시표현의 종류별 선택 비율(문법판정 과제)

텍스트		B1 가정내 폭력		B2 일본의 조기외국어 교육				B3 지구환경문제			
		B1-1	B1-2	B2-1	B2-2	B2-3	B2-4	B3-1	B3-2	B3-3	B3-4
NS	この類	0%	2%	88%	7%	93%	2%	44%	67%	98%	8%
	このような類	100%	12%	12%	90%	4%	95%	56%	8%	0%	92%
	φ	0%	86%	0%	3%	3%	3%	0%	25%	2%	0%
NS응답경향*		ような	φ	지정	ような	대행	ような	혼합	대행	대행	ような

텍스트		B1 가정내 폭력		B2 일본의 조기외국어 교육				B3 지구환경문제			
		B1-1	B1-2	B2-1	B2-2	B2-3	B2-4	B3-1	B3-2	B3-3	B3-4
중상급 K-NNS	この類	0%	6%	94%	11%	61%	0%	57%	51%	94%	3%
	このような類	100%	25%	6%	89%	3%	89%	43%	6%	6%	97%
	φ	0%	69%	0%	0%	36%	11%	0%	43%	0%	0%
중상급 C-NNS	この類	6%	6%	94%	17%	58%	8%	56%	22%	69%	22%
	このような類	94%	19%	6%	69%	8%	69%	44%	6%	0%	78%
	φ	0%	75%	0%	14%	33%	22%	0%	72%	31%	0%

주 : NS 결과와 비교하여 10포인트 이상 차이가 나는 곳을 □로 표시하고 20포
인트 이상 차이가 나는 곳에는 음영을 넣어 표시하였다.
＊ : NS의 응답 경향으로부터 「このような類」가 올바른 사용이라고 생각되는 설
문에 「ような」, 「この類」의 대행지시가 쓰인 경우는 「대행」이라고 표시하
였다.

　　<표 6>을 보면 NS와 K-NNS에서 20포인트 이상의 큰 차이를 보
이는 것은 설문B2-3뿐이고 10포인트 이상 차이를 보이는 것은 설문
B1-2, B3-1, B3-2이었다. 또한 <표 7>에서는 설문B2-3외에 B3-2에
서도 20포인트 이상의 차이가 보이며, 설문B1-2와 B3-3에서 10포
인트 이상의 차이가 보였다. 이러한 결과로부터 NS와 K-NNS의 상
이점을 개관하면, ソ계열이 우선 사용되는 대행지시에 관한 설문에
서 응답의 차이가 크게 나타나는 점을 지적할 수 있다. 그 외에도 NS
의 90% 가까이가 「φ」을 선택한 더미문제(B1-2)에서도 약간의 차
이가 있었다고 할 수 있다. <표 6>과 <표 7>에서는 지정지시나 「こ

のような類」와 관련된 부분에서는 양쪽 모두 큰 차이는 나타나지 않았다.

〈표 7〉 コ계열/ソ계열/φ별 선택 비율(문법판정 과제)

텍스트	B1 가정내 폭력		B2 일본의 조기외국어 교육				B3 지구환경문제			
	B1-1	B1-2	B2-1	B2-2	B2-3	B2-4	B3-1	B3-2	B3-3	B3-4
NS コ계열	74%	7%	98%	77%	6%	80%	94%	2%	20%	90%
NS ソ계열	26%	7%	3%	20%	91%	16%	6%	74%	78%	10%
NS φ	0%	86%	0%	3%	3%	3%	0%	25%	2%	0%
NS 응답경향	コ계열	φ	コ계열	コ계열	ソ계열	コ계열	コ계열	ソ계열	ソ계열	コ계열
중상급 K-NNS コ계열	81%	14%	94%	78%	8%	75%	94%	3%	9%	94%
중상급 K-NNS ソ계열	19%	17%	6%	22%	56%	14%	6%	54%	91%	6%
중상급 K-NNS φ	0%	69%	0%	0%	36%	11%	0%	43%	0%	0%
중상급 C-NNS コ계열	67%	8%	92%	69%	3%	47%	81%	3%	14%	64%
중상급 C-NNS ソ계열	33%	17%	8%	17%	64%	31%	19%	25%	56%	36%
중상급 C-NNS φ	0%	75%	0%	14%	33%	22%	0%	72%	31%	0%

주 : NS 결과와 비교하여 10포인트 이상 차이가 나는 곳을 □로 표시하고 20 포인트 이상 차이가 나는 곳은 음영을 넣어 표시하였다.

K-NNS와 C-NNS의 차이로는 크게 2가지를 들 수 있다. 우선 설문 B2-2, B2-4, B3-4에서 「このような類」의 사용회피가 C-NNS에서 강하고 K-NNS에서는 그다지 나타나지 않는 점을 지적할 수 있다. 더욱이 이 부분에서의 コ계열 우선사용은 C-NNS에서는 그다지 습득되지 않았으나 K-NNS에서는 습득되어 있다는 점이 특징이다. 다음

으로 대행지시 「その」의 사용 회피에 관해서 살펴보면, 설문B2-3에서는 비슷한 정도의 회피를 볼 수 있었지만 B3-2에서는 K-NNS의 회피는 다소 약해지고 B3-3에서는 C-NNS만 회피가 보이는 등, 그 정도가 설문에 따라서 달랐다. 대행지시는 대체로 학습자들에게는 어려운 학습항목이라고 할 수 있는데 자주 볼 수 있는 관용적인 표현인지 아닌지의 여부나 지시 범위, 위치 등에 따라서 난이도에 차이가 있다고 생각된다.

이하에서는 「このような類」에 관한 설문, 대행지시에 관한 설문, 지정지시에 관한 설문, 더미문제로 나누어 상세히 고찰하고자 한다. 이 때 <표 6>과 <표 7>로는 5개의 선택지에 대한 선택비율을 파악하기 어렵기 때문에 「φ、この、その、このような、そのような」의 순으로 ○△× 기호를 사용하여 나타내기로 하고 NS와 K-NNS를 비교하도록 하겠다. 또한 NS에게는 문법판정 과제를 제시할 때 가장 적절한 것 하나에 ○를 표시하고 문법적으로 틀린 표현이라고 생각하는 부분에 ×를 표시하도록 지시하였다. 하지만 K-NNS에게는 가장 적합하다고 생각하는 것 하나에 ○를 표시하는 간단한 과제를 제시하였기에 ○△×의 판정기준이 <그림 1>과 <그림 2>처럼 다소 다른 부분이 있다.

[○] : ○의 단순 선택률이 40% 이상, ×는 20% 미만
[△] : ○와×의 단순 선택률이 모두 10% 이상, 40% 미만
[×] : ○의 단순 선택률이 10% 미만, ×는 20% 이상

〈그림 1〉 NS의 선택 결과에 대한 [○][△][×]판정 기준

【○】 : ○의 단순 선택률이 40%이상

【△】 : ○의 단순 선택률이 10% 이상, 40% 미만

【×】 : ○의 단순 선택률이 10% 미만

〈그림 2〉 K−NNS의 선택결과에 대한【○】【△】【×】판정 기준

2)「このような類」에 관한 설문

문법 판정 과제 중에서「このような類」에 관한 설문은, <표 8>에서 보는 것처럼 4문항이다. <표 8>에서는 전체적으로 K-NNS는 NS와 거의 동일한 응답 경향을 드러내고 있다는 사실을 알 수 있는데, 설문B2-4의「φ」와 관련해서만 약간의 차이를 볼 수 있었다. 여기는 「조기 외국어교육에는 {5개의 선택지} 메리트가 있는 한편」 이라는 부분으로, 지시대상인 메리트의 구체적 예가 앞의 2단락의 내용과 대응하고 있다. 지시대상이 앞의 1단락이었던 B1-1나 앞의 2문장 이었던 B2-2과 비교해 보면 내용의 범위가 넓은 경향이 있기 때문에 K-NNS에서「φ」의 선택이 높아졌다고 생각된다.

더욱이 설문 B3-4는 지시대상이 앞의 2단락 이었던 것이 B2-4와 공통적인 부분인데, NS의 결과를 보면 B3-4에서만「そのような」의 사용을 부자연스러운 표현으로 판단하고 있다는 사실을 알 수 있다. 이 것의 원인으로는 구체적으로 어느 부분과 대응하고 있는가가 불명 확하고, 막연한 지시가 이루어지고 있다는 점을 들 수 있다. 또한 단 락의 모두에서「{5개의 선택지} 상황하에서,」로 시작하는 부분인데

「상황하」라는 표현이 어떠한 수식도 받지 않고 사용되는 것이 어색했던 점도 원인 이였다고 보여진다. B3-4에서는 K-NNS도 NS와 마찬가지로 「そのような」의 사용을 【×】로 판단하였다.

이상의 사실로부터 K-NNS는 「このような類」와 관련하여 거의 습득되지 않았다는 점이 시사되었다. 「そのような」보다 「このような」의 선택률이 높은 ㄱ계열 우선사용의 경향도 NS와 같은 결과였다.

〈표 8〉 「このような類」에 관한 설문 응답 경향

	B1-1	B2-2	B2-4	B3-4
NS	[×××○△]	[×××○△]	[×××○△]	[×××○×]
K-NNS	【×××○△】	【×××○△】	【△××○△】	【×××○×】

3) 대행지시에 관한 설문

〈표 9〉 대행지시에 관한 설문 응답 경향

	B2-3 「その大部分」	B3-2 「その債務」	B3-3 「その対策」
NS	[××○××]	[△×○××]	[×△○××]
K-NNS	【△×○××】	【○×○××】	【××○××】

대행지시에 관한 설문은 3문항 인데<표 9>, 설문 B2-3와 B3-2를 보면 K-NNS는 NS보다도 「φ」의 선택률이 높고, 지시표현의 사용회피 경향이 나타난다. 더욱이 B3-2에서는 NS의 「φ」에 대한 판정이

[△]로, NS 내부에서 판정의 편차가 비교적 큰 설문이다. 대행지시 중에서도 NS판정의 편차가 작은 경우와 큰 경우가 있다는 사실은 향후 다양한 연구에서 그 요인 등을 명확히 할 필요가 있을 것이다.

설문B2-3와 B3-2에서 K-NNS에 의한 지시표현의 사용회피가 보이면서도, 설문B3-3에서는 K-NNS에서 「この」의 판정이 【×】인데 비해 NS에서 [△]이라는 사실은 흥미로운 부분이다. B3-3은 NS의 응답 중 유일하게 「このような類」의 선택이 전혀 보이지 않았던 설문이다. 「この類」와 관련해서 NS에서는 그계열의 사용도 다소 허용되었지만(20％), K-NNS는 그계열의 사용이 9%에 그치고 있기 때문에, <표 9>에서 나타난 차이가 설명되는 부분이다. 선행연구나 문법서의 대부분이 대행지시 「この」는 잘못된 것이라고 하는데 설문B3-3과 같은 경우는 그계열의 선택도 허용될 수 있다는 사실을 NS의 결과로부터 알 수 있다.

4) 지정지시에 관한 설문

지정지시에 관한 2개의 설문은 양쪽 모두 표현의 바꿔 쓰기가 있었기 때문에 그계열의 사용만이 허용되는 부분이다. B2-1과 비교하여 B3-1는 앞의 절에 「例えば」라는 표현이 있었기 때문에 「このような類」의 허용도가 높아지는 부분이다. <표 6>에 나타난 NS의 결과를 보면, 오히려 「このような類」가 56%로 「この類」보다도 선택률이 약간 높다고 할 수 있다. NS의 경향과 마찬가지로 K-NNS도 B3-1에서는 「このような」에 대한 판정이 【○】였다. 5.1에서 결과를 개관했을 때, <표 6>에서는 「この類」와 「このような類」의 선택경향에 있어 NS와 K-NNS에 10 포인트 이상의 차이를 볼 수가 있는데, <그림 1>과 <그림 2>의 기준에 따라 경향을 파악했을 때는 양쪽의 차이를 볼 수 없게 되었다.

〈표 10〉 지정지시에 관한 설문 응답 경향

	B2-1	B3-1
NS	[×○×△×]	[×○×○×]
K-NNS	【×○×✖×】	【×○×○×】

설문 B2-1에서는 NS와 K-NNS 간의 「このような」판정에 차이를 확인할 수 있는데, ㄱ계열이 우선적으로 사용되는 바꿔 쓰기 부분에서의 지정지시를 K-NNS가 대체로 습득하고 있다는 사실을 알 수 있었다.

5) 더미문제

원래 NS를 대상으로 조사를 실시할 때, 피조사자가 성실하게 응답하는지를 판단하는 더미문제로서 도입한 것이 설문 B1-2이다. 이 설문에서는 대응하는 지시대상이 내용적으로 존재하지 않기 때문에 「φ」만이 정답이다. K-NNS의 결과를 보면 「φ」를 【○】로 판단한 점은 NS와 동일했지만 「このような」와 「そのような」의 선택률이 약간 높았던 점에서 차이를 보인다<표 11>. K-NNS가 더미문제를 예상치 않았을 가능성도 많다고 생각되는데, 지시대상이 존재하지 않는다는 사실을 읽어 내는 것이 K-NNS에게는 난이도가 높았을 것이라고 여겨진다. 그 때문에 막연한 지시도 가능한 「このような類」의 선택이 어떤 의미로는 K-NNS에 의한 회피행동이라고 할 수 있을지 모른다.

〈표 11〉 더미문제의 응답 경향

	B1-2
NS	[○××××]
K-NNS	【○××△△】

5 맺음말

본 연구는 학습자의 이해와 산출의 측면에서 NS와의 차이를 명확하게 하는 것을 목적으로 설정하고, 한국어를 모어로 하는 중·상급 일본어 학습자를 대상으로 빈칸 채우기 과제와 문법판정 과제를 실시하였다.

빈칸 채우기 과제 결과를 개관하면, K-NNS의 지시표현 사용률은 NS와 큰 차이는 없었으며 사카구치(坂口2012b)의 중급 C-NNS에서 확인한 지시표현사용에 관한 강한 회피경향이나, 상급 C-NNS에서 확인한 지시표현의 사용과다 경향은 그다지 보이지 않았다. 그러나 대행지시인 「その」에 관해서는 사용회피 경향이 있었던 것 외에도 가정의 경우와 비교하여 지시대상이 추측의 문장 내에 있을 때는 ソ계열의 우선사용이 그다지 습득 되지 않았을 가능성 등이 시사되었다.

문법판정 과제 결과에서도 지정지시나 「このような類」에 관한 부분에서는 NS와 K-NNS에 큰 차이는 보이지 않았다. C-NNS는 「このような類」의 사용회피가 강하게 보였으나 K-NNS에서는 특별히 보이지 않았으며, 여기서의 コ계열 우선사용도 습득되고 있다는 사실을 알 수 있었다. 그러나 대행지시에 관해서는 「φ」의 선택률이 높고, 지시표현의 사용회피 경향이 나타났다.

이상의 결과를 토대로 K-NNS에 대해서는 문맥지시 중 대행지시에 관한 지도의 필요성이 높다는 사실이 시사된다. 한편 중·상급 레벨에서 높은 습득 수준을 볼 수 있었던 지정지시나 「사물의 속성을 나타내는 지시표현」에 대해서는 지도의 우선순위가 비교적 낮다고 할 수 있다.

이 외에도 중·상급 작문교육의 시사점으로서 빈칸 채우기 과제에서 K-NNS의 응답 중, 「こんな類」의 사용을 일정수치 볼 수 있었던 사실을 지적 할 수 있다. 「こんな類」는 경우에 따라 감정적 혹은 주관적인 뉘앙스를 갖는 경우가 있기 때문에 이점에 관해서도 지도하는 것이 바람직하다.

본 연구의 과제로 빈칸 채우기와 문법판정 과제의 텍스트에 설정할 수 있는 설문의 수가 전체적으로 매우 적었던 점을 들 수 있다. 각 용법에 해당하는 설문수를 늘리고 이번 연구결과를 일반화 할 수 있는지 확인해서, 제언의 타당성을 높일 필요가 있다. 또한 본고의 피조사자는 37명으로 그 수가 적기 때문에 한국어를 모어로 하는 보다 많은 학습자에게 같은 과제를 제시해 보아야 할 것이다.

　마지막으로 선행연구에서는 틀린 것이라고 주장하는, 주제가 반복되는 부분에서의 ソ계열 사용이나 대행지시인 「この」의 사용 등과 관련하여 NS에서의 허용도가 높고 NS와 K-NNS의 결과에서 약간의 차이가 보이는 사실을 주목할 필요가 있다. 허용도를 결정짓는 요인 등에 관해서는 구체적으로 문법적인 연구나 코퍼스 분석이 필요하며, 이들 역시 향후 과제라고 할 수 있다.

〈참고문헌〉

浅井美恵子(2006.3)「日本語の論説的文章における指示詞「この」「その」—日本語母語話者と日本語学習者の使用の比較—」『言語と文化』7, 名古屋大学, pp.141-150

安龍洙(2004.2)「韓・中日本語学習者の指示詞の使い分けに関する一考察:「単純照応指示」のコ系とソ系の使用をめぐって」『茨城大学留学生センター紀要』2, 茨城大学, pp.35-48

庵功雄(2007.10)『日本語におけるテキストの結束性の研究』くろしお出版

庵功雄・高梨信乃・中西久実子(2001.9)『中上級を教える人のための日本語文法ハンドブック』スリーエーネットワーク

庵功雄・高梨信乃・中西久実子・山田敏弘(2000.5)『初級を教える人のための日本語文法ハンドブック』スリーエーネットワーク

岡部寛(1995.10)「コンナ類とコウイウ類—ものの属性を表す指示詞—」宮島達夫・仁田義雄(1995.10)『日本語類義表現の文法(下)複文・連文編』くろしお出版, pp.638-644

国立国語研究所(1981.3)『日本語教育指導参考書8 日本語の指示詞』

三枝令子(1998.7)「文脈指示の「コ」と「ソ」の使い分け」『一橋大学留学生センター紀要』1, 一橋大学, pp.53-66

坂口清香(2012.3;a)「日本語母語話者を対象とした意見文の指示表現に関する研究—「この類」と「このような類」を中心に—」『日本語教育方法研究会誌』19, 日本語教育研究会, pp.24-25

坂口清香(2012.10;b)「「この類」と「このような類」を中心とした文脈指示についての研究—中上級日本語学習者を対象に—」『日本語教育研究』24, 韓国日語教育学

会, pp.93-108

迫田久美子(1998.2)『中間言語研究―日本語学習者による指示詞コ・ソ・アの習得―』渓水社

鈴木智美(2006.3)「「そんなX…」文に見られる感情・評価的意味―話者がとらえる事態の価値・意味と非予測性―」『日本語文法』6, 日本語文法学会, pp.88-105

鈴木庸子(2004.3)「文脈指示の「コノN」「ソノN」「アノN」：日本語教育の教科書での使用状況をもとに」『甲南大学紀要　文学編』138, 甲南大学, pp.21-35

宋晩翼(1991.11)「日本語教育のための日韓指示詞の対照研究―「コ・ソ・ア」と「이・그・저」との用法について―」『日本語教育』75, 日本語教育学会, pp.136-152

孫愛維(2007.11)「第二言語としての日本語の指示詞習得の研究概観―非現場指示の場合―」『言語文化と日本語教育増刊特集号 第二言語習得・教育の研究最前線2007』日本言語文化学研究会, pp.55-92

単娜(2005.11)「日本語の指示詞に関する研究概観―対照研究を中心に―」『第二言語習得・教育の研究最前線2005年版』日本言語文化学研究会, pp70-100

堤良一(2002.9)「文脈指示における指示詞の使い分けについて」『言語研究』122, 日本言語学会, pp.45-7

橋本さち恵・乾健太郎・白井清昭・徳永健信(2001.5)「日本語文生成における照応表現の選択」『情報処理学会研究報告　自然言語処理研究会報告』54, 情報処理学会, pp.33-40

馬場俊臣(2006.10)『日本語の文連接表現―指示・接続・反復―』おうふう

深見兼孝(2007.3)「日本語教育から見た日本語の指示詞表現(2)文脈指示の「その」と「そんな」」『広島大学留学生センター紀要』17, 広島大学, pp.1-10

前田佳奈(2005.2)「文脈指示の「こ」「そ」の選択要因：強調の「こ」の使用動機」『国分目白』44, 日本女子大学, pp.111-119

松浦恵津子(1997.6)「指示語「ソンナ」と「ソウイウ」について」『言語文化と日本語教育』13, お茶の水女子大学, pp.149-159

本橋美樹(2006.12)「日本語学習者の指示形容詞の使用」『関西外国語大学留学生別科日本語教育論集』16, 関西外国語大学, pp.61-72

李賢淑(2011.6)「韓国の中等教育における日本語指示詞の扱い―高校の日本語教科書の場合―」『日本語教育研究』20, 韓国日語教育学会, pp.171-184

〈사진 출처〉

직접 촬영

〈참고자료〉

　아래는 조사에서 사용한 빈칸 채우기 과제와 문법판정 과제의 전문을 일부 개정하여 게재한 것이다.
　조사용지에는 본고에서 밑줄이 그어진 표현의 한국어 번역을 주석으로 달았다.

Ⅰ. 빈칸 채우기 과제
【지시문】
　빈칸에 **일본어로 자유롭게 기재하여** 전체적으로 가장 자연스러운 일본어 문장을 만드시오.
　그리고 빈칸에 아무것도 쓰지 않는 것이 가장 자연스럽다고 판단했을 때는 ×라고 기입하시오.

【A1　쓰레기 수거 유료화에 관하여】
　최근 많은 지자체에서 유료 쓰레기봉투를 지정하고, 대형 가전제품은 수거비를 받고 회수해 가는 등, 쓰레기 수거 유료화가 진행되고 있다. 그러나 ＿＿＿＿＿
＿＿＿＿＿＿＿에는 문제도 있다.
　분명 비용의 강제력은 크다. 그저 "쓰레기를 줄입시다." 라고 호소해서는 움직이지 않던 사람들도 비용을 지불하고 싶지 않기 때문에 많은 쓰레기를 내놓거나 하지는 않을 것이다. 하지만 ＿＿＿＿＿＿＿＿＿＿은/는 환경을 위해서 쓰레기를 줄이는 것이 아니라 쓰레기에 드는 비용을 지불하고 싶지 않기 때문에 줄이는 것에 지나지 않는다. 쓰레기 수거를 유료화 해도 사람들의 환경에 대한 의식이 높아지는 것은 아니다. "돈을 내니까 얼마든지 버려도 상관없다" 고 생각하는 사람도 나올지 모른다.
　더욱이 문제가 되는 것은 쓰레기 수거를 유료화 하면 요금 지불을 피하고 싶은 마음에 몰래 쓰레기를 버리는 사람도 나올 것이다. 이미 산 속 같은 사람들 눈에 띄지 않는 곳에 다량의 쓰레기를 버린다는 이야기도 들린다.
　따라서 ＿＿＿＿＿＿＿＿＿임시변통의 대책으로는 현재의 심각한 쓰레기 문제를 해결 할 수 없으며, 오히려 쓰레기 처리 방식을 나쁘게 만들 우려도 있다고 할 수 있다. 쓰레기 유료화를 완전히 부정하는 것은 아니지만 원래 쓰레기 수거가 유료가 아니라도 환경을 생각해서 쓰레기를 줄이도록 사람들의 환경 의식을 근본적으로 바꾸어＿＿＿＿＿＿＿＿＿＿＿

【A2 인폼드 컨센트에 관하여】

인폼드 컨센트란, 의사가 환사에게 병과 치료 방법을 설명하고 환자가 이를 승낙한 후 의료행위를 개시하는 것을 말한다. 최근 이것이 주목 받게 된 이유는 스스로 치료 방법을 선택하여 개인의 인생을 존중하고자 하는 인식이 강해졌기 때문이다. 그러나 일본에서는 이 인폼드 컨센트가 서양만큼 자리 잡지는 않았다.＿＿＿＿＿＿＿를 아래에서 3가지 언급하도록 하겠다.

우선 짧은 시간에 치료를 간단히 끝내는 것에 익숙한 의사에게 설명능력이 있는가, 의사들은 그러한 교육을 받았는가와 같은 의사 측의 문제가 있다.

또한 환자와 의사가 대등한 관계에 있는 서양에서는 의사가 하는 설명에 환자가 동의하여 '계약' 관계를 맺는 것에 아무런 문제가 없지만, 환자보다 의사의 권한이 강한 경우가 대부분인 일본에서는 ＿＿＿＿＿＿＿'계약' 관계를 맺는다는 것에 저항감이 생기기 쉽다.

더욱이 병을 알리는 것에도 문제가 있다. 좋고 나쁨은 차치하더라도 일본만큼 '암인 사실을 알릴 것인가 말 것인가'를 문제 삼는 나라는 없다고 한다. 서양에서는 병명을 알리는 것은 당연한 일이라고 생각하기 때문이다. 인폼드 컨센트를 시행하려면 환자는 우선 자신의 병을 알아야만 한다. 설령 나을 수 없는 병을 선고 받아도 ＿＿＿＿＿＿＿를 받아들일 수 있는가가 문제이다. 즉 환자 개인의 자립이 충분하지 않다는 점도 일본에서 인폼드 컨센트가 정착하지 못하는 큰 원인이 되고 있다.

이처럼 인폼드 컨센트가 생각만큼 자리 잡지 못한 일본에서는 '일본적인 환자'를 도우면서도 공평한 위치에서 의사 측과 환자 측의 교두보 역할을 할 수 있는 사람이 ＿＿＿＿＿＿＿.

II. 문법판정 과제

【지시문】

{φ/この/その/このような/そのような}의 5개 표현 중, **가장 적절하다고 생각하는 하나의 선택지에** ○를 적으시오. 또한「φ」는 어떠한 표현도 들어가지 않을 경우를 나타낸다.

【B1 가정 내 폭력에 관하여】

「수험생 아들이 부모를 금속 배트로 구타해 숨겨」라는 뉴스가 보도된 것은 지금으로부터 10년도 더 된 일이다. 이 사건을 계기로 신문이나 뉴스에서 가정 내 폭력이 다루어지게 되었다. 가정 내 폭력은 우리 집과는 무관한 일이지만 무

관심으로 일관해선 안 된다는 생각이 든다. 그 이유는 뉴스 내용을 듣고 있자면 사건의 대부분이 중상층 가정에서 그다지 어려움 없이 자라온 젊은 층에 의해서 일어나고 있기 때문이다. 가족구성도 처해진 주변 환경도 나와 비슷한, 같은 세대의 젊은 층들은 대체 무엇에 불만을 품고 {ф/이/그/이러한/그러한} 사건을 일으키는 것일까.

아버지는 풍족한 환경 속에서 생겨난 어리광이라고 말씀 하신다. 어머니는 가족 관계가 좋지 않았던 것이 원인이 아닌가 생각하신다. 형은 수험공부에만 열중해 노이로제에 걸린 것이라고 한다.

나는 이러한 현상의 배경에 가족의 관계성이 점차 약해져, {ф/이/그/이러한/그러한} 개인주의가 강해진 경향이 있다고 생각한다. 자신의 감정만을 생각한다면 가족이나 주변 사람들과의 관계성은 깊어지지 않을 것이다.

【B2   일본의 조기 외국어교육에 관하여】

외국어 교육은 언제 시작하는 것이 좋을까. {ф/이/그/이러한/그러한} 문제에 관해서는 빠른 편이 좋다는 의식이 강해지고 있다는 느낌이 든다. 글로벌화가 점차 진행되면서 회사에서도 대학에서도 지금보다도 훨씬 영어가 필요해졌기 때문이다. 회사는 해외에 공장이나 지점을 세우는 곳이 늘고 있고, 또한 대학이나 연구소에서도 해외에서 온 연구자와 공동으로 연구하는 경우가 많아지고 있다.

{ф/이/그/이러한/그러한} 현상을 생각해 보면 나는 조기 외국어 교육에 찬성한다. 우리들은 태어날 때부터 귀로 전해지는 말을 자연스럽게 획득하여 모국어로 말 할 수 있게 되는데, 외국어도 그 과정과 마찬가지로 조기에 배우는 쪽이 익히기 쉬울 것이다. 특히나 발음은 모어화자에 가까운 발음으로 할 수 있게 된다.

그리고 최근 일본에서는 외국인 아동이 늘고 있는데 {ф/이/그/이러한/그러한} 대부분이 일본어 지원을 필요로 하고 있다. 그렇다면 외국어 교육 시간에 외국인 아동은 자신들을 위한 일본어 지원 수업을 받고, 일본어를 모국어로 하는 아동은 그 시간을 외국어, 즉 동급생의 모국어를 알아가는 시간으로 하는 것이 좋지 않을까. 이러한 수업을 마련한다면 외국인 아동은 일본어 능력이 좋아질 것이고, 자신의 모국어나 고국의 문화에 자신을 가질 수 있을 것이라 기대된다. 또한 일본어를 모국어로 하는 아동은 문화나 언어에 관한 폭넓은 시야를 얻을 수 있을 것이다.

조기 외국어교육에는 {ф/이/그/이러한/그러한} 메리트가 있는 한편,

반대 의견도 많다. 예를 들자면 외국어교육을 받음으로서 점차 모국어인 일본어 능력이 저하되는 것은 아닌가 하는 의견이다. 그러나 나는 이것이 국어교육을 비판할 일이지 외국어교육에 반대하는 이유는 되지 않는다고 생각한다. 문제 있는 국어교육을 개선함과 동시에 일찍부터 외국어 교육을 시킴으로서 글로벌한 시대에 부합하는 인간을 목표로 아이들을 키워야할 필요가 있다고 생각한다.

【B3   지구환경문제에 관하여】
현재 이 세상은 사람, 자원, 돈이 지구적 규모로 이동하고 있다. 그리고 환경문제도 마찬가지로 글로벌화 하고 있다. 예를 들면 지구온난화에 의해 생겨나는 기후 변화가 특정 지역의 사막화와 연관되어 있는데 {φ/この/その/このような/そのような} 문제에는 정치적, 경제적인 문제와도 관련이 있다. 국제적 원조를 받는 나라가 {φ/この/その/このような/そのような} 채무를 갚기 위해서 자국의 삼림을 채벌하여 수출품을 생산하는 경우도 있기 때문이다. 그러나 삼림 채벌로 인하여 땅은 메마르고, 사막화는 더욱 심해진다.

이러한 지구적 규모로 확대하는 환경문제와 관련해, 처음으로 국제적인 대책가 이루어진 것이 산성비 문제였다. {φ/この/その/このような/そのような} 대책으로, 유럽에서는 산성비의 원인이 되는 대기오염물질을 체크하는 제도가 도입되었다. 온실효과가스 문제는 교토에서 열린 회의 결과에 따라 각국에서 대기 중의 CO_2농도를 줄이기로 결정하였다.

{φ/この/その/このような/そのような} 상황 하에서 우리들은 어떠한 노력을 하면 좋을까. 가장 손쉬운 방법은 쓰레기 분리나 재활용 등, 친환경적인 생활습관을 길들이는 것을 생각해 볼 수 있다. 또한 환경문제와 관련하여 많은 관심을 갖는 것도 중요하다.

제5장

신문 DB를 이용한 외래어 어휘에 대한 계량적 분석

高草木美奈

제5장

신문 DB를 이용한 외래어 어휘에 대한 계량적 분석

일본 국립 국어연구소는 일본어에 있어서의 외래어 범람을 우려해, 외래어 위원회를 설립하여 「『外来語』言い換え提案」(2006)을 발표했다. 이 제안에서는 외래어 176개 단어를 대신해서 한자어를 사용하도록 제시하고 있다.

본 논문에서는 신문 데이터베이스를 이용하여 신문 기사에 출현 건수를 조사하고 많이 사용되는 상위 10위의 외래어 및 일본어(한자어 등)를 대상으로 각각의 의미 영역에 대한 고찰을 통하여 제안의 타당성을 검토해 보기로 한다.

독립 행정법인 일본 국립 국어연구소[1](이하, 국어연)는 외래어 위원회를 설립하여 「『외래어』 바꿔 쓰기 제안」[2](2006)을 발표하였다[3].

국어연(2006)이 바꿔 쓰기를 제안한 외래어 176단어를 보면, 친숙하지 않고 이해도가 떨어지는 외래어도 있지만, 이미 일본어 속에 침투하여 정착되어 있는 외래어도 존재한다. 사용빈도가 높은 외래어의 경우, 그에 대응하는 일본어(한자어 등)와의 의미 영역이 이미 명확하게 구분되어 있어, 바꿔 쓰기 표현을 사용하는 것이 오히려 부자연스럽다고 할 수 있다.

---

1 2006년 발표당시의 명칭. 2009년 10월에 대학 공동 이용기관 법인으로 명칭 변경.
2 「외래어」의 괄호 표기는 국어연의 표기 방식에 따르며, 본 논문에서는 「 」안에서 사용되었기에 이중괄호(『 』)로 표기하였다.
  이하, 국어연이 바꿔 쓰기를 제안한 176단어에 대해서는 「외래어」라고 표기하고, 보통명사로서 사용되는 외래어에는 괄호 없이 표기하도록 한다.
3 「『외래어』 바꿔 쓰기 제안」
  http://www.ninjal.ac.jp/gairaigo/Teian1_4/iikae_teian1_4.pdf 의 발표 시기는 제1회 2003년 4월에 62단어, 제2회 2003년 11월에 47단어, 제3회 2004년 10월에 32단어, 제4회 2006년 3월에 35단어를 발표, 총 176단어이다.

본 논문에서는 계량조사를 통하여 사용빈도가 높은 외래어를 대상으로「외래어」와「바꿔 쓰기」간의 의미 차이를 용례를 통해 살펴보고「『외래어』바꿔 쓰기 제안」의 문제점을 지적하고자 한다.

1 『외래어』바꿔 쓰기 제안에 대한 연구

지금까지 외래어의 범람을 지적한 서적들은 다수 존재하며, 그러한 문제점이 지적 된지도 오래이다. 2006년에 발표된「『외래어』바꿔 쓰기 제안」에 와서야 겨우 공식적인 지침이 나왔다는 느낌이다. 그러나 이른바 쇼와(昭和)시대에 출판된 외래어관련 서적들, 대표적으로 우메가키 미노루(楳垣実, 1975), 야자키 겐쿠로(矢崎源九郎, 1964), 구제 요시오(久世善男, 1976), 이시노 히로시(石野博史, 1983)가 본인들의 저서에서 언급하고 있는 외래어를 살펴보면, 지금은 익숙지 않거나 사용하지 않는 외래어도 많다. 즉 외래어는 일시적으로 유행하는 유행어로서의 측면도 가지고 있어 그 일정 시기가 지나면 사어(死語)가 될 요소를 내포하고 있기에 공식적으로 다루기에는 큰 리스크를 안고 있다고 할 수 있다.

외래어의 정의와 관련해 야마다 요시오(山田孝雄, 1958)는 '단순 외래어', '협의의 외래어', '차용어', '귀화어'로 4분류를 하고 있다. 이로부터 반세기가 지난 현재도「가타가나 어」와「외래어」가 혼재되어 사용되는 모습을 볼 수 있는데, 국어연(2006)은 일본식 영어를 포함하여「외래어」라는 명칭을 사용하며 괄호쓰기로 표기하고 있다. 국어연(2007)은 176단어의 선정에 있어서 국민의 이해도 등을 기반으로 한 진중하고 심도 있는 예비조사를 거듭해 온 점을 공표하였는데, 이러한 데이터를 토대로 선정된 「외래어」는 평가할 만하지만, 176단어의 선정이유에 관해서는 명시하지 않고 있다.

국어연(2006)보다 앞서 국이연(1965)은『類義語の研究』에서 외래어 유의어의 문제점에 대해 지적하며, 외래어는 대부분의 경우 적용되는 범위가 한정되어 있다고 언급하고 있다.

「『외래어』바꿔 쓰기 제안」에 관한 논문으로는 진노우치 마사타카 외(陣内正敬他, 2012)의『外来語研究の新展開』가 대표적인데 그 중에서도 특히 매스컴 관계자이기도 한 세키네 겐이치(関根健一, 2012)의 「신문 외래어는 어떻게 생겨나는가」는 신문 상에서의 외래어 사용에 관해 이야기 하고 있다. 저자는 '싱크탱크'는 이미 '정책 연구기관'으로 바꿔 쓰기가 정착되고 있으며, '어메니티'는 기사에서 모습을 드러내지 않는 단어라고 지적한다. 그러나 세키네(2012)의 계량조사는 외래어만을 대상으로 할 뿐, 바꿔 쓰기 단어에 대한 계량조사는 이루어지지 않았다.

2 데이터베이스를 이용한 조사방법

본 논문에서는 언어의 운용면 보다는 계량에 중점을 두고서 코퍼스 언어학이 아닌 계량언어학의 입장에서 데이터베이스 (이하 DB)를 사용한 계량조사를 실시한다.

다나카 마키로(田中牧郎, 2012)는 공공성이 높은 매체(신문, 백서, 광고지)의 외래어 사용량은 잡지에 비해서 낮다고 언급하였는데, 세키네(2012)도 같은 점을 지적하면서 신문 단어는 일정한 규범에 의거하여 관리·사용된다는 점에 주목해야 한다고 설명한다. 본 논문은 신문기사에 일정한 규범이 있다는 사실을 전제로 하면서 세키네의 방법을 답습하여 신문기사에서의 출현수를 살펴보기로 하였다.

국어연이 인식도 조사를 전 국민, 그리고 60세 이상으로 나누어 실시했다는 점이나 「『외래어』 바꿔 쓰기 제안」이 공공성 높은 매체를 위한 바꿔 쓰기를 목적으로 하고 있다는 사실을 생각해 보았을 때, 신문을 이용하는 것은 적확한 조사방법이라고 사료된다. 외래어를 더 어렵게 느끼는 고령층이 신문을 읽는 비율이 보다 높아서, 공공성이 더 높다고 생각되기 때문이다.

거대 신문사이자 메이지(明治) 시대부터 1200만 건 이상의 기사를 인터넷 상에서 확인 할 수 있는 DB 「요미다스 역사관(ヨミダス歴史館)」[4] 을 보유한 요미우리 신문사(読売新聞社)의 기사를 이용하였다. 요미우리 신문을 선택한 이유는 일본 최대 신문사인 점, 발행부수가 전국 1위이자 세계 최다인 점[5], 요미우리 신문의 DB 「요미다스 역사관」은 메이지 시대부터의 기사 1200만 건 이상을 인터넷으로 열람

---

4 요미우리 신문 DB 「요미다스 역사관」(등록 유료)
   https://database.yomiuri.co.jp/rekishikan/
5 요미우리 신문은 영국의 「기네스북」이 인정한 세계 제일의 발행부수를 자랑하며, 일본을 대표하는 주요 일간지이다. 발행부수 감사기관인 일본 ABC협회의 보고에 따르면 2013년 11월 조간부수는 전국 1000만 7440부로 전국 일간지 2위인 아사히 신문(朝日新聞)과는 약 247만부, 3위 마이니치 신문(毎日新聞)과는 약 667만부라는 큰 격차를 보이고 있다.
   http://info.yomiuri.co.jp/company/data.html(검색일:2014.8.21)

할 수 있고 그 건수 역시 최다라는 점, 그리고 일본의 주요 대학, 공공
도서관 등 다양한 곳에서 이용 가능하다는 점 때문이다. DB는 기간
한정(유료)이기 때문에 2014년 2월부터 2개월 간 요미우리 신문과
의 계약에 따라 이용하고 조사를 실시하였다. 다만 용례에 관해서는
계약 종료 후에 이루어 졌기 때문에 DB를 사용하지 않았다.

국어연의 「『외래어』 바꿔 쓰기 제안」이 나온 것이 2006년인데, 이
전후의 출현건수 양상을 함께 보는 것도 목표의 하나로 잡고, 1990
년 1월 1일부터 2013년 12월 31일까지의 23년간을 1년 단위로 설정
하여 표제어 및 기사본문을 검색대상으로 하는 「전문검색」을 실시
하였다. 검색 범위는 지역판[6]을 제외한 전국판 만을 선택하였고, 분
류선택은 정치, 경제, 사회, 스포츠, 문화, 생활, 사건·사고, 과학, 국
제, 황실 중 「모두」를 선택하였다.

「전문검색」에서 밝혀 두어야 할 사항으로는 예를 들자면 「コミュニ
ケ (프랑스어로 공동선언)」의 경우, 「コミュニケ」를 포함하는 단어를
모두 검색결과로 도출하기 때문에 「コミュニケ NOT コミュニケーション
NOT コミュニケーター NOT コミュニケート NOT コミュニケイション NOT
コミュニケイト」와 같이 검색용어를 직접 제한하는 작업을 수행해야할
필요가 있었다. 또한 「シーズ(씨앗)」의 경우에는 「シーズン」 「ユリシー
ズ」 「クインシーズ」 및 고유명사인 「シーズ(선박 이름으로, 레전드 오
브 더 시드)」 등도 결과에 영향을 주는 단어로 검색되었기 때문에
「키워드 검색」을 실시하였다. 「키워드 검색」은 키워드를 검색대상

---

6 지방판은 1986년 12월부터 도쿄(도민판), 1997년 5월부터 오사카 식으로 점차
  DB의 축적량이 늘어나 수록의 총량이 다르므로 제외하였다.

으로 하기 때문에 불필요한 기사는 배제하지만 동의어·유의어, 히라가나, 가타가나의 읽기, 생략어로부터의 검색이 가능한 기능이다. 그러나 검색대상 단어가 붉은 글씨로 표시되지 않아 기사 내의 출현장소 확인이 어렵기 때문에 기본적으로는「전문검색」을 사용하였다.

　또한 국어연의 표기법과 다른 단어는 조사 대상으로 삼지 않고 국어연의 표기에 따랐다. 예를 들면 어미가 －ity 나 －ety인 경우, 국어연에서는 모두 장음으로 표기하고 있기 때문에「アイデンティティー」만을 조사대상으로 하고「アイデンティティ」는 제외하였다. 실제 검색을 통하여 숫자의 증감 차이를 확인해 본 결과, 현저한 차이는 보이지 않았기 때문에 표기가 다른 단어는 대상 외로 하여도 본 논문의 결론을 좌우하는 요소는 아니라고 판단하였다.

　검색건수는 표제어와 기사 중에서 1회 이상 출현 한 경우, 1로 카운트 된다. 표제어와 기사에서 수회 중복 사용되어도 1로 카운트 된다.

3　외래어 사용건수 상위 10단어

　앞서 언급한 대로 1990년 1월 1일부터 2013년 12월 31일까지 23년간의 계량조사를 실시하고, 사용건수가 높은 상위 10단어를 제시한다. 외래어 176단어 중, 상위 10단어 및 바꿔 쓰기 단어 상위 10단어의 검색 수는 아래와 같다.

1) 사용건수 상위 10단어

아래는 176단어 중 사용빈도가 높은 10단어이다. 신문에서의 사용빈도가 높다고 해서 반드시 익숙하고 알기 쉬운 외래어라고 할 수 없다는 사실은 인정하지만, 그렇다고 해서 한자가 4글자나 된 한자어로 구성한 바꿔 쓰기 단어가 이해하기 쉬운가에 관해서는 의문이 남는다. 여기서는 우선 외래어와 한자어의 의미 차이를 용례를 통하여 고찰해 보기로 한다. 계량조사에 사용한 요미우리 신문 DB가 메이지 시대(1874년)부터 1989년까지의 자료는 축소판으로 보관되고 있는 관계로 조사기간을 1990년부터로 설정하였다.[7]

아래의 <표 1>은 사용건수 상위 10단어이다. 「외래어」앞에 표시한 괄호 속 숫자는 국어연이 176단어를 ア・イ・ウ・エ・オ 순에 따라 붙인 번호이며, 오른쪽은 일본어는 국어연이 제안한 「바꿔 쓰기 단어」 및 그 출현수이다.

〈표 1〉 외래어 사용건수 상위 10단어

상위 1~10 단어	외래어 (괄호 안은 외래어를 ア・イ・ウ・エ・オ순으로 국어연에서 부여한 번호)	1990~2013 년까지의 출 현건수(건)[8]	제안된 바꿔 쓰기 단어	1990~20 13년까지 의 출현 건수(건)
1	(65)シェア(share)	13675	占有率	5238
2	(42)グローバル(global)	11021	地球規模	7

상위 1~10 단어	외래어 (괄호 안은 외래어를 ア·イ·ウ·エ·オ순으로 국어연에서 부여한 번호)	1990~2013년까지의 출현건수(건)[8]	제안된 바꿔 쓰기 단어	1990~2013년까지의 출현 건수(건)
3	(8)アクセス(access)	10372	接続	13087
4	(133)ベンチャー(venture)	8287	新興企業	1304
5	(33)ガイドライン(guideline)	7230	指針	16560
6	(120)ビジョン(vision)	6601	展望	16321
7	(81)セクター(sector)	6522	部門	48875
8	(23)インフラ(infrastructure의 약어)	6148	社会基盤	1946
9	(43)ケア(care)[9]	5143	手当て	5650
10	(11)アナリスト(analyst)	4684	分析家	93

선행연구에서 다룬 국어연(1965)의 『類義語の研究』에서 「외래어는 적용되는 범위가 한정되어 있다」라는 주장을 토대로 실제로 사용되는 용례를 살펴보고 검증해 가도록 하겠다.

상기 단어 중에서 일례로 용례는 요미우리 신문의 「YOMIURI ONLINE」을 사용하였다. 계량조사에서 사용한 DB는 아니지만 작업 기간의 제약 상, 계약 기간 이후 용례를 수집하였다.

먼저 「외래어」는 사용건수가 많지만, 「바꿔 쓰기 단어」는 비교적 사용건수가 적은 사용건수 상위 2위인 「(42)グローバル」과 「地球規模」의 용례를 살펴보고자 한다.

(1-1) これまで学習指導要領は約10年ごとに改定されており、次期改定は
当初、幼小中学校が17年度、高校が18年度の予定だったが、文

9 9위의 「ケア」는 키워드 검색을 실시하였다.

科省は社会の<u>グローバル</u>化などに迅速な対応が必要として、それぞれ1年前倒しで改定する方針。　　　(2014年11月20日読売新聞)

(1-1)　지금까지 학습지도 요령은 약 10년 단위로 개정되어 왔는데 차기 개정은 당초, 유치부·초등학교·중학교가 17년도, 고등학교가 18년도로 예정되어 있었으나 문부과학성은 사회의 <u>글로벌화</u>에 신속하게 대응할 필요가 있다고 하여 각각 1년씩 앞당겨 개정할 방침.　　(2014년 11월 20일 요미우리 신문)

(1-2)　<u>地球規模</u>の問題の解決なしに、95億人に達する人口増には耐えられない。企業も基礎研究を発展させ、応用展開することが求められる。　　　(2010年10月25日読売新聞)

(1-2)　<u>지구규모</u>의 문제 해결 없이 95억 명에 달하는 인구 증가에는 당해 낼 수가 없다. 기업도 기초연구를 발전시켜 응용 전개하는 것이 요구된다.　　　(2010년 10월 25일 요미우리 신문)

(1-3)　<u>地球規模</u>の課題を解決するために、科学の重要性が増していることを説いた。　　　(2010年10月21日読売新聞)

(1-3)　<u>지구규모</u>의 과제를 해결하기 위해서 과학의 중요성이 커지고 있다는 사실을 설명했다. (2010년 10월 21일 요미우리 신문)

「地球規模」는 (1-2)과 (1-3)에서 보는바와 같이 「과제」나 「문제」등의 단어들과 공기하고 있으며, 어떠한 문제에 대해 해결하는 방향성을 제시하는 식으로 사용되는 반면 「グローバル」은 (1-1)처럼 「(자국

의)사회를 글로벌화 하다」와 같이 범위의 확대라는 플러스적인 방향성을 갖는 의미로 파악되어 사용되고 있다.

또한 다른 바꿔 쓰기 단어와 비교해 보았을 때, 「地球規模」는 조어(造語)이기 때문에 출현건수가 낮고 다른 단어는 기존에 존재하던 단어로 바꿔 썼기 때문에 출현건수가 많은 것이라는 지적이 있을지 모르지만, 그렇다면 기존에 존재하던 단어를 외래어의 바꿔 쓰기로 제안한 것 자체가 문제되는 것은 아닐까.

말하자면 기존에 있던 일본어와는 다른 의미·이미지를 표현하고자 외래어의 표기·표현이 사용되는 것이기 때문이다. 게다가 그 표현방식을 국가 단위에서 규정하는 식으로 제어하는 것이 가능한가도 의문이다.

「グローバル化」를 일본어로 번역한다면 「国際化」같은 단어도 생각해 볼 수 있는데 굳이 「地球規模」로 한 이유를 국어연은 밝히고 있지 않다. 「国際化」에는 「インターナショナル」라는 외래어가 부합하고 있기 때문이라고 할 수 있는데, 「インターナショナル」과 「グローバル」을 구분하기 위하여 그에 맞게 바꿔 쓸 수 있는 일본어(바꿔 쓰기 단어)도 별도의 단어를 부여한 것으로 보인다.

그러면 다음으로 외래어와 바꿔 쓰기 단어가 거의 같은 건수를 보인 3위의 「(8)アクセス」와 「接続」의 용례이다.

> (2-1)　トレンドマイクロによれば、この3か月間でフィッシングサイトへの61万件の<u>アクセス</u>を遮断したとのこと(トレンドマイクロの利用者によるフィッシングサイトへの<u>アクセス</u>遮断数)。　(2014年11月28日 読売新聞)

(2-1) 트렌드 마이크로에 따르면 최근 3개월간 피싱 사이트로의 61
만 건의 <u>액세스</u>를 차단했다는 사실 (트렌드 마이크로 이용자
에 따른 피싱 사이트 <u>액세스</u> 차단 수).

(2014년 11월 28일 요미우리 신문)

(2-2) 不正<u>アクセス</u>などに悪用されていると指摘される中国人向けの「中継
サーバー」を巡り、業界の対応に温度差が出ている。

(2014年11月26日 読売新聞)

(2-2) 부정 <u>액세스</u>에 악용되고 있다는 지적이 있는 중국인용 「중단
서버」를 둘러싸고 업계의 대응에 온도차가 드러나고 있다.

(2014년 11월 26일 요미우리 신문)

(2-3) 警視庁幹部によると、中国人向けの中継サーバーは2010年頃から
目立ち始め、昨年8月に約24万件の不正ログインが発覚した会員
制交流サイト「アメーバ」や、換金可能なポイントが盗まれる事件が
あった通販サイト「楽天市場」への不正<u>接続</u>などに悪用されていたこと
が判明している。　　　　　　(2014年11月26日 読売新聞)

(2-3) 경시청 간부에 따르면 중국인용 중단 서버는 2010년경부터
눈에 띄기 시작하였고 작년 8월에 약 24만 건의 부정 로그인
이 발각된 회원제 교류 사이트 「아메바」나 환금이 가능한 포
인트 도난 사건이 있었던 통신 판매 사이트 「라쿠텐 시장」의
부정 <u>접속</u> 등에 악용되고 있던 사실이 밝혀졌다.

(2014년 11월 26일 요미우리 신문)

(2-2)와 (2-3)는 동일 기사 내 문장이고, 밑줄부분은 같은 내용을 지시하는 것인데, 「接続」은 「부정」이라는 단어와 공기하지 않으면 (2-1)에서 쓰이는 것 과 같은 전자상 혹은 전산상의 「アクセス」라는 의미를 나타낼 수가 없다.

다음은 「외래어」보다 「바꿔 쓰기 단어」의 건수가 많았던 5위의 「(33)ガイドライン」과 「指針」의 용례이다. 특히 의학용어는 환자를 위하여 바꿔 쓰기 단어가 추천되는 분야인데, 「ガイドライン」은 의학적 기사내용에서 사용되는 경우가 많으며 「指針」은 「ガイドライン」을 포함 하는, 보다 넓은 분야에서 일반적인 의미로서 사용되고 있다는 사실을 아래 용례를 통하여 알 수 있다.

(3-1)　人間ドック学会の解析は「今健康な人」のもので、高血圧学会の<u>ガイドライン</u>はこれからを勘案しての推奨基準です。

(2014年5月23日 読売新聞)

(3-1)　인간 독(dock) 학회의 해석은 「현재 건강한 사람」이고, 고혈압 학회의 <u>가이드라인</u>은 앞으로를 감안한 추천기준입니다.

(2014년 5월 23일 요미우리 신문)

(3-2)　就職活動の繰り下げは、経団連が発表した「採用選考に関する<u>指針</u>」に盛り込んである。　(2014年11月27日 読売新聞)

(3-2)　취업활동 연기는 경단련이 발표한 「채용선고에 관한 <u>지침</u>」에 들어있다.　(2014년 11월 27일 요미우리 신문)

(3-3)　薬の製造·販売承認を得るために行う治験は医薬品医療機器法で規
　　　制されているが、一般的な臨床研究には国の倫理指針があるだけ
　　　で、法規制がなかった。　　　　　　　(2014年11月27日 読売新聞)

(3-3)　약의 제조·판매승인을 얻기 위하여 실시하는 치험(治験)은 의
　　　약품 의료기기법으로 규제되고 있는데 일반적인 임상연구에
　　　는 나라의 윤리 지침만 있고 법 규제가 없었다.

　　　　　　　　　　　　　　(2014년 11월 27일 요미우리 신문)

　이상으로 출현건수가 높았던 「외래어」상위 10단어를 살펴보았는
데, 모두 외래어 쪽의 이해도가 높아 오히려 일본어(한자어)로 바꾸
는 것이 이해하기 어렵게 만드는 것은 아닌가 하는 우려가 생긴다.
　즉, 국어연이 제안한 「바꿔 쓰기 단어」는 보통명사(가령 「展望」이
나 「部門」), 또는 조어·복합어·번역어로 보이는 단어(가령 「地球規
模」나 「新興企業」)들로 그 어휘의 종류가 일정하지 않다. 또한 애초
에 사용건수가 많고 자주 사용되며 흔히 볼 수 있는 친근한 외래어를
바꿔 써야할 필요성이 있는 것인지 의구심이 든다.

2) 품사로 본 의미 차이

　1.에서 일본어와는 다른 의미나 이미지를 표현하기 위하여 외래어
가 출현한다는 사실을 언급하였는데, 외래어의 사용양상을 보기 위
해서 여기서는 품사의 파생에 주목하여 분류·분석 해 보고자 한다.
　일본어의 기본적인 특징으로서 외래어는 명사로 취급하는데 「す

る」를 붙여서 동사로, 「な」를 붙여서 형용사[10]로, 「に」를 붙여서 부사로 사용한다. 이 때문에 품사가 파생하여 사용되는 외래어 일수록 사용 범위가 확대되고, 사용건수도 높아져 정착하기 쉬운 것이 아닌가라고 생각했기 때문이다. 여기서는 <표 1>에 나타난 사용빈도 상위 10단어를 중심으로, 그것과 대응하는 「바꿔 쓰기 단어」의 용례를 비교해 보도록 하겠다.

2-1) 명사와 동사가 되는 외래어

외래어에 「する」를 붙여 동사가 되는 것, 「な」를 붙여 형용사가 되는 것, 명사만으로 사용되는 것으로 크게 3가지로 분류한다. 형용사가 되는 것은 「に」를 붙이면 부사도 되기 때문에 크게 3분류로 하였다. 우선 <표 2>의 「외래어」가 동사가 되는 단어의 용례를 소개하고자 한다.

〈표 2〉 명사와 동사가 되는 외래어

외래어	「する」동사	바꿔 쓰기 단어
(65)シェア(share)	○	占有率
(8)アクセス(access)	○	接続
(43)ケア(care)	○	手当て

아래는 「(65)シェア」와 바꿔 쓰기 단어인 「占有率」의 사용례이다.

---

10 본 논문에서는 형용사, 형용동사, イ형용사, ナ형용사에 관한 논쟁을 피하기 위해 「형용사」로 통일 하였다.

(4-1) 軽自動車市場のシェア(占有率)は今年、8年ぶりに首位の座をスズ
　　　 キに譲る可能性もあり、主力車種の刷新で巻き返しを図る。

                                        (2014年12月13日読売新聞)

(4-1) 경차 시장의 세어(점유율)는 올해 8년 만에 1위의 자리를 스
　　　 즈키에 넘겨줄 가능성도 있어, 주력차종의 쇄신으로 반격을
　　　 꾀한다.　　　　　　　　 (2014년 12월 13일 요미우리 신문)

(4-2) シルバーカーの国内市場占有率(シェア)は約50％でトップ。

                                        (2015年01月26日読売新聞)

(4-2) 실버카의 국내시장 점유율(세어)는 약 50%로 선두.

                                  (2015년 01월 26일 요미우리 신문)

(4-3) ネタは、フェイスブック(ＦＢ)やツイッターで共有(シェア)でき、共有
　　　 件数に応じてウサギの色も変化。現在は「透明な海」が一番人気
　　　 だ。　　　　　　　　　　 (2015年02月28日読売新聞)

(4-3) 게시물은 페이스북(FB)이나 트위터로 공유(세어)할 수 있고,
　　　 공유건수에 따라 토끼의 색도 변한다. 현재는 「투명한 바다」
　　　 가 가장 인기다.　　　　 (2015년 02월 28일 요미우리 신문)

(4-4) 「女性の活躍」を政府や企業が後押しするようになり、出産後も働く女
　　　 性が増えている。それに伴い、夫と家事や育児の負担をシェア(共
　　　 有)する必要性が高まっている。　　 (2015年01月27日読売新聞)

(4-4) 「여성의 활약」을 정부와 기업이 후원하고 있어 출산 후에도

일하는 여성이 늘어나고 있다. 그에 따라 남편도 가사나 육아
의 부담을 셰어(공유)할 필요성이 높아지고 있다.

(2015년 01월 27일 요미우리 신문)

(4-5) 9~10月、芝浦工大生とフランス、韓国から来日した学生計23人が1
か月近くかけ、東京の下町に建てるシェアハウスの設計に取り組ん
だ。   (2014年12月12日読売新聞)

(4-5) 9~10월 시바우라 공대생과 프랑스, 한국에서 온 학생 총 23
명이 한 달 가까이 도쿄의 번화가에 세울 셰어하우스 설계에
몰두하였다.   (2014년 12월 12일 요미우리 신문)

  (4-1)과 (4-2)에서 보는 바와 같이 「シェア」와 「市場占有率」은 같은
의미로서 대응하고 있다고 할 수 있다. 그러나 「シェア」는 주로 정보
를 「공유」하거나 혹은 일을 분담하고 어떠한 물건을 나눈다는 의미
가 있어서 거기로부터 「シェアハウス」등의 조어가 생겨나게 되었다.
한편 「占有率」은 어느 정도의 비율을 점유하고 있는가 하는 비율을
나타내는 것 외에 다른 의미는 없으며, 굳이 동사로 사용한다면 「시
장을 ○%점유 한다」정도로 사용할 수 있겠지만 이러한 사용형태는
볼 수 없었다.

(5-1) 「人は必ず老いる。その時誰がケアするのか」(本田徹著)
その山谷地域で今、医師や病院、訪問看護師、介護士、NPO、
行政などがネットワークを結び、住民とも緊密につながる新しいケア

が生まれている。(2014年10月16日 読売新聞)

(5-1)　「인간은 반드시 늙는다. 그 때 누가 케어 할 것인가.」(혼다 토오루 저)

그 산간 지역에서 지금 의사와 병원, 방문간호사, 간병인, NPO, 행정이 네트워크를 구성하여 주민들과도 긴밀히 이어진 새로운 케어가 생겨나고 있다.

(2014 10월 16일 요미우리 신문)

(5-2)　この季節にしっかりとスキンケアをしよう。(中略)冬場は特に目もとのケアを入念に行いたい。(中略)一番ケアしたいところに使えないのでは、本末転倒だ。　　　(2015年01月24日 読売新聞)

(5-2)　이 계절에 제대로 스킨케어를 하자. (중략) 겨울철은 특히 눈가 케어를 꼼꼼히 해야 한다. (중략) 가장 케어 하고 싶은 곳에 쓰지 못해서는 본말전도다.

(2015년 01월 24일 요미우리 신문)

(5-3)　集中治療センター長を務める嶋岡英輝(55)は「これでは 麻酔科医が疲弊してしまうし、執刀医が24時間、ICU にこもって患者を手当てするわけにもいかない。術後のケアが万全でないと、容体が悪化しかねない」と語る。　　　(2014年5月4日 読売新聞)

(5-3)　집중 치료 센터장인 시마오카 히데키(55)는 「이래서는 마취과의사가 피폐해 지고 집도의가 24시간 ICU에 상주하며 환자를 치료할 수도 없다. 수술 후 케어가 소홀하면 병세가 악화

될 수 있다」고 말한다.   (2014년 5월 4일 요미우리 신문)

(5-4) 高齢化で医療費が年々増え、保険料収入の不足分を税金で穴埋め
　　　 している市町村も多い。赤字をどう<u>手当て</u>するかについても、議論は
　　　 分かれている。   (2013年11月12日 読売新聞)

(5-4) 고령화로 의료비가 해마다 늘어 보험료 수입 부족분을 세금
　　　 으로 메우고 있는 시정촌도 많다. 적자를 어떻게 <u>보전</u>하는가
　　　 에 대해서도 의견이 엇갈리고 있다.

(2013년 11월 12일 요미우리 신문)

　「(43)ケア」는 (5-1)나 (5-2)의 용례에서 보는 것처럼 노인의 「간병」
이나 피부 「관리」같은 경우에 사용되며 「手当て」는 환자의 「치료」를
비롯한 금전면에서의 「보전」과 같은 의미로 사용된다.
　「占有率」=「シェア」, 「ケア」=「手当て」와 같이 얼핏 보면 일대일
대응을 하고 있다고 보여 지는 단어도 의미의 범위가 다르고, 의미
차이가 생겨나 실제로는 의미 영역이 구분되어 있다는 사실을 용례
를 통해서도 알 수 있다.

2-2) 명사와 형용사·부사가 되는 외래어

　グローバル(global) 자체가 형용사이기 때문에 「グローバル」에 「な」
를 접속시키는 것은 기능의 중복이지만, 이러한 외래어 사용법은 일
본어의 특징이다.

〈표 3〉 명사와 형용사 · 부사가 되는 외래어

외래어	「な」형용사	바꿔 쓰기 단어
(42)グローバル(global)	○	地球規模

(6-1)　グローバルな人材を育成するための講座を始めます。

　　　　最近グローバルな仕事をしようという言葉がいたるところで聞かれます。　　　　　　　　　　　　　　　　　(2013年1月15日読売新聞)

(6-1)　글로벌한 인재를 육성하기 위한 강좌를 개최합니다.

　　　　최근 글로벌한 일을 하자는 말을 가는 곳 마다 듣게 됩니다.

　　　　　　　　　　　　　　　　(2013년 1월 15일 요미우리 신문)

(6-2)　今月1日付で学校法人立命館の総長に就任した吉田美喜夫·立命館大大学院法務研究科教授(65)が8日、京都市中京区の朱雀キャンパスで記者会見し、「学生のグローバル化を進め、アジアのリーディング大学を目指したい」と抱負を語った。(中略)吉田総長は立命館と立命館アジア太平洋(APU、大分県別府市)両大学が、国際競争力を高めるために国が重点支援する「スーパーグローバル大学」に選ばれたことを挙げ、(後略)　　　(2015年01月10日 読売新聞)

(6-2)　이번 달 1일부로 학교법인 리츠메이칸 총장에 취임한 요시다 미키오 리츠메이칸 대 대학원 법무연구과 교수(65)가 8일, 교토시 나카교구의 스자쿠 캠퍼스에서 기자회견을 하며 「학생의 글로벌화를 촉진시켜 아시아의 선두적인 대학을 목표로 한다」고 포부를 밝혔다. (중략) 요시다 총장은 리츠메이칸과

리츠메이칸 아시아 태평양(APU, 오오이타현 벳부시) 두 대
학이 국제경쟁력을 높이기 위하여 국가가 중점지원하는「슈
퍼 글로벌 대학」으로 선정된 것을 들며 (후략)

(2015년 01월 10일 요미우리 신문)

이처럼 실제 용례를 보면「인재」「업무」「시점」「인간」등을 수식
하는 경우가 많은데, (1-1)의 용례에서도 다룬 것처럼「グローバル化」
라는 사용례가 압도적으로 많았다. 또한「グローバル大学」와 같은 명
칭으로 사용되는 경우도 많았다.

2-3) 명사만 가능한 외래어

〈표 4〉 명사만 가능한 외래어

외래어	「する」동사	「な」형용사	바꿔 쓰기 단어
(133)ベンチャー(venture)	×	×	新興企業
(33)ガイドライン(guideline)	×	×	指針
(120)ビジョン(vision)	×	×	展望
(81)セクター(sector)	×	×	部門
(23)インフラ(infrastructure의 약어)	×	×	社会基盤
(11)アナリスト(analyst)	×	×	分析家

다음은 일례로 먼저「(133)ベンチャー」의 용례를 살펴보자.

(7-1)   経験豊かな製薬会社の人材が<u>ベンチャー</u>企業に参画して、製品の

製造·販売の承認審査が円滑に進むよう協力しています」

(2014年11月26日読売新聞)

(7-1)   경험이 풍부한 제약회사의 인재가 <u>벤처</u> 기업과 손을 잡고 제

품의 제조·판매의 승인심사가 원활하게 진행되도록 협력하

고 있습니다.   (2014년 11월 26일 요미우리 신문)

(7-2)   今年の夏以前にも、1000億円、時には1兆円オーバーの時価総額

で資金調達をする<u>ベンチャー</u>が複数ありましたが、そうした会社は<u>ベ</u>

<u>ンチャー</u>とはいえ売り上げもかなりあるので、数字的には納得感があ

りました。   (2014年11月28日読売新聞)

(7-2)   올 여름 전 에도 1000억엔, 경우에 따라서는 1조엔이 넘는 시

가총액으로 자금조달을 하는 <u>벤처</u>가 몇몇 있었는데, 그런 회

사들은 <u>벤처</u>라고는 하지만 매출액도 상당하기 때문에 수치적

으로는 납득이 됩니다.   (2014년 11월 28일 요미우리 신문)

(7-3)   武田薬品工業は16日、<u>新興企業</u>「ユーグレナ」(東京都文京区)と提

携し、健康補助食品事業に参入したと発表した。

(2014年10月17日 読売新聞)

(7-3)   다케다 약품공업은 16일, <u>신흥기업</u> 「유글레나」(도쿄도 분쿄

구)와 제휴하여 건강보조식품사업에 진출한다고 발표하였

다.   (2014년 10월 17일 요미우리 신문)

본래 「ベンチャー」의 어휘적 정의는 무엇일까. 산세이도(三省堂)의『다이지린(大辞林)』의 웹사이트 「사전·백과사전 검색 사이트-Weblio 사전」에서 「ベンチャー」를 찾아보았다.

『Weblio사전』은 회계용어와 국어연의 「『외래어』바꿔 쓰기 제안」도 함께 소개하고 있는 사이트여서 매우 흥미로운데, 먼저 회계용어로는 「수익이 확정되어 있지 않은 신규 사업 전반」 「새로이 기업을 설립하는 것 외에 기존의 기업이 회사 내부에 신규사업부문을 조직할 때 사용하는 경우도 있다」라는 설명이 있고, 국어연의 설명은 「대기업이 하지 않는 분야에서 새로이 사업을 일으키는 중소규모의 기업」 「창업」[11]이라고 되어 있다.

그렇다면 (7-1)처럼 「ベンチャー企業」라는 사용방식은 어떠한가. 마찬가지로 『Weblio사전』을 찾아보면 「벤처비즈니스를 행하는 기업. 대기업이 진출하기 어려운 분야에서 창조력을 발휘하여 비즈니스를 하는 기업. 줄여서 벤처라고도 한다」라고 되어 있어, 모두 「新興企業」와 거의 비슷한 의미를 지칭하는 것이라고 생각된다[12].

다음으로 「(11)アナリスト」의 용례이다.

(8-1) 楽天証券の篠田尚子ファンド<u>アナリスト</u>は「分配金は投信の運用収益から支払われるが、(後略)　　　(2014年12月27日読売新聞)

11 『Weblio사전』의 「ベンチャー」 참조
http://www.weblio.jp/content/%E3%83%99%E3%83%B3%E3%83%81%
E3%83%A3%E3%83%BC
12 『Weblio사전』의 「ベンチャー企業」 참조
http://www.weblio.jp/content/%E3%83%99%E3%83%B3%E3%83%
81%E3%83%A3%E3%83%BC%E4%BC%81%E6%A5%AD

(8-1)　라쿠텐 증권의 시노다 쇼코 펀드 <u>애널리스트</u>는 「분배금은 투
　　　　자의 운용수익으로 지급하는데 (후략)

(2014년 12월 27일 요미우리 신문)

(8-2)　精神<u>分析家</u>ボウルビィによれば、乳児が笑うのは養育者に養育を促
　　　　すためだと考えられるそうです。　　(2012年05月23日読売新聞)

(8-2)　정신<u>분석가</u> 볼비에 따르면 유아가 웃는 것은 양육자에게 양
　　　　육을 재촉하기 위한 것이라고 볼 수 있다고 합니다.

(2012년 05년 23일 요미우리 신문)

「アナリスト」는 용례 (8-1)처럼 「펀드」혹은 「미디어」「시장」「경제」
「항공」같은 단어와 공기하고, 그 직업을 나타내는데 「分析家」는 「정신
」과 공기하는 예 밖에 볼 수 없었다. 이 두 단어는 전혀 다른 사용 양상
을 가지고 있는 것이 분명하므로 바꿔 쓸 수 없는 어휘라고 할 수 있다.
　이상으로 사용 빈도가 높은 상위 10단어를 중심으로 품사별로 분
류하고 「외래어」와 「바꿔 쓰기 단어」간 의미 범위의 차이를 살펴보
았다. 「ベンチャー」「新興企業」처럼 거의 같은 의미를 지칭하는 그룹
도 있지만, 대부분의 외래어는 일본어와는 다른 의미·이미지를 나
타낸다. 의미나 이미지의 차이를 만들어내는 기능을 외래어가 담당
하고 있다면 품사를 파생하여 사용하는 것보다도 외래어도 역시 명
사로만 바꾸어 쓰는 편이 한자어를 비롯한 일본어 의미와 차별화하
기 쉽다고 할 수 있고, 그 결과 의미영역은 좀 더 명확해 질수 있다고
생각한다.

4 맺음말

신문기사 상의 사용빈도가 실생활이나 사회생활에서 이루어지는 모든 언어활동을 나타내는 것은 아니다. 그러나 일본 최대의 거대 신문사에서 사용빈도가 많다는 것은 사회적인 이슈로서 필요한 단어이기에 쓰이고 있는 것이며, 국민이 알아야 할 정보 가운데 중요한 키워드가 된다고도 할 수 있다.

외래어보다도 한자어를 사용하는 편이 어색한 것 아닌가 라는 가설을 토대로 계량조사를 실시하였는데, 빈번하게 사용되는 외래어는 한자어와의 의미적 차이가 크며, 의미 영역이 나뉘어져 있어 이들 외래어는 이미 정착되어 있는 단어로 볼 수 있기에, 단순히 한자어로 번역하거나 조어를 만들어 대체하는 것으로 해결 할 수 있는 문제는 아니다.

또한 국어연(1965)의 외래어는 적용 범위가 한정되어 있다는 주장 역시 범위의 한정이라기보다도 의미적인 차이가 존재하기 때문에 외래어와 한자어를 구분하여 사용하고 있는 것이다.

한자어와 외래어의 의미 영역이 나뉘어져 있다면 국어연(2006)의 발표에 과연 의미가 있는 것인지 의문이 남는다. 향후 과제로서 이번에 실시한 계량조사를 활용하여 사용건수가 낮은 10단어를 살펴보면서 더 많은 문제제기와 한자어(일본어)와 외래어의 유의관계 등에 대해서 보다 심도 있게 연구해 가고자 한다.

〈참고문헌〉

石野博史(1983)『現代外来語考』大修館書店, pp.4-261.
楳垣実(1975)『外来語』講談社, pp.9-421.
久世善男(1976)『外来語雑学百科』新人物往来社, pp.12-162.
国立国語研究所(1965)『類義語の研究(国立国語研修所報告28)』p.197.
関根健一(2012)「新聞の外来語はどのように生まれるか」『外来語研究の新展開』おう
　　ふう, p.170.
田中牧郎(2012)「国語教育における外来語-コーパスによる類型化を通して-『外来語
　　研究の新展開』おうふう, p.229.
矢崎源九郎(1964)『日本の外来語』岩波新書, pp.1-216.
山田孝雄(1958)『国語の中に於ける漢語の研究』宝文館, pp.8-15.

〈참고사이트〉

国立国語研究所(2006)「『外来語』言い換え提案」第1回~第4回総集編 ―分かりにく
　　い外来語を分かりやすくするための言葉遣いの工夫―, pp1-200.
http://www.ninjal.ac.jp/gairaigo/Teian1_4/iikae_teian1_4.pdf(검색일
　　2014.3.14)
国立国語研究所(2007)「公共媒体の外来語-「外来語」言い換え提案を支える調査研
　　究-第2部外来語についての世論調査と分析例 第1章 世論調査の概要と定着度
　　調査の結果」『研究国立国語研究所報告126』, pp1-25.
http://www.ninjal.ac.jp/gairaigo/Report126/houkoku2-1.pdf(검색일
　　2014.7.1)
三省堂 大辞林(辞典·百科事典の検索サービス - Weblio辞書)
　　http://www.weblio.jp/(검색일2015.2.28)

〈용례검색〉

読売新聞 YOMIURI ONLINEhttp://www.yomiuri.co.jp/?from=ygnav
　　(최종검색일2015.2.28)

〈사진 출처〉

http://getnews.jp/archives/84864

〈참고자료〉

본 논문의 (표1)에서는 합계만을 제시하여 작성하였는데 원본 데이터로서 1990년부터 2013년까지를 1년 단위로 조사한 숫자를 참고자료로 이곳에 제시한다.

외래어 사용건수 상위 1~10위(1990~2013년까지 1년 단위로 검색)

연도 상위1~10위	1990	1991	1992	1993	1994	1995	1996
1 (65)シェア(share)	341	482	507	676	674	577	655
2 (42)グローバル(global)	261	268	309	210	176	243	308
3 (8)アクセス(access)	110	275	277	531	402	426	615
4 (133)ベンチャー(venture)	52	65	76	71	180	267	428
5 (33)ガイドライン(guideline)	165	182	206	166	201	196	462
6 (120)ビジョン(vision)	189	201	218	325	505	419	480
7 (81)セクター(sector)	109	222	265	238	228	221	228
8 (23)インフラ(약어)(infrastructure)	66	113	138	187	198	294	316
9 (43)ケア(care)	52	77	76	116	108	231	207
10 (11)アナリスト(analyst)	204	186	214	214	120	112	122

	1997	1998	1999	2000	2001	2002	2003	2004	2005	2006
1	652	666	794	796	820	826	490	512	478	540
2	486	628	570	689	686	577	473	427	1010	460
3	585	500	583	740	588	593	531	422	539	362
4	349	448	734	891	819	768	618	527	537	360
5	1094	825	1194	399	263	334	211	201	179	178
6	284	325	331	248	352	325	339	217	263	230
7	367	458	360	312	297	293	538	546	419	248
8	318	272	312	441	318	276	271	173	210	178
9	242	216	249	269	358	269	190	241	292	235
10	99	136	170	224	250	287	239	228	219	195

	2007	2008	2009	2010	2011	2012	2013	合計
1	522	459	499	433	399	475	402	13675
2	494	447	401	400	410	518	570	11021
3	287	358	313	292	296	367	380	10372
4	253	208	159	136	82	85	174	8287
5	146	105	68	81	71	101	202	7230
6	184	281	188	210	199	140	148	6601
7	241	261	220	97	118	103	133	6522
8	174	187	166	343	361	370	466	6148
9	275	285	196	187	308	215	249	5143
10	230	248	179	197	171	227	213	4684

제6장

「お・ご～いたす」의
사용양상 연구

김동규

「お・ご~いたす」의
사용양상 연구

御通行中の皆様へ

工事中は何かとご迷惑を
おかけ致しております。
安全には充分気を付けて
作業しておりますので、
しばらくの間ご協力を
お願い致します。

경어에 대한 연구는 지금까지 여러 가지 관점에서 행해져 왔다. 문법, 어휘 등의 경어의 형식(언어형식)의 관점을 비롯하여, 언어행동, 담화 등의 경어의 표현과 이해에 대한 관점뿐만 아니라, 사회에 있어서의 경어의 사용과 이해의 양상에 주목한 사회언어학의 관점도 있다. 그 외에도 일본어교육학이나 인지심리학 등 여러 가지 분야에서의 연구가 있다. 이러한 여러 분야의 연구에 의해 경어-경어형식, 경어의 표현과 이해 등-는 그 모습을 더욱 명확히 할 것으로 기대된다.

이렇게 경어의 연구 시점은 여러 가지가 있으나, 그 중의 하나로서 대우커뮤니케이션(가바야 히로시(2003, 2006), 가바야외(2009))을 들 수 있다. 대우커뮤니케이션은 인간관계와 장(場)에 중점을 두고 커뮤니케이션을 파악하는 관점으로, 종래의 표현주체 중심의 대우표현의 개념에 수용주체의 언어행동에 주목하는 대우이해의 관점을 더한 것이다. 대우커뮤니케이션의 중요한 관점과 본 연구의 입장을 함께 확인한다.

첫 번째로, 대우커뮤니케이션은 커뮤니케이션 주체의 행위로서 성립한다는 점이다. 여기서는 경어형식「お・ご~いたす」의 사용양상을 연구 대상으로 하고 있다. 그러나 전제가 되는 것은「お・ご~いたす」라는 언어형식 그 자체에 대한 분석이 아니고 어디까지나 커뮤니케이션 주체의 행위로서 표현된, 언어형식을 사용한 경어표현에 대해서 분석, 고찰하는 것을 목표로 하고 있다는 것이다.

두 번째로, 대우커뮤니케이션에 있어서의 커뮤니케이션 주체는 인간관계와 장(이것을 합쳐서 장면(場面)이라고 한다. 가바야외(2009))에 대해서 인식하고 커뮤니케이션을 전개한다는 점이다.

세 번째는 대우커뮤니케이션은 표현행위와 이해행위의 '주고받음'과 '반복'에 의해서 전개된다는 것을 고려하면 항시 문장과 담화의 단위(이것을 합쳐서 문화(文話)라고 한다. 가바야외(2009))로 파악할 필요가 있다는 점이다. 이 논고에서는 비즈니스일본어교과서, 그 중에서도 회화문용례를 중심으로 용례를 수집했다. 용례의 수집에 있어서는 문화(文話)의 표현의도와 내용을 알 수 있는(추측할 수 있는) 것을 대상으로 하였다. 「お・ご~いたす」라는 특정한 언어형식(경어형식)을 사용한 경어를 연구대상으로 하고 있지만, 분석과 고찰의 관점은 커뮤니케이션에 있어서의 사용양상을 의식하고 있다.

네 번째는 커뮤니케이션주체의 의도를 중시하고 있는 점이다. 기본적으로 주체는 어떠한 의도를 가지고 그 의도를 실현시키기 위해 커뮤니케이션을 한다. 이 의도는 불가시적인 것이고 개별성이 강한 것이기 때문에 연구에 있어서는 다루기 어렵다는 의견도 있다. 하지만 표현된 것에서부터 거꾸로 올라가서 그 의도를 탐구하는 것은 가능하며 언어학의 많은 연구가 이와 같은 방법을 취하고 있다. 여기서는 이와 같은 스탠스를 취하고자 한다.

위에 든 네 가지의 항목 외에도 제재, 내용, 언재(言材), 매재화(媒材化) 등 대우커뮤니케이션을 더욱 자세히 이해하기 위한 여러 가지 관점이 있으나 위의 네 가지 입장을 중심으로 기술하겠다.

1 이론적 배경
- 대우커뮤니케이션의 다섯 가지 요소 -

대우커뮤니케이션의 규정과 관점에 대해서는 위에서 이미 밝혔다.

이제부터는 대우커뮤니케이션의 다섯 가지 요소에 대하여 확인하고 분석, 고찰 대상을 명확히 하고자 한다.

① 인간관계

커뮤니케이션을 행하는 커뮤니케이션 주체의 관계이다. 자신과 상대, 또는 화제의 인물과의 관계이다. 인간관계는 상하관계, 친소관계, 입장역할관계의 세 가지 축을 중심으로 파악 할 수 있다. 단, 인간관계에 대한 주체의 인식은 개별성이 높으므로 주체간의 관계를 일률적으로 규정하기는 매우 힘들다.

② 장(場)

커뮤니케이션주체가 인식하는 시간적, 공간적인 위치로 규정할 수 있다. 구체적으로는 표현주체가 커뮤니케이션을 행하는 경위, 문맥, 상황 및 분위기 등을 포함하는 언제, 어디서, 어떠한 상황에서 (커뮤니케이션을 행하는가) 에 관련된 것이다. 장(場)도 주체에 의한 개별적인 인식이 강하다.

③ 의식

왜, 무엇 때문에, 어떠한 기분으로 커뮤니케이션을 행하는가 하는 것은 커뮤니케이션을 탐구할 시에 중요한 하나의 요소로서 자리 매김된다. 이것을 의식이라고 규정한다. 특히 의식에서 커뮤니케이션을 통해서 무엇인가를 실현시키려고 하는 의식을 의도라고 한다.

④ 내용

커뮤니케이션주체는 어떤 장면에 있어서 어떤 의도를 가지고 어떤 것에 대하여 어떤 것을 표현하고 이해한다. 어떤 것에 대하여, 어떤 것을에 해당하는 것이 내용이다. 즉, 내용은 무엇을 전달할 것인지에 관련된 것인데, 이 내용 또한 개별성이 매우 높은 요소이다.

예를 들면 아침에 엘리베이터에서 동료를 만났을 때, 인사를 한 후 계속해서 대화를 전개한다고 한다면 거기에는 많은 배리에이션이 있을 것이다. '갑자기 더워졌네' 와 같은 무난한 날씨 이야기를 꺼낼 수도 있고 '그 기획서 제출했어?' 처럼 당해 주체끼리만 아는, 혹은 당해 주체끼리만 공유하는 내용을 꺼낼 수도 있다.

이와 같이 내용은 개별성과 구체성이 높은 요소이지만 특정한 자료(비즈니스일본어교과서)에 있어서의 특정한 경어형식(「お・ご~いたす」)과 같이 분석과 고찰의 범위를 좁히면 분석과 고찰이 불가능하지는 않다. 내용이라는 요소에서 경어 연구의 시점을 명확히 하는 것도 이 연구의 중요한 목표중 하나이다.

⑤ 형식

커뮤니케이션주체는 어떤 장면에 있어서 어떤 의식을 가지고, 어떤 내용을, 어떤 말로 혹은 문화(文話)로, 혹은 음성이나 문자로 커뮤니케이션을 행한다. 커뮤니케이션에서의 말이나 문화(文話), 음성, 문자등을 형식이라 한다.

형식이 없으면 (주체의) 의식이나 내용은 상대에게 전달되지 않는다. 우리들 인간은 말, 문화(文話), 음성, 문자 등의 형식을 거치지 아니하고 텔레파시를 사용하여 의식이나 내용을 전달할 수는 없기 때문이다.

이렇게 형식은 커뮤니케이션에 있어서 우선 눈에 보이고 귀에 들리는 것이다. 형식은 그 외견이 명확하기 때문에 언어연구에 있어서의 우선적인 대상이 되고, 언어교육에 있어서도 중요한 요소로서 자리 매김된다. 특히 위에서 확인한 의식, 내용에 대하여 분석, 고찰할 때도 우선은 주체에 의해 표현된 형식을 그 대상으로 할 수밖에 없다. 본고는 많은 경어형식 중에서도 「お・ご～いたす」형식의 사용양상에 대하여 분석, 고찰하고 있다.

이와 같이 대우커뮤니케이션은 인간관계, 장(場), 의식, 내용, 형식의 다섯 가지 요소로 구성되어 있고 이 다섯 가지 요소의 연동에 의해 대우커뮤니케이션이 성립한다. 여기서는 졸고(2011)에 이어, 대우커뮤니케이션에 있어서의 다섯 가지 요소에서 경어에 대하여 분석, 고찰하는 것을 목표로 한다.

졸고(2011)는 의식과 형식의 관계를 중심으로 보고 있는 것이고,

본고는 내용과 형식의 관계를 중심으로 하고 있다. 그 외의 다른 요소를 관점으로 하는 연구는 금후의 과제로 하려한다.

2 「お・ご~いたす」의 선행연구와 규정

1) 「お・ご~いたす」의 지금까지의 연구 동향

쓰지무라 도시키(1977, 1991)는 「お・ご~いたす」에 대하여 겸양어형의 하나로 「お~する」와 비교하면 격식 차린 느낌이 있고 문어체 및 격식 차린 장면의 구어체로서 사용된다고 지적하였다. 경어의 분류로서는 겸양어라고 하고 있다.

이에 대하여 미야지 유타카(1971)는 「お・ご~いたす」경어형식을 정중어 그룹에 속한다고 규정하고, 「お・ご~いたす」의 「いたす」에 있어서의 청자와 장면에 대한 격식차림의 경어적 성질을 강조하고 있다. 경어의 분류로서는 정중어로 분류하고 있다.

위와 같이 겸양어인가 정중어인가 하는 분류는 다르지만 「お・ご~いたす」에 대해서는 쓰지무라, 미야지 두 사람 모두 3분류, 혹은 5분류의 하나로서 위치 매김하고 있다. 경어의 지침(2007)에 있어서 특정의 경어 그룹에 속하지 않는 경어로서 위치 매김하고 있는 것과는 사뭇 다르다.

다만, 쓰지무라, 미야지 두 사람 모두 「いたす」류(まいる、もうす등)의 경어적 성질에 대해서는, 이른바 겸양어와는 다른 것이라고 지적하고 있다. 장면이나 청자에게 작용하는 성질을 가진 경어라는 점을 강조하고 있다. 즉, 「お·ご〜いたす」를 「お·ご〜する」나 「お·ご〜申し上げる」와 같은 겸양어와는 다른 성질을 가진 경어로서 인정하고 있는 것이다.

이와 같이 쓰지무라, 미야지 및 경어의 지침에 의해 「お·ご〜いたす」의 경어적 성질이 밝혀져 있는 것을 알 수 있다.

한편, 기쿠치 야스토(1997)는 「お·ご〜いたす」를 「お·ご〜する」의 겸양어Ⅰ의 부분과 「〜いたす」의 겸양어Ⅱ의 부분으로 나누고 있다. 겸양어Ⅰ의 보어를 높이는(→동작에 관계된 사람을 높이는)기능과, 겸양어Ⅱ의 청자에게 정중함을 표시하는 기능을 함께 가지고 있는 경어라고 규정하고 있다. 또한 「お·ご〜いたす」는 보어, 청자 양쪽을 위한 경어라고 정리하고 있다.

가바야외(1998)는 「お·ご〜いたす」를 존중정중어라고 부르고, 다른 경어와는 성질이 다른 경어로서 규정하고 있다. 기쿠치(1997)와 마찬가지로 「お·ご〜する」와 「〜いたす」로 나누어 파악하고 있다. 특히 용어에 대해서 가바야외(1998)는 「お·ご〜する」를 「〜」의 동작을 나타내는 부분에 관계되는 인물을 높임과 동시에 「〜」라는 동작을 하는 주체를 높이지 않는 경어라는 의미에서, 이를 존중정중어라고 부르고, 「〜いたす」에 대해서는 문장, 담화에 격식차림이라는 성질을 부여하는 부분에 주목하여 이를 정중어라고 규정하고 있다.

이와 같이 「お·ご〜いたす」는 두 개의 경어의 성질을 함께 모아서 가지고 있다는 의미에서 이를 존중정중어라는 용어를 사용하고 있다. 사카모토 메구미(2005)도 「お·ご〜いたす」를 존중정중어라고 이

름 붙이고,「높임＋격식차림」의 두 가지 성질을 함께 가지고 있는 경
어로 장(場)에 대한 격식 차림에 대한 인식과 동작에 관계된 인물을
높이는 두 가지 방향에 배려한다고 지적하고 있다.

  기쿠치, 가바야외, 사카모토에 의해 「お·ご~いたす」의 사용양상
과 용법만이 아니고 용어도 정립되어 있는 것을 알 수 있다.

  졸고(2011)는 위의 선행연구의 성과를 바탕으로 경어의 지침
(2007)에 있어서의 경어의 분류를 참조하여 「お·ご~いたす」를 존중
정중어(겸양어Ⅰ＋겸양어Ⅱ)로 규정하였다. 여기서는 졸고(2011)
의 규정에 따른다. 또한 졸고(2011)는 「お·ご~いたす」의 존중정중어
의 사용양상에 관한 연구가 많지 않음을 지적하고 있다. 여기서는
이 지적을 살려 관련 연구 성과의 부족을 메움과 동시에 연구에 있
어서의 관점의 하나로서 내용이라는 요소를 도입하는 계기로 하고
자 한다.

2)「お·ご~いたす」의 규정

  경어의 지침(2007)은 종래의 존경어, 겸양어, 공손어(丁寧語)의 3
분류에서 경어적 성질에 근거하여 존경어, 겸양어Ⅰ, 겸양어Ⅱ, 공
손어(丁寧語), 미화어로 5분류를 행하였다. 이 5분류는 경어의 경어
적 성질, 다시말하면 경어의 경어로서의 역할 및 성질에 주목한 것
이다.

  하지만 경어의 지침(2007)의 특정한 하나의 경어 그룹에 속하지
아니하고 두 개의 경어 그룹의 경어적 성질을 함께 가지고 있는 경어

가 존재한다. 경어의 지침(2007)에서는 겸양어Ⅰ과 겸양어Ⅱ의 양 쪽의 성질을 함께 가지고 있는 경어라고 규정하고 있는 경어로서 「お·ご~いたす」의 형식을 가지고 있는 경어형식, 예를 들면 「お待ち いたす」나 「ご連絡いたす」와 같은 경어가 그것이다.

이 「お·ご~いたす」는 경어를 사용하는 실제의 언어생활에서도 그 사용을 확인할 수 있는 경어형식으로 결코 사어(死語)나 소멸해가는 경어형식이 아니다. 오히려 「いたす」 부분에 있어서의 겸양어Ⅱ가 갖는 격시 차림(あらたまり)이라는 경어적 성질에 의해 격식 차린 장면 에서 많이 사용되고 있다. 또한 자료인 비즈니스일본어교과서에 있 어서도 사용례가 다수 확인 된다.

「お·ご~いたす」의 경어적 성질에 대하여 확인해 보자. 「お·ご~い たす」는 그 형태에서 알 수 있듯이 「お·ご~する」와 「~いたす」의 경 어형식이 합쳐져서 만들어진 것이다.

「Aさん、私がBさんにご説明いたします」의 문을 예로 확인해보자.

설명을 듣는 인물B를 높임과(→「お·ご~する」; 겸양어Ⅰ/간접존 중어)동시에 A에 대한 태도와 발화가 행해지는 장(場)을 격식 차린 것으로 하는(→「~いたす」; 겸양어Ⅱ/정중어) 경어적 성질을 가지고 있다. 다시 말하면 B에의 존중과 A와 장(場)에 대한 정중을 동시에 실현시키고 있는 경어인 것이다. 이를 존중정중어라 한다(가바야 외(1998)).

이와 같이 「お·ご~いたす」는 간접존중어(겸양어Ⅰ)의 「お·ご~する」와 정중어(겸양어Ⅱ)의 「いたす」의 성질을 함께 모아서 가진 존중정중어(겸양어Ⅰ+겸양어Ⅱ)로서의 성질을 가진다.

③ 자료와 용례

1) 자료

「お·ご~いたす」의 사용 양상을 분석, 고찰하기 위한 자료로서 비즈니스일본어교과서를 사용하고 있는데 그 이유는 다음과 같다.

우선 일본어교과서는 일본어의 규범이 될 수 있는 언어형식과 사용법을 지도하고 학습하기 위한 것으로 일본어의 모범적인 모습에 가장 가까운 텍스트라 할 수 있다.

다음으로 청소년, 대학생을 대상으로 한 일반적인 일본어교과서와 비교하여 경어표현을 사용하는 일이 많은 비즈니스 피플이나 사회인을 대상으로 한 비즈니스일본어교과서가 비교적 용례수집이 용이하다.

마지막으로 형식이나 정중함을 중시하는 비즈니스 장면에 있어서의 경어의 역할이나 효용은 다른 장면보다 비교적 크다고 할 수 있다.

이러한 이유에서 이하의 다섯 권의 비즈니스일본어교과서를 조사 자료로 사용했다.

○ 岩沢みどり他(2006)『日本企業への就職—ビジネス会話トレーニング—』アスク

○ 海老原恭子他(2006)『日本企業への就職—ビジネスマナーと基本のことば—』アスク

○ 高野岳人他(2007)『新装版実用ビジネス日本語』アルク

○ 目黒真実(2009)『버전업!굿모닝비즈니스일본어회화』동양문고

○ 吉元一他(2009)『ビジネス日本語会話』책사랑

또한 현대일본어의 양상을 되도록 충실히 반영하기 위하여 5권의 비즈니스일본어교과서는 모두 일본어모어화자가 작성한 것으로 2000년도 이후에 출판된 책으로 하였다.

2) 용례

용례는 주로 비즈니스일본어교과서의 회화부분에서 수집했다.

이것은 위에서 언급한 바와 같이 내용의 측면에서 용례를 분석하기 때문에 내용 및 그 내용을 알 수 있는 인간관계, 장(場), 의식 등이

명확하지 않은 경우, 그것은 용례로서 의미를 갖지 못하기 때문이다. 즉, 연습문제나 드릴과 같이 문장, 담화에 있어서의 내용이 명확하지 않은 용례는 자료에서 제외했다.

용례의 개수를 세는 방법으로서는 「お・ご~いたす」경어형식을 사용한 문(일본어의 구점(。)을 사용하여 끊은 단위)을 하나의 용례로 하였다. (→용례0을 참조).

또한 공손어(丁寧語) 「ます」가 붙은 형태의 용례를 사용하였다. 이는 현대일본어의 「いたす」나 「まいる」등의 정중어는 문중의 수식을 제외하고 문말에 사용되는 경우는 거의 「ます」와 결합한 형태로 사용되고 있기 때문이다.

용례 0) 橫尾 : 今後ともよろしくお願いいたします。

조사의 결과는 다음과 같다.

5권의 비즈니스일본어교과서에서 176용례를 수집했다.

많은 수의 용례는 아니지만 「お・ご~いたす」하나의 경어형식에 한정하여 수집하고 조사했다는 점을 고려하면 적다고도 할 수 없다.

「お・ご~いたす」를 사용한 경어형식(→용례)중, 가장 많은 것은 「お願いいたします」(89용례/176용례)로, 다음은 「お待たせいたしました」(15용례/176용례)였다. 둘 다 정형적인 인사말로서 비즈니스일본어에서 많이 사용되는 표현이다.

정형적인 성질이 강한 「お願いいたします」와 「お待たせいたしました」에 이어서 「お電話いたします」류(類)(13용례/176용례), 「お伺いいた

します」류(類)(12용례/176용례)가 다수 확인되었다. 여기서 류(類)라고 하고 있는 것은 「お電話いたします」외에도 「お電話いたしましょうか」와 「お電話いたしました」등, 「お電話いたす」의 종류로서 인정할 수 있는 용례를 편의에 따라 임의로 류(類)로 묶은 것이다.

이하에서는 용례를 전부 제시한다.

괄호 안의 숫자는 용례의 갯수를 나타낸 것이다. 괄호가 없는 것은 용례의 갯수가 1임을 나타낸다.

> お願いいたします(81)、お待たせいたしました(15)、お邪魔いたしました、お邪魔いたしまして(3)、おかけいたしました(4)、お詫びいたします(2)、ご無沙汰いたしております、失礼いたします、お電話いたします(8)、お電話いたしましょうか(3)、お電話いたしました、お電話いたす、お返事いたします、お伺いいたします(5)、お伺いいたしましょうか(2)、お伺いいたしまして(3)、お伺いいたしました(2)、お待ちいたします(2)、お待ちいたしましょうか、お送りいたします(2)、お送りいたしましょうか、お呼びいたします、お呼びいたしましょうか、お呼びいたしますか、おまわしいたします(2)、お伝えいたします、お届けいたします、お調べいたします、お手伝いいたします、お手伝いいたしましょうか、おつなぎいたします、お祈りいたします、お貸しいたしましょうか、お教えいたしましょうか、ご案内いたします(7)、ご案内いたしましょうか、ご連絡いたします(3)、ご連絡いたしましょうか、ご紹介いたします、ご説明いたします、ご説明いたしましょうか

「お~いたします」(160용례/176용례)가 「ご~いたします」(16용례

/176용례)보다 많았다. 「お~いたします」는 「お電話いたします」와「お
邪魔いたします」를 제외하고 모두「伺う」나 「呼ぶ」와 같은 고유일본어
동사에 사용되고 있으며, 「ご~いたします」는「案内する」나 「連絡する」
와 같은 「한어(漢語)＋する」동사에 사용되고 있음을 확인 할 수 있었
다. 또한 위에서 밝힌 바와 같이 「お電話いたす」의 1용례를 제외한 모
든 용례는 「いたします」의 형태를 하고 있을 알 수 있었다.

4 내용에서 본 「お・ご~いたす」의 사용양상

「お・ご~いたす」의 용례에 대해서 우선 그 내용이 실질적인지 아
닌지의 관점에서 분석해 보았다. 이는 인사에 있어서의 「お願いいた
します」와 같이 그 용례에 (「(무엇인가를)바란다」는)실질적인 의미
는 없이 인사로서 사용되는 것에 의미를 갖는 용법이 존재하기 때문
이다. 이에 따라 용례를 실질적인 내용과 비실질적인 내용으로 나누
어 분류했다.

실질적인 내용을 갖는 용례의 내용은 행동과 정보전달로 나눌 수
있었다.

행동의 내용은 선언, 자청, 의뢰의 3종류가 있었다. 이것에 대해서
는 가바야외(1998)의 행동전개표현에 있어서의 행동의 프레임을
차용하여 분류해 보았다. 가바야외(1998)는 커뮤니케이션주체의
의도를 기준으로 표현을 다음의 세 가지로 나누고 있다. 자신의 생
각, 기분 등을 상대에 관계없이 표출하는 것을 의도한 자기표출표

현, 자신의 생각이나 기분, 정보 등을 상대에게 전달하여 이해시키는 것을 의도한 이해요청표현, 자신의 생각, 기분 등을 상대에게 전달하여 이해시키고 행동으로 연결하는 것을 의도한 행동전개표현이 그것이다. 행동전개표현은 그 행동을 누가 행하는가, 그 행동의 결정권은 누가 갖는가, 그 행동에 있어서의 이익은 누가 받는가, 의 세 가지 관점을 가지고 있다.

용례의 분석으로 돌아가 보자. 분석 결과, 표현주체로서의 자신의 행동인 선언과 자청, 이해주체의 행동인 의뢰로 나눌 수가 있었다. 비실질적인 내용의 용례는 위에 기술한 바와 같이 인사가 있었다.

1) 실질적인 내용 – 행동과 정보전달

1.1 자신의 행동 - 선언과 자청

「お・ご~いたす」경어형식은 위에서 밝힌 바와 같이 자신의 행동에 사용하여 그 행동에 관계되는(→그 행동이 향하는 쪽에 있는)상대를 높임과 동시에, 격식 차림을 나타내는 경어적 성질을 가지고 있다. 따라서 자신의 행동을 나타내는 내용에 「お・ご~いたす」가 사용되는 것은 지극히 당연한 것인데 자료로서 수집한 용례에서는 선언표현과 자청표현을 찾을 수 있었다.

이 두 표현은 행동의 주체가 자신이라는 공통점을 가지고 있다. 이것도 역시 자신의 행동에 사용하는 경어형식인 「お・ご~いたす」의 경어적 성질에 기인한 것으로 생각된다. 다만 선언과 자청은 엄밀히 말하자면 표현의도를 기준으로 한 표현의 분류인데 여기에서는 개

별성, 구체성이 높은 내용의 분류를 위해 일부 원용하고 있음을 분명
히 해둔다.

1.1.1 선언

선언을 표현의도로 하는 「お・ご〜いたす」경어형식은 전화(12용
례), 설명(9용례), 연락전달(6용례), 방문(5용례), 운반(2용례), 조사
(2용례), 조력(1용례), 대기(1용례), 응답(1용례), 소개(1용례)의 내
용에 사용되고 있었다.

----- 계39용례/총176용례

> 용례1) こちらからお電話さしあげておきながら、たいへん申し訳ないんで
> すが、後ほど折り返しお電話いたします。(선언―전화)

전화에 관한 내용은 자료 전체에서 많은 수를 확인 할 수 있는데,
비즈니스일본어교과서라는 자료의 성질이 반영된 결과라고 생각된
다. 설명은 안내를 포함하고 있으며, 선언―연락전달은 연락과 송부
도 포함하고 있다. 물건을 보내는 것만이 아니고 정보, 내용 전달도
같은 내용으로 본 것이다. 또한 운반은 배달을 포함하고 있다.

> 용례2) 李：エレベーターでご案内いたします。どうぞお乗りください。(선
> 언―설명)

> 용례3) では、順を追ってご説明いたします。(선언―설명)

용례4) 東：来週の週末ですね。そのように伝えておきます。時間や場所に
ついては、あらためてご連絡いたします。(선언―연락전달)

용례5) 課長妻：急用というほどではありませんが、会議が終わりしだい、
自宅に電話するよう、お伝え願えませんか。
孫：かしこまりました。確かにお伝えいたします。(선언―연락전
달)

용례6) 三宅：ううん…いいです、いいです。どうせ使いますから。
大和(事務機屋)：ありがとうございます。A4用紙五箱、B4三
箱、トナーを3本ですね。今からお届けいたします。ありがと
うございました。(선언―운반)

그 외, 조사, 조력, 대기, 응답, 소개의 내용을 갖는 「お・ご～いたす」
를 사용한 경어표현이 있었는데 모두 비즈니스 장면에 관련된 내용
이다.

1.1.2 자청

선언과 자청은 자신의 행동이라는 공통점을 가지고 있으나 그 행
동에 있어서의 결정권의 측면에 있어서는 상이점을 보인다. 선언에
있어서의 행동의 결정권이 자신에게 있는 반면, 자청에 있어서의 행
동의 결정권은 상대에게 있다.

「お・ご～いたす」에 있어서 선언과 자청에 공통되는 내용은 설명(3

용례), 전화(3용례), 연락전달(1용례), 운반(1용례), 조력(1용례)의
다섯 항목이었다. 그 외에 자청에는 호출(3용례), 접수(2용례), 대출
(1용례), 배웅(1용례)의 내용을 확인할 수 있었다.

    -----계16용례/총176용례

    용례7)   もう一度、ご説明いたしましょうか。(자청―설명)

    용례8)   川島：福永部長、おられますか。

            李：申し訳ございません。福永はただいま席をはずしておりま
            す。戻りましたら、こちらから折り返しお電話いたしましょう
            か。(자청―전화)

    용례9)   お荷物をお持ちいたしましょうか。(「자청―운반)

다만 자신이 행동하는 점에서 동일한 성질을 갖는 선언(39용례)
과 비교해보면 공통되는 내용이라도 그 용례의 개수가 많지 않음(16
용례)을 알 수 있다. 아래는 선언과 공통되지 않는 자청의 내용의 용
례이다.

    용례10) 孫：私、営業課の孫と申します。もし、差し支えなければ、私が
            替わってご用件をお伺いいたしましょうか。(자청―접수)

    용례11) A：タクシーをお呼びいたしましょうか。

B：はい、お願いします。(자청―배웅)

자청에 있어서의 용례는 거의 선언에 가까운 내용의 것이 많았는
데 이도 자신의 행동에 사용하여, 그 행동에 관계되는 상대를 높이고
격식차림을 전하는「お・ご～いたす」의 경어적 성질에 기인한 것으로
생각된다.

1.2 상대의 행동 - 의뢰

자신의 행동이 아니라 상대의 행동에 관한 내용의「お・ご～いたす」
의 용례이다.

상대의 행동에 관한 내용의 용례는 거의 의뢰표현으로 정리되
었다.

가바야외(1998)에 의하면 의뢰표현은 행동은 자신, 결정권은 상
대의 구조를 갖는 표현이다. 비즈니스일본어교과서에서는 지시(10
용례), 설명(3용례), 선처(3용례), 전달(2용례), 전화(1용례), 호출(1
용례), 이해(1용례)의 내용이 있었다.

-----계21용례/총176용례

용례12)　フロント係：こちらの宿泊カードにご記入お願いいたします。(의
　　　　　뢰―지시)

용례13)　孫：お話、確かに承りました。では、ご入金の件、よろしくお願
　　　　　いいたします。(의뢰―지시)

용례14) ボブソン：あのう、窓際のほうがいいんですが。

オペレーター：かしこまりました。お名前、お歳、それからお電話

番号をお願いいたします。(의뢰―설명)

용례15) B：それでは、弊社の○○に伝言をお願いいたします。

A：かしこまりました。私○○と申します。(의뢰―전달)

　다만, 상대의 행동 중에서도 가장 용례의 수가 많은 지시(10용례/21용례)의 경우는 내용의 측면에서 봐도, 표현의도의 측면에서 봐도, 다른 의뢰와는 성질이 다른 것을 알 수 있었다. 비즈니스 관계상의 상대에게 지시, 명령을 하는 것은 경우에 따라서는 정중함을 잃을 수도 있기 때문에 같은 내용이라 할지라도 표현상에서 여러 가지 궁리를 하고 있는 것이다. 그 궁리라는 것은 같은 내용일지라도 지시, 명령을 의뢰로 하여 전달하는 것인데 이것은 문장, 담화에 있어서의 정중함을 확보하기 위한 궁리의 하나로서 인식되고 있다. 자료로서 사용한 비즈니스일본어교과서에서도 같은 궁리를 실행하고 있음을 알 수 있었고 많은 용례를 발견했다.

　그 외의 상대의 행동에 관한 의뢰에는 선처, 호출 등이 있었는데 그 용례는 아래와 같다.

용례16) 取引先：なにとぞ今しばらくのご猶予をお願いいたします。(의뢰
―선처)

용례17) 恐れ入りますが、○課の○さまをお願いいたします。(의뢰―호출)

1.3 정보전달 - 이해

「お・ご~いたす」가 사정설명, 경위의 설명, 보고 등의 정보전달의
내용에 사용되는 경어표현이 존재한다.

용례18) 大田：はい、平川正二、営業2課。

野原：初めてお電話いたしますが、スター電気の野原と申しま
す。(정보전달)

용례19) 受付：いらっしゃいませ。どちら様でしょうか。

李：突然お伺いいたしまして、申し訳ありません。私、○○社の
李と申します。(정보전달)

용례20) 李：大変厚かましいお願いでまことに恐縮なのですが、先日、お
手紙でお願いした件でお伺いいたしました。(정보전달)

용례18은 처음 전화를 걸고 있는 자신의 상황, 사정을 설명하고
있다. 용례19는 급한 방문에 대하여 말하고 있다. 용례20도 방문한
이유(편지로 부탁한 건)에 대하여 설명하고 있다. 이와 같이 어떠한
사정, 이유, 경위 등의 정보를 전달하는 내용에 「お・ご~いたす」가 사
용되고 있는 것을 알 수 있다. 이것은 「お・ご~いたす」가 자신의 행동
이 상대에게 영향을 끼치는 경우에 사용되어, 상대를 높임과 동시에

격식차려서 표현하는 「お・ご~いたす」의 경어적 성질이 잘 나타난 부분이라고 사료된다.

정보전달을 내용으로 하는 용례는 전체의 176용례중, 8용례를 찾을 수 있었다. 8용례 중, 5용례가 「伺う」를 사용한 용례였다. 그 외에는 「ご説明いたします」와 「お電話いたします」가 있었다.

2) 비실질적인 내용 - 인사

인사는 실질적인 내용은 없으나 양호한 인간관계의 유지와 구축을 위해 관습적으로 사용되는 정형적인 성질을 가진 (경어)표현이다. 「お・ご~いたす」의 경어형식을 사용한 경어표현 중에는 인사의 내용을 갖는 것이 가장 많아서 전체 176용례중、89용례가 있었다.

용례21) A：このたびは、弊社の要請に迅速に対応していただき、大変感
　　　　　謝しております。

B：いえいえ、当然のことですよ。今後ともよろしくお願いいたします。(인사)

용례22) 取引先：いたしかたございません。今後ともご厚情のほどよろしく
　　　　　お願いいたします。(인사)

인사는 인간관계의 유지와 구축의 기능을 갖는다. 따라서 표면적이고 실질적인 의미보다는 그 표현형식이 사용되는 것, 그 자체에 커뮤니케이션상의 의미를 갖는다.

위의 용례21과 22는 인사를 내용으로 하는「お・ご〜いたす」이다.

　용례23)　ご無沙汰いたしております。(인사)

　용례24)　本日はお忙しいところ、お邪魔いたしました。(인사)

용례23과 용례24와 같이 정형적인 인사에 사용되는 경우도 있다. 덧붙이자면, 이러한 용례는「ご無沙汰しております」와「お邪魔しました」의「する」부분을「いたす」로 치환한 것 같은 인상을 주기도 한다.

　용례25)　奥野：お待たせいたしました。たいへん申し訳ありませんが、毛
　　　　　　利は本日から出張でして、来週月曜日の出社予定になっ
　　　　　　ておりました。(인사—사죄)

　용례26)　A：遅れるなら、早く連絡くれないと、困るじゃないか。
　　　　　　B：申し訳ありません。ご迷惑をおかけいたしました。以後、気を
　　　　　　つけます。(인사—사죄)

용례25와 26은 사죄의 인사이다. 위의 용례 21에서 24와는 다소 그 성질이 다르게 생각되는 부분도 있지만 양호한 인간관계의 구축과 유지라고 하는 인사표현의 근본적인 목적을 고려했을 때, 사죄와 감사는 넓은 의미의 인사로서 인정할 수 있을 것이다. 이러한 인정이

가능하고 이러한 표현이 실제로 존재하는 것은 「お・ご~いたす」가 갖는 격식 차림이라는 경어적 성질의 영향이 중요한 요인이 된 것으로 여겨진다.

　　용례27)　あすの2時ということで、よろしくお願いいたします。(인사―확인)

　　용례28)　Ａ：この件については社に戻ってもう一度検討させていただけない
　　　　　　　　でしょうか。
　　　　　　　Ｂ：わかりました。よろしくお願いいたします。(인사―확인)

　용례27과 28은 상대의 행동에 대하여 언급하는 경우와 상대와 관계 있는 자신의 행동에 대하여 언급하는 경우에 사용되는 「お・ご~いたす」이다. 이것을 본고에서는 확인의 인사라고 칭하고 있다. 이 확인의 인사는 상대 혹은 자신의 행동이 행하여지는 것에 대한 확인을 목적으로 하는 관용적이고 정형적인 표현이다. 이 확인의 인사는 자료에서는 거의 「お願いいたします」의 형태로 나타나 있었는데, 이것은 비즈니스일본어교과서만의 현상은 아닌 것 같다. 이점에 대해서는 졸고(2003)에서 자세히 논하였다.

　또한 용례27과 28을 확인의 인사로서 인정할 수 있는 이유는 용례에서 「お願いいたします」를 임의로 삭제하고 살펴보면 알기 쉽다.

　　용례27-1)　あすの2時ということで。

용례28-1) A：この件については社に戻ってもう一度検討させていただけ
　　　　　　　ないでしょうか。

　　　　　 B：わかりました。

「お願いいたします」를 임의로 삭제한 용례27-1과 28-1은 그다지 위화감이 없으며 담화로서도 무리 없이 성립된다. 또한 용례27과28의 내용에서 봐도 큰 변화는 없는 것 같다.

　이와 같이 이러한 종류의 「お願いいたします」는 담화의 내용이나 전개에 큰 영향을 주지 않는다. 실질적인 의미 없이 커뮤니케이션에 있어서의 상대나 자신의 행동을 인식하고, 다만 그 행동에 대한 인식을 표명할 뿐이라는 점에 확인의 인사로서의 기능을 가지고 있다고 할 수 있는 것이다.

용례29) チェンです。こちらこそよろしくお願いいたします。(인사—자기
　　　　　소개)

용례30) マクミラン：初めまして。マイケル＝マクミランです。どうぞよろしく
　　　　　お願いいたします。(인사—자기소개)

용례29와 30은 자기소개의 인사이다. 이 용례는 정형적인 성질이 강하다. 일반적으로 대신할 수 있는 표현은 없다고 생각된다.

　위에 밝힌 바와 같이 「お・ご～いたす」경어형식을 사용한 경어 중에는 인사의 내용을 갖는 것이 89용례로서 가장 많다(계89용례/총

176용례). 89용례의 내역으로서는 정형적인 인사가 59용례로서 가장 많고, 자기소개의 인사가 16용례, 확인의 인사가 14용례로 그 뒤를 이었다.

5 결과와 정리

이상, 비즈니스일본어교과서의 용례를 바탕으로 「お・ご～いたす」를 사용한 경어표현의 내용에 대하여 분석, 고찰했다. 그 결과, 「お・ご～いたす」를 사용한 경어표현의 내용은 크게 실질적인 의미의 행동(자신의 행동에는 선언과 자청, 상대의 행동에는 의뢰), 정보전달과 비실질적인 의미의 인사로 나눌 수 있었다.

자신의 행동에는 선언과 자청이 있는데, 선언과 자청에 공통되는 내용으로서는 설명, 전화, 연락, 전달, 운반, 조력이 있었다. 선언에만 있었던 것은 조사, 조력, 대기, 응답, 소개이고, 자청에만 있었던 것은 호출, 접수, 대출, 배웅이었다.

상대의 행동은 주로 의뢰였는데, 지시, 설명, 선처, 전달, 전화, 호출, 이해의 내용이 있는 것을 확인 할 수 있었다. 또한 정보전달에는 사정설명, 경위설명, 보고의 내용이 있었다.

위의 실질적 의미의 용법에 비해 비실질적 의미를 갖는 인사에는 정형적인 인사뿐만이 아니라 자기소개나 확인의 인사도 있는 것을 알 수 있었다.

「お・ご～いたす」경어형식의 내용의 양상에 대하여 정리, 확인해 보자.

실질적인 의미를 갖는 「お・ご~いたす」를 사용한 경어표현의 내용 중에 선언, 자청, 의뢰, 정보전달의 네 가지에 공통되는 내용은 설명이었다. 선언, 자청, 의뢰의 행동에 모두 공통되는 것은 전화, 연락전달이었다. 자신의 행동인 선언과 자청에 공통되는 것은 조력이었고, 자신의 행동인 자청과 상대의 행동인 의뢰에 공통되는 것은 호출이었다.

정리하자면 실질적인 의미의 「お・ご~いたす」경어표현의 내용의 사용 빈도는 설명—전화, 연락전달—조력, 호출의 순이 되는 것이다.

이와 같이 실질적인 의미의 「お・ご~いたす」에 설명, 전화, 연락전달, 조력, 호출이 많이 사용된 것은, 우선 「お・ご~いたす」가 갖는 경어적 성질—자신의 동작에 경어를 사용함으로서 그 동작에 관계되는 인물을 높인다—이 작용한 결과라고 할 수 있다. 또한 비즈니스 장면이 가지고 있는 특성 및 성질이 작용하였다고 생각된다. 설명, 전화, 연락전달 등은 비즈니스 장면에서 빈번하게 일어나는 일이다. 이러한 것들이 내용에 영향을 주었음을 부인하기는 힘들다.

더욱이 인사에 「お・ご~いたす」가 많이 사용된 것은 정중어(겸양어II)인 「いたす」가 갖는 격식차림이라는 경어적 성질이 작용한 결과라고 생각된다.

6 맺음말

이상, 내용에서 본 「お・ご〜いたす」의 사용양상에 대하여 비즈니스일본어교과서의 용례를 자료로 하여 분석, 고찰을 행하였다. 커뮤니케이션에 있어서의 인간관계, 장(場), 의식, 내용, 형식의 다섯 가지 요소의 연동을 중시하는 대우커뮤니케이션을 이론적 근거로 하였고, 그를 바탕으로 「お・ご〜いたす」라고 하는 형식을 사용한 경어표현의 내용에 대하여 분석, 고찰을 행하였다.

그 결과, 비즈니스 장면의 특성 및 성질, 「お・ご〜いたす」경어형식이 갖는 경어적 성질, 비즈니스 피플로 규정되는 표현주체의 의식, 이 3가지가 「お・ご〜いたす」경어형식의 내용에 영향을 끼치고 있음을 밝혀냈다.

또한 대우커뮤니케이션에 있어서의 다섯 가지 요소가 표현행위, 표현형식에 어떻게 영향을 끼치며, 그 요소는 어떻게 연동하는지를 명확히 하기 위한 것도 중요한 목표였다. 제한된 자료를 사용한 탓에 부족한 점도 있었으나 소기의 목적을 달성할 수 있었다고 사료된다.

마지막으로 이 연구는 자연담화가 아니라 비즈니스일본어교과서라는 제한과 한계가 있는 자료를 사용하여 분석, 고찰을 행한 것이므로 「お・ご〜いたす」의 내용에 관한 사용양상 모두를 망라했다고는 할 수 없다. 그러나 개별성, 구체성이 강한 항목이기 때문에 지금까지 연구 테마로서 그다지 다루어지지 않았던 경어의 내용의 문제에 대하여 생각하는 하나의 시도로서의 의미가 있다고 생각된다.

「お・ご～いたす」의 더욱 정밀한 분석을 위한 자료의 확대와 더욱 면밀한 분석, 고찰은 앞으로의 과제로 하고자 한다.

〈참고문헌〉

岩沢みどり・寺田恭子(2006)『日本企業への就職―ビジネス会話トレーニング―』アスク(資料)

海老原恭子・岩沢みどり・寺田則子・小柴宏邦・蔡忠(2006)『日本企業への就職―ビジネスマナーと基本のことば―』アスク(資料)

蒲谷宏・川口義一・坂本惠(1998)『敬語表現』大修館書店, pp.1-232

蒲谷宏(2003)「「待遇コミュニケーション」の研究と教育」『待遇コミュニケーション研究創刊号』待遇コミュニケーション学会(早稲田大学待遇コミュニケーション研究会), pp.1-6

_____(2006)「「待遇コミュニケーション」における「場面」「意識」「内容」「形式」の連動について」『早稲田大学日本語教育研究センター紀要19』早稲田大学日本語教育研究センター, pp.1-12

蒲谷宏・金東奎・高木美嘉(2009)『敬語表現ハンドブック』大修館書店, pp.1-199

蒲谷宏・金東奎・吉川香緒子・高木美嘉・宇都宮陽子(2010)『敬語コミュニケーション』朝倉書店, pp.1-171

菊地康人(1997)『敬語』講談社, pp.297-306

金東奎(2003)「「オ願イシマス」に関する一考察」『待遇コミュニケーション研究創刊号』待遇コミュニケーション研究会, pp.23-36

_____(2006)「「待遇コミュニケーション」における「敬語表現化」の考察―待遇表現教育の観点から―」早稲田大学大学院日本語教育研究家博士学位論文, pp.1-199

_____(2011)「尊重丁重語(謙譲語Ⅰ＋謙譲語Ⅱ)の使用様相―ビジネス日本語教科書の用例を中心に―」『日語日文学研究第77輯第1巻』韓国日語日文学会, pp.41-60

坂本惠(2005)「「待遇表現」における「敬語」の使用意識と機能」『日本語学2005年9月臨時増刊号』明治書院, pp.46-55

高野岳人・谷島美加子・原啓二・富沢宏光・古市輝子(2007)『新装版実用ビジネス日本語』アルク(資料)

辻村敏樹(1971)「敬語史の方法と問題」『講座国語史第5巻敬語史』大修館書店, pp.1-121

_____(1977)「日本語の敬語の構造と特色」『岩波講座日本語４敬語』岩波書店,

        pp.69-83
辻村敏樹編(1991)『敬語の用法』角川書店, pp.56-57
文化庁(2007)『敬語の指針』文化審議会, pp.1-32
宮地裕(1971)「現代の敬語」『講座国語史第5巻敬語史』大修館書店, pp.367-415
目黒真実(2009)『버전업!굿모닝비즈니스일본어회화』동양문고(資料)
吉元一・石倉綾子(2009)『ビジネス日本語会話』책사랑(資料)

〈사진 출처〉────────────────────────────────────

직접 촬영, 일부 수정

현대 일본어학 연구의 논제와 과제

제7장

드라마로 보는
「~てさしあげる」의 발화의도

최 유 미

제7장

드라마로 보는
「~てさしあげる」의 발화의도

일상생활에서 우리는 물건이나 이익, 또는 은혜 등을 주고받는다. 이것을 표현하는 동사가 수수(授受)동사이다. 수수동사에는, 상대에게 물건이나 기회를 주는 사물의 주고받음을 나타내는 본동사로서의 용법과, 상대를 위해 어떤 행동을 하는 행위의 주고받음을 나타내는 보조동사로서의 용법이 있다.

(1) 私が教えてやる。

(2) 私が教えてあげます。

(3) 私が教えてさしあげます。

(1)~(3)는 「教える(가르치다)」라고 하는 동사에 수수 보조동사인 「~てやる」「~てあげる」「~てさしあげる」가 사용된 수수표현이다. '행위주체가 다른 사람을 위해서 그 행위를 행한다' 라는 기본적 의미를 가지며, 「시점」과 「방향성」, 행하는 「동작」은 같지만, 경의도와 뉘앙스에는 분명한 차이가 느껴진다. 본래 '주다'라는 의미의 동사는 「やる」이었으며, 「やる」의 겸양어가 「あげる」이고, 「あげる」보다 더 겸양도가 더 높은 것이 「さしあげる」이었다. 하지만 「やる」가 난폭한 말, 품의가 없는 말이 되어 가면서 「あげる」가 비경어로 바뀌었다. 따라서 「さしあげる」가 「やる」「あげる」의 겸양어로서의 역할을 담당하게 되었다. 겸양어로서의 「さしあげる」는 겸양어 I [1] 에 분류되며 화자측(자신)으로부터 상대측 또는 제삼자를 향한 행위, 사물 등에 대

[1] 문화 과학성(2007:15-17)에 의한다.

해 그 것이 향하는 인물을 높여서 말하는 것이다. 그러나 「자신이 이익을 얻는 것은 극대화하고, 다른 사람에게 이익을 주는 것은 최소화하라」라는 「정중함 원리」[2]를 생각하면, 「さしあげる」와 같이 주는 사람이 화자측(자신), 행위대상이 청자측인 경우, 상대에게 이익을 주는 것이 생색내며 은혜를 베푸는 것처럼 표현되는 경우가 있으므로 주의를 필요로 하는 표현이다.

우리는 커뮤니케이션을 할 때, 언제, 어디서, 그리고 자신과 상대방 또는 화제의 인물과 어떠한 관계에 있는 지를 생각하고, 왜, 무엇을 위해서, 어떤 말로 표현할 지를 생각한 다음 발화하며, 이것은 발화의 효력을 결정하는 요소가 된다. 즉 어떠한 상황에서, 어떠한 상대에게 발화하는지에 따라, 선택되는 단어와 표현은 달라질 것이다. 「~てさしあげる」는 화자측(자신)으로부터 상대측 또는 제삼자를 향하는 행위 등에 대해서, 그 행위가 향하는 인물을 높여서 말하는 겸양어로 분류되고 있다. 경의도가 높은 표현임에도 불구하고, 손윗사람에게의 사용은 주의할 필요가 있다고 알려져 있어, 실제의 사용에

---

2 ジェフリー·N·リーチ著、池上嘉彦·河上誓作訳(1987:170-195)는 함축된 의미를 표현하는 것에 있어서, 협조의 원칙을 보충하는 원칙으로서 「배려」라고 하는 관점에서 추의(推意)를 돕는 「정중함의 원리」를 제시했다. 정중함의 원리는, a.배려의 원칙(tact maxim): 다른 사람의 부담을 최소화한다.(다른 사람의 이익을 최대화 한다.), b.관대성의 원칙(generosity maxim): 자기의 이익을 최소화한다.(자기 부담을 최대화 한다.), c.시인의 원칙(approbation maxim): 다른 사람의 비난을 최소화 한다.(다른 사람의 칭찬을 최대화 한다.), d.겸양의 원칙(modesty maxim): 자기의 칭찬을 최소화 한다.(자기의 비난을 최대와 한다.), e.합의의 원칙(agreement maxim): 의견의 대립을 최소화 한다.(합의를 최대화 한다.), f.공감의 원칙(sympathy maxim): 다른 사람과의 반감을 최소화 한다.(공감을 최대화 한다.), g.교화의 원칙(phatic maxim): 침묵을 피한다.(이야기는 계속한다.)와 같이 기술하고 있다.

는 어려움이 느껴지는 표현이다.

따라서, 여기에서는 '은혜를 베푼다'라는 성질이 강한 보조동사로서의 「~てさしあげる」[3]표현을 넓게 파악하고, 화자가 왜, 무엇을 위해서 「~てさしあげる」라는 표현 형식을 사용했는지에 대한 발화의도를 분석하고, 사용 양상을 분석·고찰해 보기로 한다.

1 「~てさしあげる」에 대한 연구동향

1) 대우표현에서의 연구동향

대우표현에 대한 「~てさしあげる」의 연구에는 기쿠치 야스토(1997), 한미경(2008), 가바야 히로시(2013) 등이 있다.

기쿠치(1997)는 「さしあげる」에 대해서 「やる」「あげる」의 의미를 가진 겸양어A로 분류하고, 「Xは(が)Yに…をさしあげる」「Xは(が)(を)…てさしあげる」의 Y = 물건이나 혜택을 받는 사람 = 보어(Ⅱ·Ⅲ인칭)를 높이고, X = 주는 사람 = 주어(전형적으로는 Ⅰ인칭)를 상대적으로 낮추는 표현이라고 규정하고 있다. 또 「~てさしあげる」형태의 보조동사 표현은 <자신이 상대에게 은혜를 베푼다> 라는 것을 표현하게 되므로, 이 자체가 생색내는 것처럼 느껴지고 손윗사람에게 실

---

3 蒲谷宏·金東奎·吉川香緒子·高木美嘉·宇都宮陽子(2010 : 37)에서는 「てさしあげる」는 '동작의 주체로부터 은혜를 베푼다' 라는 경어적 성질이 더해진 「은혜 간접 존중어」라고 분류하고 있다.

례가 되기 쉽기 때문에 표현함에 있어서 주의를 필요로 한다고 말하고 있다.

한미경(2008)은 「やる·あげる·さしあげる」의 용법을 다섯 개의 드라마를 대상으로 하여, 주는 사람과 받는 사람의 관계를 파악하고 어떠한 의도로 사용되고 있는지를 대우 표현의 관점으로부터 고찰하고 있다. 한(2008)의 조사에서는 「さしあげる」는 겸양어로서의 높은 경의도가 있음에도 불구하고, 두 개의 드라마(白い巨塔、愛におちたら)에서 7개의 예문 밖에 나타나지 않았고, 본동사로서의 겸양어 용법의 예문과 상대에게 위엄을 나타내는 예문이 나타났다고 말하고 있다. 보조 동사 「~てさしあげる」를 살펴보면 화자가 제삼자에게 행하는 행위의 예문이 1개, 청자가 제삼자에게 행하는 행위의 예문이 2개 나타났으며, 겸양어로서의 용법 이외에도 의식적으로 은혜적 의도를 나타내는 경우나, 화자의 품위를 나타내는 목적으로 사용된 경우가 있지만, 대상으로 하고 있는 예문이 적기 때문에 단언할 수 없다고 하고 있다.

가바야(2013)는 「~てさしあげる」에 대해 <「~」에 들어가는 동작의 주체를 높이지 않는다. + 그 동작에 관계하는 인물을 높인다. + 동작의 주체가 은혜를 베푼다>라는 경어적 성질이 더해진 것이라고 하고 있다. 가바야 외(2010)에서는 겸양어 -은혜간접존중어 그룹에 속하는 「~てさしあげる」는 「(~を)さしあげる」에 비해 「은혜를 베푼다.」라는 성질이 보다 강하게 나타나는 경향이 있으므로, 실제로 은혜를 베푸는 것을 표현해도 괜찮은 상황을 제외하고는, 생색을 내는 것처럼 표현되는 경우가 있다고 지적하고 있다.

지금까지 살펴 본 것처럼, 「~てさしあげる」는 생색내는 뉘앙스를 가지고 있기 때문에, 「은혜를 베푼다」라는 성질을 지니고 있지 않은 표현을 사용하는 것이 좋다라는 견해가 많다. 하지만, 실제로 일상에서 「~てさしあげる」의 표현이 전혀 사용되지 않는 것은 아니며, 누구도 사용하지 않는, 없어진 표현이라고는 할 수 없다. 「やる」「あげる」이외에도 「与える」「払う」「渡す」 등의 수수를 나타내는 동사가 있음에도 불구하고, 화자가 「~てさしあげる」를 사용하는 것에는 반드시 이유가 있다고 생각된다. 따라서 여기에서는 한미경(2008)의 분석틀을 참고로 하되, 드라마 작품의 수를 넓히고, 용례를 늘려 상세한 분석을 하는 것으로 한다.

2) 수수표현의 '은혜성' 에 관한 연구동향

수수표현의 '은혜성' 에 관한 연구는 야마다 도시히로(2001), 마스오카 다카시(2001)가 있다.

우선, 야마다(2001)는 수영자(受影者)의 유무에 의해서 은혜·비은혜를 연속적으로 파악하고, 「テヤル」와 같이 은혜를 나타낸다고 할 수 없는 용법을 「비은혜적 Benefactive(非恩惠的ベネファクテェブ)」[4]라고 분류하여 설명하고 있다. 수영자(受影者)의 존재·비존재라고 하는 관점에 의해서 「비은혜형 テヤル」를 분류하며, 수영자(受影者)

---

4 야마다(2001:99)는 동사에 후접하는 テヤル、テクレル、テモラウ 및 그 대우적 변형인 テアゲル、テサシアゲル、テクダサル、テイタダク의 3계열, 7형식 군을 ベネファクテェブ(benefactive)라고 부르고 있다.

는 청자로 상정하고 있다. 「수영자(受影者) 존재형 テヤル」의 경우는 그 대우적 변형으로서 「テアゲル」가 이용될 수 있는 것에 반해, 수영자(受影者)가 존재하지 않는 타입의 「テヤル」의 경우는 청자도, 동작의 대상도 존재하지 않기 때문에 대우적 변형으로서의 「テアゲル」는 있을 수 없다고 주장하고 있다.

마스오카(2001)은 수수동사가 가지는 은혜성은 물건이나 상황이 주어지는 수수의 대상에게, 「긍정적인가」「긍정적이지 않은가」라는 평가라고 말하고 있다. 「やる(あげる)」등은 단지 사물의 수수를 나타낼 뿐만 아니라, 통상적으로 수수의 대상인 사물이 당사자에게 「긍정적이다」라는 의미를 나타낸다고 주장하고 있다. 이러한 특징은 사태의 수수를 나타내는 보조동사 구문에도 그대로 이어져서, 수수의 대상인 사태가 '긍정적'이라는 것은, 그 사태가 당사자에게 '은혜적'이라고 말하는 것과 다를 바 없다고 이야기하고 있다.

하지만 , 수영자(受影者)의 유무는 문맥에 따라 얼마든지 변화할 가능성이 있으므로 은혜·비은혜의 판단 기준으로 애매하다고 생각된다. 또, '은혜성'이라고 하는 것은 사물이나 행위를 받는 쪽에서 파악하여 받는 사람에게 긍정적인 결과를 초래할지 아닐지가 아닌, 사물을 주거나 행위를 하는 화자측이 상대방을 긍정적인 상태로 하고 싶은지 아닌지에 대한 화자의 발화의도[5]를 문맥에서 파악하는 것으로, '은혜성'을 판단할 수 있다고 생각한다.

---

5 기쿠치(1997:77)는 「그 장면에서, 그 인물에게 어떠한 대우를 하고 싶은가」에 대한 화자의 의도를 「대우의도」로서 파악하고 있다. 또, 가바야(2003:35)에서는 「표현의도」란, 「표현주체」가 어떠한 「표현행위」를 행하는 것으로 인해 무엇인가를 실현하려고 하는, 「표현주체」의 「자각적인 의식」이라고 정의하고 있다.

여기에서는, 행위를 받는 사람(이하 행위대상)이 아닌 발화주체인(이하 화자)에게 초점을 맞추어, 화자 자신이 무엇을 위해 표현하고 있는지, 무엇을 표현하고 싶은 것인지, 그 표현을 통해서 무엇을 실현하려 하고 있는지와 같은 화자의 발화의도의 초점을 맞추어 분석을 실시하기로 한다.

2 연구대상과 분석방법

2003년부터 2013년까지 일본에서 방송된 드라마 330개의 작품, 총 3480편을 연구대상으로 하여, 「~てさしあげる」표현이 사용되는 장면을 추출해, 문자화했다. 330개의 드라마(총 3480편) 중에서, 「~てさしあげる」표현이 나타난 드라마는 42개(59편)로, 수집한 예문은 67개뿐이다. 사용되는 장면이 적지만, 분명히 사용되고 있는 「~てさしあげる」의 담화를 다양한 상황이 보여지는 드라마를 통해 분석을 실시하기로 한다.

가바야(2013)는 드라마의 시나리오는 「보다 많은 사람에게 받아들여지는 것을 목표로 표현하고 있으며, 극작가 자신의 개인적인 인식이나 생각만이 아니고, 취재 등을 통해서 얻을 수 있는 다른 많은 사람의 생각이나 지식, 정보 등도 반영하고 있으므로, 개별적이면서도 상당한 일반성을 가지고 있다」고 기술하고 있다. 또 「텔레비전 드라마 시나리오를 자료로 이용하는 가장 큰 이유는, 대우커뮤니케이션에 있어서 커뮤니케이션 주체의 의식이나 인식에 대해 자기주장만을 합리화 하는 이론이나 이유가 아닌 극작가나 연출가의 눈을 통해, 구체적으로 조형된 인물이나 상황을 통해서 그려져 있는 것을 추출할 수 있다는 점에 있다.」고 기술하며 연구자료로써 드라마 시나리오의 유효성을 지적하고 있다.

이러한 관점에 따라 「~てさしあげる」의 표현형식을 사용하고 있는 화자의 인식에 근거하여 화자가 누군가를 위해 어떠한 행위를 해주는(이하 행위주체) 경우와, 화자가 행위주체가 아닌 경우로 나눈다. 그리고 화자와 행위대상의 상하 관계[6]를 파악하고, 화자의 발화의도를 분석·고찰한다. 발화의도는 아래의 내용을 고려하여 분석한다.

· 화자, 청자, 행위주체, 행위대상은 어떠한 관계인가.
· 화자는 언어상에서 행위대상을 어떻게 인식하고 있는가.
· 어떠한 은혜적인 의미로 사용되어지고 있는가.

또 「~てさしあげる」가 사용되고 있는 문장을 「~てやる」「~てあげる」의 형태로 바꾼 문장과 비교하여, 「~てさしあげる」의 사용에 의해

---

6 상하관계의 판단은 南不二男(1987:91-116)의 기준을 따른다. 南는 경어의 의미의 선택에 관계하는 조건을, 언어세계 외의 모든 것을 나타내는 외적 조건과 언어세계 내의 제약 등을 나타내는 내적 조건, 2종류로 분류하고 있다. 외적 조건에 속하는 인간관계의 조건에는, (a) 본인이나 본인이 아닌지, (b) 성별, (c) 소속계층·지위·입장·그 외, (d) 상하 관계, (e) 친소 관계가 있다. 「경어 사용의 조건」의 (d) 상하 관계를 황족·귀족 등의 사회적 계급의 「신분적 상하 관계」, 연령차나 부모와 자식, 형제자매라고 하는 서열을 포함한 「선천적 상하 관계」, 선배·후배 등의 「경력적 상하 관계」, 사장·중역·부장 등이라고 하는 직계나 교사와 학생, 스포츠 팀의 주장과 멤버 등의 「역할적 상하 관계」, 남존여비·레이디 퍼스트와 같은 「차별적 상하 관계」, 어느 집단의 지도력의 유무에 의한 「능력적 상하 관계」, 신·인간 등의 「절대적 상하 관계」로 분류하고 있다.

강조되고 있는 발화의도를 문맥으로부터 판단하여, 분석·고찰한다.

③ 「~てさしあげる」의 발화의도

「~てさしあげる」가 어떤 상황에서 사용되는지 사용 양상을 분석하기 위해 「~てさしあげる」가 사용된 드라마 속의 담화를 분석하여, 어떠한 발화의도로 사용되고 있는지에 대해 고찰했다.

우선 행위주체가 은혜를 베풀고, 행위대상을 높이는 겸양어적 성질을 가진 「~てさしあげる」의 「플러스 발화의도」를 확인하고, 다음으로 겸양어 성질이 역이용 된, 행위대상을 업신여기거나 멸시하고, 야유 또는 불쾌한 언동을 나타내는 「마이너스 발화의도」를 확인한다. 마지막으로 어느 누구도 높이지 않고, 자신의 품위를 나타내기 위해 사용된 「품위표출 발화의도」에 대해 살펴보도록 한다.

1) 「플러스 발화의도」

화자의 발화의도가 '행위대상을 높이고 싶다, 기분 좋게 하고 싶다, 격려하고 싶다, 상대에게 호감을 전달하고 싶다, 가까워지고 싶다, 도움이 되고 싶다, 화자에게 호의를 갖게 하고 싶다'고 하는 플러스적으로 작용하는 발화의도를 「플러스 발화의도」라고 규정한다.

「플러스 발화의도」로 사용된 예문 중, 화자[7]가 행위주체인 경우는 16개의 예문이, 화자가 행위주체가 아닌 경우는 12개의 예문이 나타났다.

<화자가 행위주체인 경우>

「플러스 발화의도」에서 화자가 행위주체인 경우, 화자(=행위주체)가 하위자이고 행위대상이 상위자의 경우는 12개의 예문, 화자(=행위주체)와 행위대상이 동등한 관계인 경우는 4개의 예문이 나타났고, 화자(=행위주체)가 상위자이고 행위대상이 하위자의 경우의 예는 나타나지 않았다.

(1) 【화자(하)→제삼자(상)】[8]

화자·행위주체 : 里花(편집자) → 제삼자·행위대상 : 日高선생님(소설가), 청자 : 博(里花의 애인)

里花 : あさって書き上がるはずの原稿が今書き終ったみたいで。<u>私たち編集者は先生が書き終ったらすぐに読んで感想を言ってさしあげるのが仕事でして。</u>

博 : ああそうですか。大丈夫ですよ。いいです。『10年先も君に恋して』

(1´) 私たち編集者は先生が書き終ったらすぐに読んで感想を言ってあげる

7　여기에서 화자는 「~てさしあげる」를 사용하여 표현하고 있는 발화주체를 의미하며, 이 화자를 기준으로, 발화의도를 파악하고, 화자와 행위대상의 상하 관계를 살펴본다.

8　「【 】」는 행위주체와 행위대상의 관계를 나타내며, 「(상)」는 상위자, 「(동)」는 동등한 관계, 「(하)」는 하위자를 의미한다.

のが仕事でして。

상기 예문의 화자는 출판사의 문예 편집자인 里花이고, 행위대상
은 소설가인 日高이다. 청자인 博는 里花의 연인이다. 화자이 里花가
博와의 데이트 도중에 日高로부터 전화를 받고, 전화 내용을 博에 이
야기하는 장면이다. 편집자인 里花와 소설가인 日高는 하위자와 상
위자의 관계이다. 「~てさしあげる」 대신 「~てあげる」를 사용한 (1′)와
비교하면 사태에는 변화가 없지만, 「~てさしあげる」를 사용한 쪽이
행위대상인 日高를 높이고 있어서 편집자와 소설가라고 하는 역할
적 상하관계가 보다 두드러진다. 또 행위주체가 은혜를 베푸는 겸양
어로서의 의미가 강해져, 화자가 행위대상을 높게 인식하고 있다는
것을 알 수 있다.

<화자가 행위주체가 아닌 경우>

「플러스 발화의도」에서 화자가 행위주체가 아닌 경우, 화자(≠행
위주체)가 하위자이고 행위대상이 상위자의 경우는 10개의 예문이,
화자(≠행위주체)와 행위대상이 동등한 관계는 2개의 예문이 나타
났고, 화자(≠행위주체)가 상위자이고 행위대상이 하위자인 경우는
나타나지 않았다.

(2) 화자(하) 【청자→제삼자(상)】

　　　화자 : 功一(오빠)、청자·행위주체 : 佐緒里(여동생) → 제삼자·
　　　행위대상 : 行成(와인 시음회의 주최자)

行成：であの、うちの店の話ですが、好き嫌いが別れると仰いました
　　　ね。

佐緒里：そんな、ただの小娘のたわ言レベルの感想ですから。

行成：それが聞きたいんです！それこそ、偽らざる本音ですから。

佐緒里：困ってしまったわ。

功一：せっかくだから佐緒里さん。**言ってさしあげたら？**

佐緒里：出来れば、もう一度お店に行って確かめたいんです。

行成：うちの店にですか？

佐緒里：はい。お店の方に感想を述べるからには、無責任な発言はし
　　　たくないんです。　　　　　　　　　　　　　　　　『流星の絆』

(2´) せっかくだから佐緒里さん。**言ってあげたら？**

　와인 시음회의 주최자인 行成가 와인 시음회장에 놀러 온 功一와
佐緒里의 「とがみ亭」에서 판매하고 있는 와인에 대한 대화를 듣고, 시
작된 담화이다. 「~てさしあげる」 대신 「~てあげる」를 사용한 (2´)와 비
교하면, 「~てさしあげる」를 사용한 쪽이 행위대상을 더 높게 인식하
고 있는 것, 행위대상에게 도움이 되고 싶은 기분이 강하게 나타나는
것으로 보아 「플러스 발화의도」인 것을 알 수 있다.
　이와 같이 청자가 제삼자에게 행하는 것을 화자가 발화하는 경우
는, 화자와 청자는 친밀한 관계이며, 화자가 청자에게 권유나 지시·
명령을 하는 경우이었다.

2)「마이너스 발화의도」

「마이너스 발화의도」는「플러스 발화의도」와 반대로 자신을 높이고 상대를 기분 나쁘게 하고 싶어서, 상대를 멸시하고, 얕보고, 깔보거나 빈정거리고, 비난하는 마이너스로 작용하는 발화의도라고 규정한다.

「마이너스 발화의도」로 사용된 예문 중, 화자가 행위주체인 경우는 26개의 예문이, 화자가 행위주체가 아닌 경우는 5개의 예문이 나타났다.

<화자가 행위주체인 경우>

「마이너스 발화의도」에서 화자가 행위주체인 경우, 화자(=행위주체)가 하위자이고 행위대상이 상위자의 경우는 8개의 예문, 화자(=행위주체)와 행위대상이 동등한 관계인 경우는 9개의 예문이 나타났고, 화자(=행위주체)가 상위자이고 행위대상이 하위자의 경우도 9개의 예문이 나타났다.

　(3) 【화자(하)→청자(상)】
　　화자·행위주체 : 古美門(변호사) → 청자·행위대상 : 村民たち(주민들)

　　古美門 : 他に誰かいますか？自覚すらないとはホントに羨ましい。こけにされているのも気づかないまま墓に入れるなんて幸せな人生だ。
　　村民 : あんたちょっとひどいんじゃないか！

古美門：申し訳ありません。最初に申し上げたとおり、皆さんのような

惨めな老人どもが大嫌いなもんでして。

村民たち：おい若造！お前何なんだよ！お前そんなに偉いのか！そう

よ！目上の人を敬うってことがないの！？　私たちは君の倍

は生きてるんだ！

古美門：倍も生きていらっしゃるのにご自分のことも分かっていらっしゃ

らないようなので、教えてさしあげているんです。いいです

か？皆さんは国に見捨てられた民。棄民なんです。

『リーガル・ハイ』

(3′)　倍も生きていらっしゃるのにご自分のことも分かっていらっしゃらないよう

なので、教えてやっているんです。

　화자(행위주체)는 평상시 경어를 사용하지 않는 사람임에도, 연
령이 높은 주민들에게 굳이 과잉된 경어를 사용하며 자신을 높여서
표현하고 있다. (3′)도 행위대상을 얕보며 멸시하고 있는 것처럼 보
이지만, (3)이 보다 행위대상을 낮게 인식하고, 발화의도가 마이너
스로 작용하고 있는 것처럼 느껴진다. 그 이유는, 화자는 전문적 능
력을 가지고 있는 변호사이지만, 행위대상은 전문적인 지식이 없는
연령의 높은 주민이다. 이러한 인간관계로 미루어 보면, 「~てやる」
의 (3′)는 행위대상을 낮게 파악하는 것만 나타낼 뿐이지만, 「~てさ
しあげる」의 (3)은 경의도가 높은 표현의 사용으로 인해 화자인 자신
과 자신의 능력을 높게 표현함과 동시에 행위대상을 낮게 취급하고

있기 때문이라고 생각된다.

(4) 【화자(상)→청자(하)】
화자·행위주체 : 사인구명실장 → 청자·행위대상 : 武田(사인구
명실 의사)

武田 : 警察関連の死亡事故は必ず司法解剖されるはずじゃ…

死因究明室長 : 武田先生、解剖したことにして死因は心筋梗塞でお願
いします。

武田 : えっ？私にはできません！警察の不祥事を隠ぺいして死体検案
書にウソなんて絶対書けませんから。

室長 : 奥さんの死因は隠ぺいされたじゃないですか。娘さんのために。

武田 : どうしてそれを？　最初から私に死因を捏造させるつもりでここの
顧問に呼んだんですか？

室長 : 奥様の死因を隠ぺいし不正に娘さんの腎臓移植をしたこと<u>不問
にしてさしあげる</u>といってるんですよ。　　　　『Bull Doctor』

(4´) 奥様の死因を隠ぺいし不正に娘さんの腎臓移植をしたこと**不問にしてや
る**といってるんですよ。

　　상기 예문의 행위주체는 관동의료센터의 사인구명실장으로 행위
대상은 사인구명실의 의사인 武田이다. 武田는 딸의 신장이식 수술
시에 아내가 의료 사고로 사망했지만, 딸을 살리기 위해서 그 사실을

은폐했다. 화자는 그것에 관해 협박을 하고 있다. 화자가 행위대상
을 자신보다 낮게 파악하고, 상대에게 위압감을 느끼도록 자신의 위
엄을 나타내는 「마이너스 발화의도」를 표현하고 있다. (4′) 보다 (4)
에서 화자자신의 위엄이 더 강조되고 있다.

<화자가 행위주체가 아닌 경우>

「마이너스 발화의도」에서 화자가 행위주체가 아닌 경우, 화자(≠
행위주체)가 하위자이고 행위대상이 상위자의 경우는 4개의 예문
이, 화자(≠행위주체)가 상위자이고 행위대상이 하위자인 경우는 1
개의 예문이 나타났고, 화자(≠행위주체)와 행위대상이 동등한 관
계인 경우의 예는 나타나지 않았다.

(5)   화자(하)【청자→제삼자(상)】

　　　화자 : 黛、 청자·행위주체 : 男 → 제삼자·행위대상 : 老人

黛 : 席を譲ってさしあげたらいかがですか?

男 : ……

黛 : あの、席を!

老人 : いいんですよ。

黛 : いえ、よくないです。あなたですよ。あなたに申し上げてます。

男 : ニーショウマ?

黛 : 中国の方ですか?あ、在日本、老人、優先。

男 : 日本人です。

黛 : <u>こちらの方に席を**譲ってさしあげ**たらいかがですか</u>と。

『リーガル・ハイ』

(5′) こちらの方に席を**譲ってやっ**たらいかがですかと。

상기의 예문은 전철 안에서, 화자인 黛가 노인에게 자리를 양보하는 순간, 그 자리에 다른 남성이 앉아 그 남성을 비난하는 발화의도를 가지고 「〜てさしあげる」를 사용하고 있다. 만약 청자가 중국인이어서 말이 통하지 않는다고 해도 단념하지 않고, 자리를 양보하도록 재언급하고 있는 것과, 「よくない」라고 하는 표현에서 「마이너스 발화의도」를 확인할 수 있다. 또 「〜てさしあげる」를 사용한 (5)쪽이 「〜てやる」를 사용한 (5′)보다도, 「席を譲ってあげたらいかがですか」나 「席を譲ったらいかがですか」라는 표현보다도, 비난의 의도가 더 강조되고 있다. 그 이유는 「〜てさしあげる」에 의해 행위대상인 노인이, 행위주체보다 손윗사람인 것이 더 두드러지기 때문일 것이다.

3) 「품위표출 발화의도」

플러스로도 마이너스로도 작용하지 않는, 상대방과는 관계없이 자신의 품위만을 나타내고 싶은 의도로 사용된 발화의도를 「품위표출 발화의도」라고 규정한다.

「플러스 발화의도」와 「마이너스 발화의도」를 나타낸 「〜てさしあげる」의 사용에는 남녀의 성별 차이가 크게 보이지 않는 것에 비해,

자신의 품위를 표출하기 위해「~てさしあげる」를 사용하고 있는 사람
은 전부 여성이었다. 또 화자가 행위주체가 아니며 상위자이고, 행
위대상인 제삼자가 하위자의 경우뿐이었다.

(6) 화자(상)【청자→제삼자(하)】
화자 : 鵜飼학장의 부인、청자·행위주체 : 東교수의 부인→ 제삼
자·행위대상 : 財前(조교수)의 부인

教授夫人会 : それにしても財前助教授はご立派ね。今回の基金の提
案も財前さんご自身がなさったとか。なのに出しゃばらず謙虚で
いらっしゃる。ね〜？
鵜飼学長の妻 : 主人も誉めておりましたわよ。
財前の妻 : いいえ、東教授のご指導のおかげです。ホホホ
鵜飼学長の妻 : あら、東さん、どうなさったの。ご主人のまな弟子を少
しは誉めてさしあげたら。   (韓[9]2008 : 377)
東教授の妻 : 本当に財前さんはすばらしいわ。いつもいつも東を立て
てくださって。主人も可愛くてしょうがないと。   『白い巨塔』

行為주체인 東교수의 아내와 행위대상인 財前조교수의 아내는 은
사와 제자의 부인이라고 하는 상위자와 하위자의 관계를 가지고 있

---

9 한미경(2008:377)에서는 담화의 레벨이 아니고,「~てさしあげる」가 사용된 문장
만을 들어 설명하고 있다. 상하 관계에 의한 인간관계가 명확하게 나타나는 있
는 용례이므로, 한(2008:377)의 예문이 나타난 담화를 넓게 파악하여 분석하
였다.

다. 화자의 鵜飼학장의 아내의 입장에서, 행위주체인 東교수의 아내
와 행위대상인 財前조교수의 아내는 둘 다 하위자인 것으로 미루어
생각해 보면, 누구도 높이지 않고, 화자 자신의 품위를 나타내려는
의도로서 사용되었다고 생각되어 진다.

(7) 화자(상)【청자→제삼자(하)】
     화자 : 세이라, 청자·행위주체 : 小沼(세이라의동료) → 행위대상·
     제삼자 : 남자

     小沼 : 誰がどう見ても変態じゃないか。その顔は。
     男 : ちょっと待って、授業参観をのぞきに来ただけだよ。
     小沼 : ほらのぞきに来たんじゃないか！
     男 : そうじゃなくて…
     小沼 : 授業参観マニアだな？
     男 : そうじゃなくて…
     セイラ : <u>ちゃんとお話を聞いてさしあげた方が</u>…
     小沼 : 話は署でゆっくり聞かせてもらおうか。   『小公女セイラ』

   화자의 세이라는, 인도에서 귀하게 자란 아가씨로, 일본의 기숙사
학교인 미레니우스 여자학원에 입학 후에 아버지가 돌아가셔서, 친
족과 막대한 재산을 단번에 잃고, 고용인으로 일하고 있다. 하지만
어떤 상황에서도 자신감과 공주와 같은 품위, 그리고 다른 사람에게
애정을 잃지 않는 자세를 지니고 있는 인물이므로, 우아하고 품위가

있는 표현을 항상 사용하고 있다. 행위대상인 小沼는 미레니우스의 요리사로 セイラ와 함께 일하고 있는 동료이고, 행위대상은 변태라고 생각되는 남자이다. セイラ가 변태라고 생각되는 남자를 몸으로 제압하고 있는 小沼에게 남자의 이야기를 들어 줄 것을 권하고 있는 장면으로, 소공녀인 セイラ의 입장에서 생각하면, 행위주체나 행위대상을 높게 취급하거나 낮게 취급하거나 하는 것이 아니라, 자신의 품위를 나타내려는 의도로서 사용되었다고 생각되어진다.

4 맺음말

지금까지 담화에 있어서의 「~てさしあげる」의 발화의도에 대해 텔레비전 드라마를 연구 대상으로 하여, 발화의도를 중심으로 분석을 실시했다. 그 결과, 상하 관계로 보는 「~てさしあげる」의 발화의도의 용례수를 정리하면 다음 표와 같다.

〈표 1〉 상하 관계로 보는 「~てさしあげる」의 발화의도 용례수

상하관계 발화의도	화자(=행위주체)와 행위대상의 관계				화자(≠행위주체)와 행위대상의 관계				합계
	하→상	동등	상→하	합계	하→상	동등	상→하	합계	
플러스	12	4	0	16	10	2	0	12	28
마이너스	8	9	9	26	4	0	1	5	31
품의표출	0	0	0	0	0	0	8	8	8
합계	20	13	9	42	14	2	9	25	67

「플러스 발화의도」로 사용되었을 경우는, 화자가 행위주체인지 아닌지와는 관계없이 화자가 하위자이고 행위대상이 상위자인 경우에 가장 많이 사용되었으며, 화자가 상위자이고 행위대상이 하위자인 경우의 예는 나타나지 않았다. 「마이너스 발화의도」로 사용되었을 경우는, 화자가 행위주체인 경우에 많이 사용되고 있던 것에 비해, 화자가 행위주체가 아닌 경우에는 그다지 사용되지 않았다. 또, 「품위표출 발화의도」로 사용되었을 경우는, 행위주체가 아닌 화자가 상위자이고, 행위대상 하위사의 경우뿐이었다.

담화에 있어서의 「~てさしあげる」가 사용되고 있는 문장을 「~てやる」나 「~てあげる」의 형태로 옮겨 놓은 문장과 원래의 「~てさしあげる」의 형태의 문장을 비교해 보았다. 겸양어적 성질을 가지고 있는 「플러스 발화의도」는, 「~てあげる」보다 「~てさしあげる」를 사용하는 것으로 인해 행위대상을 높이는 의미가 강해지고, 행위대상에 대한 은혜가 보다 부각되는 것을 확인할 수 있었다. 또, 「마이너스 발화의도」를 나타낸 표현은, 「~てやる」보다 「~てさしあげる」를 사용하는 것으로 인해 행위대상을 업신여기고 멸시하는, 야유의 의미가 보다 강하게 표현되고 있다. 이것은, 「~てやる」로 표현되는 것은 행위대상을 낮게 취급하는 것뿐이지만, 「~てさしあげる」를 사용하면, 은혜를 베푸는 것에 경의도가 높은 표현을 사용하여 '당신을 위해 일부러 해주는 것이다'라는 생색의 뉘앙스가 강해지고 행위주체인 자신이나 자신의 능력을 높이는 표현이 되기 때문일 것이다. 즉 「~てさしあげる」에는 「플러스 발화의도」를 가지고 있는 표현은 보다 플러스적으로, 「마이너스 발화의도」를 가지고 있는 표현은 보다 마이너스적

으로 작용시키는 증폭의 기능이 있다고 생각된다.

또한 종래의 겸양어를 파악하는 방법으로는 생각하기 어려운 자신의 품위를 나타내는 의도를 가지게 된 것은, 경의도가 높은 경어이며 사용에 주의할 필요가 있는 어려운 표현이라고 하는 일반적인 인식, 또 빈번히 사용되지 않은 경어라는 것에서, '자신은 이러한 표현을 할 수 있는 사람이다'라는 것이 나타나기 때문은 아닐까 생각한다.

이처럼, 겸양어의 성질을 가지는 플러스의 발화의도를 나타내는 경우 이외에도, 자신의 품위를 나타내는 것이나, 겸양어의 성질을 역이용하여 행위대상을 업신기고 멸시하고 야유하거나 불쾌한 언동을 나타내는 마이너스의 발화의도를 표현하고 있는 것은 매우 흥미로운 점이라 할 수 있다.

〈참고문헌〉

井出祥子(2006)『わきまえの語用論』大修館書店、pp.134-138
大石初太郎(1975)『敬語』筑摩書房、pp.65-115
蒲谷宏(2013)『待遇コミュニケーション論』大修館書店、pp.19-126
蒲谷宏·金東奎·吉川香緒子·高木美嘉·宇都宮陽子(2010)『敬語コミュニケーション』
　　朝倉書店、pp.6-58
蒲谷宏·川口義一·坂本恵(1998)『敬語表現』大修館書店、pp.90-161
蒲谷宏·金東奎·高木美嘉(2009)『敬語表現ハンドブック』大修館書店、pp.16-39
菊地康人(1997)『敬語』講談社、pp.29-341
ジェフリー·N·リーチ著、池上嘉彦·河上誓作訳(1987)『語用論』紀伊国屋書店、
　　pp.170-195
杉山アイシェヌール(2003)「外国人から見た敬語」『朝倉日本語講座8.敬語』朝倉書
　　店、pp.252-275
橋元良明(2001)「授受表現の語用論」『言語』30-5、大修館書店、pp.46-51
益岡隆志(2001)「日本語における授受動詞と恩恵性」『日本語学』20-4、明治書院、
　　pp.26-32
町田健·加藤重広(2004)『日本語のしくみを探る6.日本語語用論のしくみ』研究社、
　　pp.33-46
文化科学省(2007)『敬語の指針』大蔵省印刷局、pp.15-17
南不二男(1987)『敬語』岩波書店、pp.91-116
山田敏弘(2001)「日本語におけるベネファクティブの記述的研究第6回非恩恵型ベネ
　　ファクティブ」『日本語学』20-4、明治書院、pp.90-100
＿＿＿＿(2004)『日本語のベネファクティブ-「てやる」「てくれる」「てもらう」の文法-』明
　　治書院、pp.92-267
＿＿＿＿(2009)「新しいベネファクティブ表現」『日本語学』28-14、明治書院、
　　pp.34-44
渡辺裕司(1991)「授受表現における授受の方向性」『日本語学校論集』18号、東京外
　　国語大学留学生日本語教育センター、pp.35-47
한미경(2007)『드라마로 보는 한국인과 일본인의 경어행동』제이앤씨, pp.173-276
＿＿＿＿(2008)「やる、あげる、さしあげるに 대한 고찰:대우표현과 관련해서」『日
　　本研究』37号、韓国外国語大学日本研究所、pp.359-381

〈용례출전〉

「白い巨塔(2003) 1편~21편, 후지테레비」외 329작품

〈사진 출처〉

世界に通用するマナーを教えてさしあげます！(2011/6/28), 저자 재구성

제8장

일본어의 한국 표기법에
대하여

권 경 애

제8장

일본어의 한국 표기법에 대하여

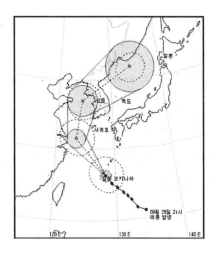

2010년 한반도에 큰 영향을 준 태풍 '곤파스'는 포르투갈어 'kompas'가 일본어의 음가 및 표기가 반영된 외래어로 정착된 'コンパス'가 다시 한국에 유입되는 과정에서 한국어의 외래어 표기법이 반영된 형태다.

한국향토문화전자사전[1]에 따르면 '2010년 제7호 태풍인 곤파스 (KOMPASU)는 2010년 8월 29일 21시경 일본 오키나와 남동쪽 약 880㎞ 부근 해상에서 발생하여 붙여진 이름이다. '곤파스'는 일본에서 제출한 이름으로 컴퍼스 자리 및 컴퍼스를 의미한다. …태풍 곤파스는 2010년 8월 31일 오전 9시경 최대로 발달하여 중심 기압 960 ㏉, 최대 풍속 40m/s[144㎞/h]'로 소개되어 있다.

어떤 단어가 다른 언어라는 필터를 거치게 될 경우, 중간 단계에 있는 언어의 음가 및 표기가 반영되게 되는데 이 경우 원어를 고려하여 다시 발음 및 표기가 교정되는 형태로 변화(컴퍼스)되거나 외래어 표기법으로 정착(곤파스)하기도 한다. 태풍의 명칭을 아시아 여러 나라가 번갈아가며 이름을 붙이게 된 국제적 관례를 따라 일본에서 명명한 'コンパス'를 고유명사로 취급하여 한국에서의 일본어표기법에 따라 '곤파스'라고 명명하였다고 한다. 그런데, 'コンパス'까지 고유명사로 봐야하는지에 대해서는 의문이 남는다. 또 '컴퍼스'가 '곤파스'와 같이 왜 이렇게 서로 다른 단어 형태가 만들어지게 되었는지, 일본어에 대한 한국어의 외래어 표기법에 문제가 없는지에 대하여 재고가 이루어져야 하지 않을까 생각한다.

---

1 http://www.grandculture.net/ 태풍 곤파스 항목.

　여기서는 서구 외국어가 일본어에 들어와 표기되는 과정에서 일본어의 음운구조의 영향을 받아 원음의 모습과 동떨어진 형태로 정착한 것을 '일본어식 외래어'라 부르기로 하고 이 일본어식 외래어가 한국어로 유입되어 '한국어 속의 외래어'로 정착된 단어의 형태를 대조 고찰한 후 한국어에서의 일본어 표기법 문제에 대해 고찰해 보기로 한다.

　그동안 일본식 외래어는 한국어 순화운동의 대상이 되어 상당수의 어휘들이 다른 단어로 대체되거나 원어를 고려한 표기로 바뀌어졌다. 이러한 상황에서 일본식 외래어의 단어 형태를 고찰한다는 것 자체가 무의미하다고 볼 수도 있을 것이다. 그러나 이미 한국어화해서 사용되고 있는 외래어 전부를 다른 단어로 바꾸기에는 무리가 따르며 일정 부분의 단어는 한국어화한 외래어로 인정해야 되지 않을까 생각한다. 예를 들어 '빵'의 어원이 'pað(포르투갈어)'가 일본제 외래어라고 해서 '빠오, 파오'로 바꾸거나 영어 'bread'의 발음 '브레드'로 바꿀 수는 없는 노릇이기 때문이다. 이에 여기서는 일본에서 들어온 서구외래어가 한국어에서 어떠한 정착과정을 거치면서 한국어화해 갔는지에 대해 검토해보고 한국의 외래어 표기법이 단어의 형태에 주는 영향을 중심으로 살펴보고자 한다. 이를 통해 한국의 일본어 표기법에 대해 문제점과 대안을 강구해 보는 기회를 갖고자 한다.

1 한국어의 외래어 수용과정

한국은 19세기 말 이후 활발한 대외접촉으로 외국문물의 영향을 많이 수용하게 되었는데 이는 언어교류 및 접촉에까지 영향을 미치게 된다. 근대 문헌 속에 나타나는 외국어는 음역과 의역으로 차용되고 있다. 음역에는 한글로 표기한 것과 한자로 표기한 것을 우리나라 한자음으로 읽은 것(예] Russia - 노국(露國), 노서아(露西亞). 아라사(俄羅斯)) 등이 있으며 의역으로는 고유어로 번역하거나 양이나 신을 붙여서 한자어로 조어한 것(예] handkerchief-손수건, lamp-양등)들이 있다.

갑오경장 이후에는 주로 일본어 및 일본을 통해 들어온 외래어가 많이 유입되었는데 우리 주변에서 흔히 사용되다가 아직도 흔히 들을 수 있거나 지금은 사라진 고유 일본어들을 발췌하여 제시하면 다음과 같다[2]

아다리, 에리, 사꾸라, 사시미, 시다, 다마네기, 노가다, 쓰리, 히야시, 마호병, 무데뽀, 기마이, 쓰메끼리, 와이로, 곤조, 찌라시, 오야붕, 꼬붕, 분빠이, 소오당, 히야까시, 와꾸, …

위 용례들은 대표적인 일본어의 잔재라고 지목되어 꾸준하게 국

---

2 송민(1979) pp4-10에서 발췌. 표기는 논문에 있는 대로 표기하였다.

어 순화의 대상이 되었다. 그 성과로 인해 오늘날의 젊은 세대들은 위와 같은 단어들을 거의 사용하지 않거나 이해하지 못하는 일본어들이 되었다[3]. 이렇게 일본에서 들어온 고유일본어는 한국어에서 거의 힘을 잃어가고 있는 실정이다.

한편 일본을 경유해서 들어온 서구 외래어도 마찬가지로 꾸준하게 국어 순화의 대상이 되어 왔는데 일본어화 한 부분을 없애고 원어에 가깝게 표기하려는 노력이 있었다. 서정수·우인혜(1995)는 일본을 거쳐서 들어온 외래 어휘를 다음과 같이 나누고 있다.

　a. 외래어휘의 일본식 변조어 : 데모, 메모 등.
　b. 일본식 발음으로 남아있는 어휘 : 고무, 마후라 등.
　c. 일본식과 고친 발음이 공존하는 어휘 : 댄스/단스, 레일/레루 등.
　d. 원음에 가깝도록 고쳐 발음하는 어휘 : 카드, 무드 등.
　e 일본식의 독특한 용례로 굳어진 어휘 : 간닝구(cuning) 등.
　f. 원어와 무관한 일본식 외래풍의 조어 : 리야카, 오도바이 등.

이 중 가장 문제가 되는 것이 a이라고 지적하며 a를 발음 방식에 따라 다음 두 가지로 나누어 설명하고 있다.

　① 일본식 발음과 유사하게 쓰는 변조 어휘
　② 일본식 발음을 일부 고쳐 쓰는 변조 어휘

3　김광해(1995) pp4-5. 참조.

①은 원어의 일부분만을 따서 만든 외래어인데, 데모(demonstration), 메모(memorandum), 센치(centimeter) 등이 여기에 해당한다. 서정수·우인혜(1995)는 이를 '어떤 원칙이나 일관성도 없이 마음 내키는 대로 남의 나랏말을 멋대로 줄여서 쓰는 것'이라 하여 이러한 외래어를 무비판적으로 한국인들이 사용하고 있는 것 자체를 비판한다.

한편 ②는 일본식 발음을 한국 영어 표기에 맞게 수정을 가한 어휘들, 즉, 데파트/[일]데바-도(department), 아파트/[일]아바-도(apartment) 노트/[일]노-도(notebook), 마이크/[일]마이구(microphone), 빵꾸/[일]팡구(puncture) 등이 이에 해당한다[4]. 이미 원어의 훼손이 일어난 일본식 외래어를 한국식 표기로 바꾼다고 해서 그것이 원어와는 다른 변종어인데 이러한 것들은 '외래 어휘처럼 느끼지만 국적을 무시한 트기말'이라며 일본 사람들이 자기들의 편의에 따라 어떤 원칙이나 기준도 없이 거두절미하여 만들어 낸 것을 한국인들이 무분별하게 사용하고 있다는 것이 문제라고 지적했다. 또 기타 b~f도 문제가 많지만 영어 원음에 익숙한 젊은이들이 늘어감에 따라 자연스럽게 원어에 가깝게 일본식 차용어(외래어: 필자 주)가 점차 조금씩 정리되고 있으며 앞으로 그런 경향이 짙어 갈 것으로 전망된다고 보고 있다. 국어 순화 운동 차원에서만 본다면 서정수·우인혜(1995)의 지적이 일리 있기는 하지만 일본어를 연구하는 입장에서는 몇 가지 보완하거나 수정해야 할 사항이 있다고 생각한다.

---

4 표기는 논문에 있는 대로 표기하였는데 현재 일본어 가나 표기법에 비추어 볼 때 차이가 난다.

첫째는 외래어가 외국어가 아닌 이상 원어와 표기나 형태가 일치해야하는 것은 아니라는 점이다. 예를 들어 '독일'이라는 국가명은 독일어로는 '도이칠란트(Deutschland)'라고 하지만 영어로는 '저머니(Germany)'라고 하며 프랑스어로는 '알르마뉴(Allemagne)', 폴란드어로는 '넴치(Niemcy)', 중국어로는 '더궈(德國)'라고 한다. 한국어의 독일이라는 명칭은 일본어의 '도이쓰(일본어: 独逸, ドイツ)'를 한국식 한자음으로 읽은 것이다. 어원과 발음에서 원어와 차이가 많아 한국에서도 한때 교과서 등에서 '도이칠란트'로 표기하기도 했으나 정착되지 않았다고 한다[5]. 그렇다고 '독일'이라는 나라에서 자국명을 훼손했다고 항의하는 뉴스를 들어보지 못했다. 또 에도시대에 포르투갈 및 네덜란드 상인들을 통해 들어온 일본식 외래어가 조선후기에 들어온 '남포'를 예로 들어보자. 남포는 다시 '남포등' 또는 '양등'이라 불리기도 했는데 유입과정을 보면 다음과 같다.

lamp(네덜란드어) → ランプ → 남포(등) 【두음법칙 적용】
            ↳ 양등

일본어에는 없는 두음법칙이 적용됨으로 인해 [r→n]이라는 음의 변화가 일어난 경우인데 '남포'라는 단어형태는 'lamp'라는 원어와는 상당히 멀어졌으며 오히려 일본식 외래어 'ランプ[rampu]' 쪽이 원어에 가깝다는 것을 알 수 있다. 만약 이 단어가 포르투갈 상인들

---

5 http://ko.wikipedia.org/wiki/ 독일 국명 참조.

에 의해 직접 한국에 전해졌다고 하더라도 과연 '램프'라는 형태로 유지되었을지 의문이다. 이와 비슷하게 한국어의 음운규칙이 적용된 경우가 종종 있다.

- a. 椀湯 wahntan(중국어) → ワンタン → 완당[6]【무성음의 유성음화】
- b. 五鳥 ごとり gotori(일본어) → 고도리(kodori)【유성음의 무성음화+무성음의 유성음화】
- c. tobacco(포르투갈어) → タバコ → 담바고(담바구)[7] → 담배【カ行자음의 유성음화+탈락】
  - cf) roman(프랑스어: 로망) → 浪漫 (ろうまん) → 낭만【두음법칙적용】

　일본어에서도 고대에 들어온 한자음이 고유어에서 나타나는 음 변화를 일으키는 경우가 있다. 예를 들면 후내 입성음(喉內入声音) /-k/를 포함하는 「菊(キク)」가 가나 문헌에서도 나타나는데 「菊(キク)」는 당시 사람들에게는 완전한 일본어로 인식되었던 모양으로 「しらぎく」와 같이 고유 일본어에서 보이는 연탁(連濁) 현상까지 일으키고 있다.

心あてに折らばや折らん初霜のおきまどはせる<u>しらぎく</u>の花

[凡河内躬恒(古今和歌集277)]

6　완당의 경우 중국인을 통해 직접 들어왔을 가능성도 배제할 수 없다.
7　담바구는 한국일어일문학회(2003) p210 참조. 화자의 경험에 따르면 경상도 방언에서 '씀바귀'를 '고들빼기'라고 하는데 종종 '고들빼이'로 발음하는 사람들이 있다.

설내 입성음(舌內入声音) /-p/를 포함하는「一(イチ)」「八(ハチ)」「鉢
(ハチ)」도 마찬가지로 비교적 이른 시기에 일본어에 융화된 한자음
들 중에는 일상생활과 밀접했던 어휘들을 중심으로 고유일본어와
의 차를 축소해 갔다고 볼 수 있다.

이렇게 원음에 가깝게 표기하려는 노력은 어느 시대에도 존재했
으나 자국어화 해 가는 과정에서 단어의 형태가 변하는 것은 오히려
더 자연스러운 현상이다. 따라서 일본식 외래어 형태 또한 일본화 해
가는 과정에서 생겨난 것이지 의도적으로 원형을 훼손하려고 한 것
이 아니라는 점을 인식할 필요가 있다.

둘째는 일본식 외래어 생성과정에도 어떤 원칙이나 기준이 존재
한다는 점이다. 서정수·우인혜(1995)가 지적하는 (2)a에 해당하는
어휘들이 '자기들의 편의에 따라 어떤 원칙이나 기준도 없이 거두절
미하여 만들어 낸 것'이며 '이런 일은 언어학적으로나 언어 차용상
의 일반 관례를 무시하는 일로서 매우 바람직하지 못한 외래 어휘 차
용방식'이라는 비판에 대해서는 좀 더 객관적으로 검증을 할 필요가
있다.

셋째는 일본식 외래어를 다룬 여러 연구들에서 열거하는 용례들
의 표기가 제각각이어서 음의 변화과정을 이해하는데 혼동을 줄 수
있다는 점이다. 또 한국어에서의 일본어 표기법도 표기와 실제 발음
이 다른 것들이 많다. 따라서 표기법의 문제에 대해서도 자세히 살펴
보아야 할 것이다.

2 일본어식 외래어의 형태

　근세 및 개화기에 서구 외래어들이 일본어에 들어와 표기되는 과정에서 일본어 음운구조의 영향을 받아 원음의 모습을 많이 잃어버리게 된다. 그러한 일본어화한 외래어들이 그대로 한국어에 들어옴에 따라 그 말이 원래 서구어임에도 불구하도 한국인들 중에는 그 말이 원래부터 일본말인 줄 알고 있는 사람도 많다. (7)의 용례가 그것이다[8].

> (7)　포르투갈어: 갓파(천막), 가루다, 담배, 뎀뿌라
>
> 　　　스페인어: 메리야스
>
> 　　　네덜란드어: 깡통, 고무, 뽐푸, 란도셀, 임파선
>
> 　　　영어: 구락부, 남포, 와이셔츠
>
> 　　　독일어: 데마, 멘스
>
> 　　　불어: 세무 가죽, 쓰봉, 낭만, 바리깡

　이러한 일본경유 외래어들은 원어와 단어형태나 음가를 비교해 볼 때 다음 세 유형으로 나누어볼 수 있다.

1) 한자 음역으로 들어온 경우

　근세 및 개화기에 서양의 문물을 받아들이는 과정에서 번역해 낸

8　용례는 송민(1979) '언어의 접촉과 간섭 유형에 대하여-현대 한국어와 일본어의 경우-' 성심여대 논문집 10. p7-10에서 추출.

일본 한자어들에는 '文明, 自由, 自然' 등과 같이 중국고전에 나타나는 어휘를 새로운 의미로 사용하는 것들 외에, '哲學, 歸納, 演繹, 發見, 土曜日' 등과 같이 새롭게 만들어진 한자어들이 있다. 일본에서는 이들을 모두 합쳐 역어(譯語)라 부른다. 김광해(1995)는 엄청난 양에 달하는 이러한 번역 한자어들에 의해서 현대 한국어의 어휘 체계의 특징 자체가 바뀌었다고 지적하였다. 그리고 다른 외래어에 비해 이러한 한자역어들이 거부감이 덜한 이유는 한일 양국에서 한자를 사용해왔고 일본에서 먼저 번역된 한자어들이 때마침 개화를 맞아 수요가 폭증하고 있었던 신문물이나 신개념의 표현 수단으로서 별다른 저항감 없이 공급될 수 있었기 때문이며 이는 비록 일본제라고는 하더라도 개화 과정에서 그 나름대로 기여를 한 점이 있다고 평가하고 있다[9].

한편 위의 번역어와는 달리 원어와 유사한 한자음을 부여한 음역 외래어가 유입된 경우는 원음을 직접 들을 기회가 없고 한자라는 표기법으로 인해 원음은 사라지게 되어 한국 한자음만이 남게 된다.

roman(프랑스어: 로망) → 浪漫 (ろうまん) → 낭만

-tique(프랑스어: 티끄), -tic(영어: 틱) → 的(てき) → 적

club(영어: 클럽) → 俱樂部 (くらぶ) → 구락부

Deutschland(독일어: 도이츠랜드) → 独逸(ドイツ) → 독일

française(프랑스어: 프랑세스) → 仏蘭西(ふらんす) → 불란서

España(스페인어: 에스파냐) → 西班牙(スパニア) → 서반아[10]

9 김광해(1995) pp3-26.
10 에도시대 이전에 イスパニア라 읽힌 사례가 있는데 모음 [e]가 당시 일본인들 귀

　이러한 단어들은 일본어로 발음하는 것을 전제로 하여 조어된 것, 즉
만요가나(万葉仮名) 표기가 이루어진 것이기 때문에 일본발음으로 읽
으면 원음에 가깝게 되지만 한국어 한자음으로 읽게 되면 원래의 발음
과 상당한 거리가 생기게 된다. 하지만 이러한 말들은 현재 한국어에서
관용적으로 사용되고 있다. 대학가를 중심으로 '구락부'를 순수 우리
말 '동아리'로 고쳐 부르기도 하지만 한국어로 대체할 수 있는 것들은
극소수이며 거의 외래어라는 인식이 없다고 해도 과언이 아니다[11].

2) 원어 형태가 비교적 온전하게 유지된 경우

　다음은 원어의 단어나 어구 형태가 생략되거나 하지 않고 원형이
거의 유지된 형태로 일본어에 유입된 경우로 일본어식 발음으로 한
국어에 들어왔다.

> 곱뿌(コップ), 바타/빠다(バター), 라이타(ライター), 사라다(サラダ), 알레
> 르기(アレルギー), …

　위 용례들은 일본어 음운구조의 지배를 받아 음가에서 한국어와

에 잘 들리지 않아 이러한 표기가 이루어진 것으로 보인다. 비슷한 예로 'メリケン
粉(밀가루)'가 있다. 'アメリカン'의 メ[me]에 악센트가 있어서 당시 일본인들이 ア
[a]가 누락된 'メリケン'로 잘 못 들은 경우이다.
11 대학의 학과명에 '불어과' '서반아어과'를 대신해서 '프랑스어과' '스페인어
　　과'라는 명칭으로 바꾸는 예가 있기는 하지만 '독일어과'를 대신해서 '도이칠
　　란드어과'라고 하는 경우는 없다. 이는 음절수와 연관이 있을 것으로 사료되는
　　데 앞으로 고찰해 볼 필요가 있을 것이다.

차이가 나타난다. 이후에 원음 대비 자음이나 모음의 손질이 약간 이루어진 상태로 한국외래어로 정착된 경우가 대부분이다(버터, 라이터, 샐러드 등). 어원을 달리하는 경우에는 '곱뿌(포르투갈어)>컵(영어)'과 같이 영어식 발음으로 변하는 경우가 대부분인데 '알레르기(독일어)'의 경우처럼 영어 발음 '알러지'라고 하는 사람도 있으나 아직까지는 자리를 지키고 있는 외래어도 있다[12].

<음소가 변화한 경우>

일본식 외래어에서 음소가 변화된 경우들 중에 가장 현저한 것은 [ti] [di]를 포함한 단어이다.

di → de : digital[dídʒiəl] → デジタル, stik[stik] → ステッキ, candy[kǽndi] → キャンデー

tu/du → to/do : host[houst] → ホスト, boat[bout] → ボート, speed[sp:d] → スピード

위 예들은 현대 일본어에서도 흔히 볼 수 있는 외래어 표기법으로 タ(ダ)행음의 チ[ʧi] ツ[ʦɯ]음에 기인한다. 한편,

di → ri : medias(스페인어) → メリヤス[13], pudding → プリン, raddish → ラレシ

12 포털 사이트(http://www.google.co.kr)에서 '알레르기'에 대한 검색 건수는 약 48,000,000개, '알러지'는 약 625,000개로 8:1의 비율 이었다(2015년 6월 기준).
13 송민(1988)「국어에 대한 일본어의 간섭」『국어생활』제14호, 국어연구소. p62. 에 '스페인어의 mediass는 원래 '양말'를 뜻했다. 이것이 일본어로 유입되는 과

238 현대 일본어학 연구의 논제와 과제

와 같은 단어들이 일본에 유입된 시기는 이미 ダ행음이 [da, ji, zu, de, do]와 같이 구개음화된 이후이므로 [di] [du]의 음가를 갖고 있지 않았다. 그러므로 ダ행음과 유사한 ラ행음으로 잘못 들어 メリヤス가 정착되었을 것이다. 이와 관련하여 J. C. Hepburn(1867)은 『和英語林集成』(日本橫浜, 초판) 서론에서 ラ행음과 ダ행음의 관계에 대해 다음과 같이 기술하고 있다.

> r, in *ra, re, ro, ru*, has the sound of the English, *r*; but in *ri* is pronounced more like *d*. But this is not invariable as many natives give it the common *r* sound. (ラ・レ・ロ・ル의 r 은 영어의 r 과 같은 음이다. 하지만 リ의 경우에는 d 에 훨씬 가깝게 발음된다. 그러나 고정된 것은 아니고 대부분의 일본인들은 그것도 다른 ラ・レ・ロ・ル와 마찬가지로 r 음으로 말하고 있다. : 필자 번역)

J. J. Hoffmann(1968)도 『日本文典』(레이던, 초판)에서 일본어의 r음은 영어 part, art 등의 r과 마찬가지로 후두음 r이며 일본인은 l과 r을 전혀 구별하지 못하고 'ren' 'riu' 'ryoo' 등과 같은 연결 부분에서는 후두음 r이 설음 d에 훨씬 가까워져서 최대한 주의를 기울여 들어도 r인지 d인지 분명하지 않다고 한다.[15]

위 두 설명은 외국인이 들었을 때 일본어의 ラ행음 특히 ri 음이 di

정에서 メリヤス로 음가가 변하게 되었는데 의미도 면으로 짠 속옷류를 지칭하게 되었다'는 지적이 있다.
14 일본 헤본(Hepburn)식 로마자 표기법에 따름.
15 小松英雄(1981) p8의 인용부분을 필자가 번역한 것이다.

음과 흡사하다는 것을 의미한다. 반대로 일본인들이 일본어에는 존재하지 않는 di음을 들었을 때 ri음으로의 들렸을 가능성을 확인해 준다. 즉, medias(스페인어) →メリヤス, pudding→プリン, raddish→ラレシ의 예들은 이미 변해버린 [di]음을 대신해서 조음위치가 같은 [ri]음으로 대체하는 과정에서 생겨난 형태인 것이다.

어구가 합쳐져서 하나의 단어로 인식되는 경우로는 다음과 같은 예를 들 수가 있다.

rent a car → レンタカー → 렌터카

'렌터카'야 말로 영어식으로 고치자면 '렌트 어 카'가 되어야 할 변종 외래어에 해당하지만 '대여차' 또는 '빌림차'라는 말이 일반화되어 '렌터카'를 대체하기까지는 상당한 시일이 소요되거나 거의 불가능에 가깝지 않나 생각한다.

<음이 추가된 경우>

a. ガラス(glas), キリシタン(christão), シチュー(stew), クルス(cruz)
　　ツンドラ(tundra)
b. カット(cut) グッド(good)　ベッド(bed)

a는 모음을, b는 자음을 삽입한 경우이다. 개음절 구조를 기본으로 하는 일본어 특성상 a는 자연스러운 현상이다. 고대 일본어에 들

어온 한자어 및 고대 인도어나 한국어의 유입 현황을 보더라도 복잡한 음절구조를 지닌 외국어 음을 ① 모음삽입에 의한 폐음절의 개음절화, ② 이중모음의 단모음화, ③ 후부음의 생략 등 CV구조(C=자음, V=母音. 개음절 구조)를 기조로 하는 고유 일본어 구조로 받아들이는 형태로 일본어화가 진행되었다[16]. 근대 이후의 일본식 외래어도 이러한 흐름을 유지하고 있는 것이다.

한편 b의 자음 첨가 중 グッド(good), ベッド(bed)를 보면 실제로 일본 고유어에 촉음(促音) 다음에 유성음이 올 수가 없기 때문에 단지 표기법으로 규정되어 있을 뿐 실제 발음은 [gudo] [bedo] 또는 [gutto] [betto] 등으로 발음된다. 따라서 진정한 의미의 음소 첨가라고는 볼 수 없는 예이다.

<음이 단순화된 경우>

가켄부슈・오소(カケンブッシュ寛子・大曽美恵子, 1990)는 영어의 모음음소를 22개로 보고 각각의 모음이 일본어의 5 모음체계 속에 어떻게 받아들여지고 처리되고 있는가를 조사하여 아래 <그림 1 : 일본어와 영어의 모음비교>처럼 영어에서 일본어에 대응할 때는 구심적(求心的)이고 일본어에서 영어를 볼 때는 원심적[17]이라고 지적하고 있다. 따라서 일본어화 된 것에서 원어의 단어형태를 확인하는 것이 불가능에 가깝다는 결론을 내리고 있다.

---

16 權景愛(2009a) p7 참조.
17 カケンブッシュ・大曽(1990) pp51-52.

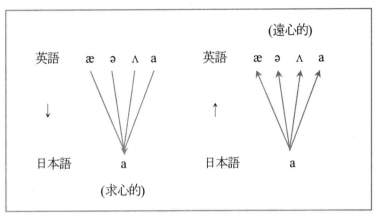

〈그림 1〉 일본어와 영어의 모음비교

한자어를 포함한 고대 외래어나 근대 이후 영어에서 유래된 외래 어에서도 이중모음이나 장모음의 경우 단모음화하는 경향을 엿볼 수 있다. 다만 영어단어 어말에 이중모음이나 이중자음, [y]음으로 끝나는 경우에는 장음화하는 경향이 있다.

① 漢字語 : 口(kʼəu 上 → ku ク)、支(tɕje 平 → ʦi シ)

　　梵語(パリ語)起源のもの : 阿闍梨(ācārya アジャリ → アザリ)

② beef steak[biːfsteik] → ビフテキ　　evening[íːvniŋ] → イブニング

　　arange[əréindʒ] → アレンジ　　crayon[kréiən] → クレヨン

　　host[houst] → ホスト　　poster[póustər] → ポスター

③ 이중모음 : cookei[kúki] → クッキー　sundae[sʌ́ndi] → サンデー

　　이중자음 : still[stil] → スチール

　　[y]음 : copy[kɔ́pi] → コピー　　money[mʌ́ni] → マネー

3) 원어의 일부가 정착한 경우

다음은 원어의 일부를 딴 일본 외래어가 한국에도 그 형태로 들어온 경우이다.

curry and rice → カレーライス → 카레라이스

notebook → ノート → 노트

Diesel engin → ディーゼル → 디젤

mistake → ミス → 미스

apartment house → アパート → 아파트

ball-point pen → ボールペン → 볼펜

accelerator → アクセル → 액셀

a one-piece dress → ワンピース → 원피스

inflation → インフレ → 인플레

illustration → イラスト → 일러스트

high heeled shoes → ハイヒール → 하이힐

permanent wave → パーマ → 파마

white shirts → ワイシャツ → 와이샤쓰 → 와이셔츠

video cassette recorder → ビデオ → 비디오

stainless steel → ステンレス → 스텐레스(스테인리스) → 스텐

after-sales service → アフターサービス → 애프터서비스(→ AS)

원어의 단어 형태를 훼손한 대표적인 사례라고 보기에 앞서 서구

외국어를 처음 접한 당시 사람들이 원어를 제대로 발음하기란 여간 어려운 상황이 아니었을 것이라는 점을 고려해 볼 필요가 있다. 메이지 유신 이후에 영어기원의 외래어가 급증하였을 때 당시에는 귀로 들리는 대로 외래어로 표기하는 경향이 짙었다. 미국인이 개를 부를 때 "come here."라는 말을 듣고 개 이름으로 착각하여 서양개를 'カメ [kame]' 또는 'カメヤ[kameya]'로 불렀던 시기도 있었다는 것은 널리 알려진 사실이다. 일본어로 표기하면 5음절이 넘는 외국 어구를 들었을 때 따라 발음하기도 어려웠을 터이니 일부를 따서 짧게 말하는 것은 어떻게 보면 당연한 일이었을 것이다.

산스크리트 어가 기원인 불교용어 나무(南無)는 'namas'가 어원인데 중국어로 음역되는 과정에서 's'가 생략되었으며 이러한 예는 '아미다(阿弥陀 amitāyus, amitābha)', '미륵(彌勒 maitreya)', '보살 (菩薩 bodihsattva, bodihisatta)' 등 도처에서 찾아볼 수 있다.

더 흥미로운 것은 일본어에서는 그나마 덜 줄인 일본식 외래어들을 접한 한국인들이 이를 더 축약된 형태로 사용되는 추세에 있다는 점이다.

ステンレス → 스텐레스(스테인리스) → 스텐

アルバイト → 아르바이트 → 알바

シャープペンシル → 샤프펜슬 → 샤프

アフターサービス → 애프터서비스 → AS

　　cf) 디스카운트 → DC

유래가 어찌되었건 위와 같은 단어들은 일본어화, 한국어화 하는 과정에서 단어 길이가 줄어든 경우라고 보아야 할 것이다. 따라서 이들 단어들이 변종 외래어인지를 따지는 것은 이들 단어를 대체할 표현이 있을 경우에 해당하는 일이라 생각한다.

단, 단어의 앞부분이 생략되는 [sewing machine → ミシン → 미싱], [free pass → パス → 패스] 등에 대해서는 일본어의 소규모 집단에서 널리 사용되는 속어(俗語)나 은어(隱語)가 단어의 뒷부분만으로 이루어지는 경우가 대부분이라는 점을 감안해야 할 것이다. 예를 들면 마약은 ヤク(マヤク、麻藥), 경찰은 サツ(ケイサツ、警察), 필로폰은 ポン(ヒロポン、philopon)과 같은 식이다. 그런 면에서 볼 때 '미싱'을 '재봉틀'로, '패스'를 '통과'로 바꾸어 쓰는 추세는 상당히 다행한 일인 셈이다.

4) 다른 표현이 추가된 경우

원어의 형태를 축소한 위의 예들과는 달리, 단어가 추가된 경우도 있다.

mug → マグカップ → 머그컵 → 머그잔

이는 '역전+앞', '처가+집'과 마찬가지 조어법이다. 일본식 외래어에서 흔하게 볼 수 있는 예는 아니지만 'マグカップ'의 경우 한국어로는 '머그컵'뿐만 아니라 머그잔'으로도 사용되고 있는데 관공서

블로그에서도 그 쓰임을 찾아 볼 수가 있다.

> 무더운 날씨에도 불구하고 전입신고를 위해 선산읍 민원실을 찾은
> 주민들의 손에는 <u>머그잔</u> 세트와 함께 얼굴에 미소가 훤하다. 전입신
> 고를 하면서 <u>머그잔</u> 세트 선물을 받아보기는 처음이라면서 주민들
> 호응이 의외로 좋다.   (http://blog.daum.net/power0075 - 6월26일)

5) 일본제 영어로 만든 경우

우리가 일상생활에서 사용하고 있는 외래어 중에는 원어에는 없
는 일본제 외래어가 의외로 많이 사용되고 있다.

> make a goal → ゴールイン → 골인
> eon lamp → ネオンサイン → 네온 싸인
> mass media → マスコミ → 매스컴
> motorcycle → オートバイ、バイク → 오토바이
> a rearview mirror → バックミラー → 백미러
> dormitory town → ベッドタウン → 베드타운
> emergency brake → サイドブレーキ → 사이드 브레이크
> main point → キーポイント → 키포인트
> wing mirror → サイドミラー → 사이드 미러
> steering wheel → ハンドル → 핸들
> sleeveless shirt → ランニング(シャツ) → 러닝(셔츠)

straight back → オールバック → 올백(머리)

salaried workers → サラリーマン → 샐러리 맨

microwave oven → 電子レンジ → 전자레인지

automatic pencil → シャープペンシル → 샤프펜슬 → 샤프

free conversation → フリートーキング → 프리토킹

fit all sizes → フリーサイズ → 프리사이즈

위의 일본식 외래어가 가장 일본적인 외래어가 아닐까 생각한다. 그런데 너무나도 일상적인 어휘들이어서 일반 한국인들이 일본식 외래어라 인식하고 있지 않을 가능성이 아주 높다.

③ 음보(foot)에 따른 축약

지금까지 살펴본 용례들을 살펴보면 일정한 리듬을 느낄 수 있다. 즉, 일본어화자들에게는 2박을 한 묶음으로 하여 리듬을 안정시키는 경향이 강하다. 이 2박의 길이를 음보(foot)라고 하는데 구보조노 하루오·오타 사토시(窪薗晴夫·太田聡, 1998)에서 일본어 기본 음조를 확인할 수 있다.

> 日本語のフットはモーラによって規定でき、１フットは２モーラから成るのである。つまり、日本語では２モーラずつが韻律上まとまることが非常に多いので、日本語では２モーラずつのまとまりをフットと考えることにする。(일본어

의 풋은 모라에 의해 교정할 수 있으며 1 풋은 2모라로 만들어진다. 즉 일본어에는 2모라씩 운율 상에서 한 묶음을 이루는 일이 대단히 많으므로 일본어에서는 2모라씩의 묶음을 풋이라 생각하기로 한다.: 필자 역)[18]

최근 일본의 젊은 층에서는 サラリーマン을 リーマン으로 이상적인 결혼(理想の結婚)을 [リソコン], 시크한 결혼(地味な結婚)을 [ジミコン]으로 부르고 있는데 이것도 음보에 맞춘 형태이다. 연예인의 별명도 마찬가지 규칙에 의해 만들어지는데 木村拓也가「キムタク」으로 トモコ(智子), ナルヒコ(成彦)를 トモチャン・ナルチャン이라 부르는 것도 음보를 맞춘 형태라 할 수 있다. 이와 마찬가지로 복합어나 외래어도 2박 또는 4박 리듬에 맞추어 축약되는 경향을 볼 수 있다[19].

a. 国際連合機構 → 国連　天ぷら丼 → 天丼

連続ドラマ → 連ドラ　学生割り引き → 学割

空オーケストラ → カラオケ

b. アメリカン・フットボール　→　アメフト

ラジオコントロール → ラジコン

リストラクチャリング → リストラ

ポケットモンスター → ポケモン

18　窪薗晴夫・太田聡(1998)『音韻構造とアクセント』研究社出版.

19　물론 모든 외래어가 2모라 4모라로 축약되는 것은 아니다. 예를 들면 animation 은 アニメ로 Television 은 テレビ로 축약되고 있다.

c. remote control → リモコン　inflation → インフレ

illustration → イラスト　mistake → ミス

ball-point pen → ボールペン　apartment house → アパート

accelerator → アクセル　a one-piece dress → ワンピース

이러한 일본인의 리듬감이 반영된 일본식 외래어가 한국에 들어오면 리듬감은 상실되고 한국인들에게는 낯설게 느껴지게 마련이다. 하지만 짧아진 단어형태 때문에 오히려 쉽게 한국인들이 받아들이기 쉬운 외래어가 되는 것이다. 물론 지나치게 단축된 단어들은 다음과 같이 원어를 반영한 형태로 재조정되거나 한국어로 번역되기도 한다.

guarantee → ギャラ → 개런티

word processor → ワープロ → 워드 프로세서

から(空)オーケストラ → カラオケ → 노래방/노래교실

4　일본식 외래어 및 일본어 가나 표기법의 문제점

한국어의 외래어 표기법은 조선어학회에서 간행된 '외래어 표기법 통일안(1940)' 이래 문교부가 제정한 '외래어 표기법(1948)', '로마자 한글화 표기법(1958)' 등이 있었으나 1986년 아시안 게임과 88올림픽을 계기로 로마자 표기법에 대한 개정사업이 추진되어 문

교부는 1986년에 표기의 기본원칙, 표기일람표, 표기세칙, 인명·지명표기 원칙 등 4장으로 된 외래어표기법을 새로 만들어 '외래어 표기법'을 확정 고시하였다. 현재 사용되고 있는 외래어 표기법은 1995년 고시된 것인데 그 내용을 살펴보면 다음과 같다[20].

1. 외래어는 국어의 현용 24자모만을 적는다.
2. 외래어의 1음운은 원칙적으로 1기호로 적는다.
3. 받침에는 'ㄱ·ㄴ·ㄷ·ㄹ·ㅁ·ㅂ·ㅅ·ㅇ'만을 적는다.
4. 파열음 표기에는 된소리를 쓰지 않는 것을 원칙으로 한다.
5. 이미 굳어진 외래어는 관용을 존중하되 그 범위와 용례는 따로 정한다.

일본어의 고유명사나 지명 등은 별도로 제시하고 있는 일본어 가나 표기일람표(<표 1> 참조)에 근거하여 표기하도록 권장하고 있다.

1) 어두 유·무성 대립의 소멸 문제

국립국어원에서 제공하는 한국어의 일본어 가나 표기일람표는 <표 1>과 같다. 표에 따르면 カ행과 夕행에서만 어두 어중에 따라 표기법을 달리 규정하고 있는 것을 확인할 수 있다. 그 이유는 일본어의 カ행과 夕행 자음이 무성무기음이므로 무성유기음으로 발음하는

---

20 국립국어원 홈페이지(http://www.korean.go.kr/09_new/index.jsp) '외래어 표기법' 참조.

〈표 1〉 일본어가나 표기일람표

가나	한글	
	어두	어중·어말
ア イ ウ エ オ	아 이 우 에 오	아 이 우 에 오
カ キ ク ケ コ	**가 기 구 게 고**	**카 키 쿠 케 코**
サ シ ス セ ソ	사 시 스 세 소	사 시 스 세 소
タ チ ツ テ ト	**다 지 쓰 데 도**	**타 치 쓰 테 토**
ナ ニ ヌ ネ ノ	나 니 누 네 노	나 니 누 네 노
ハ ヒ フ ヘ ホ	하 히 후 헤 호	하 히 후 헤 호
マ ミ ム メ モ	마 미 무 메 모	바 미 무 메 노
ヤ イ ユ エ ヨ	야 이 유 에 요	야 이 유 에 요
ラ リ ル レ ロ	라 리 루 레 로	라 리 루 레 로
ワ (ヰ) ウ (ヱ) ヲ	와 (이) 우 (에) 오	와 (이) 우 (에) 오
ン		ㄴ
ガ ギ グ ゲ ゴ	가 기 구 게 고	가 기 구 게 고
ザ ジ ズ ゼ ゾ	자 지 즈 제 조	자 지 즈 제 조
ダ ヂ ヅ デ ド	다 지 즈 데 도	다 지 즈 데 도
バ ビ ブ ベ ボ	바 비 부 베 보	바 비 부 베 보
パ ピ プ ペ ポ	파 피 푸 페 포	파 피 푸 페 포
キャ キュ キョ	**갸 규 교**	**캬 큐 쿄**
ギャ ギュ ギョ	갸 규 교	갸 규 교
シャ シュ ショ	샤 슈 쇼	샤 슈 쇼
ジャ ジュ ジョ	자 주 조	자 주 조
チャ チュ チョ	**자 주 조**	**차 추 초**
ヒャ ヒュ ヒョ	햐 휴 효	햐 휴 효
ビャ ビュ ビョ	뱌 뷰 뵤	뱌 뷰 뵤
ピャ ピュ ピョ	퍄 퓨 표	퍄 퓨 표
ミャ ミュ ミョ	먀 뮤 묘	먀 뮤 묘
リャ リュ リョ	랴 류 료	랴 류 료

것을 방지하기 위함이다. 반면에 어중에서는 무성무기음의 유성음
화를 방지하기 위하여 격음으로 표시하는 것을 허용하고 있다. 그런
데 이러한 조치가 ガ행과 ダ행이 어두에서 같아지는 결과를 초래하
게 되어 어두 표기에서는 일본어에서 중요한 변별요소가 되고 있는
유·무성의 대립이 소멸되고 만다.

　이러한 외래어 표기법에 근거하여 일본어가 표기됨으로 인하여
아래와 같은 어형변화가 일어나게 되는 것이다.

　　　무성음[k] [t] : kompas → コンパス → 곤파스

　　　　　　　　　cardigan → カーディガン → 가디건

　　　　　　　　　とうきょう(東京 tokyo) → 도쿄

　　　　　　　　　とうかいどう(東海道 tokaido) → 도카이도

　　　유성음[g] [d] : gas → ガス → 가스 → 까스

　　　　　　　　　gum → ガム → 검 → 껌

　　　　　　　　　bus → バス → 버스 → 뻐스

　　　　　　　　　butter → バター → 바타 → 빠다

　원어에서 [k] [t]음이 [g] [d]와 같이 표기가 이루어지고 있는 것에
문제점이 없는지 검토해 볼 필요가 있다. 우선 (32)에서 보이는 유성
음의 경음화 현상에 대한 오정란(1988)의 설명을 보자.

　　無聲音 중에서 가장 有聲音에 근사한 국어음운은 聲의 진동이 파열과
　　거의 동시에 일어나는 硬音임을 알 수 있다.(p113)

국어에는 이미 외래어가 되어버린 영어단어가 많이 있다. 뽀이(boy), 뽈
(ball), 버스(bus) 등. 이들 단어의 어두 원음은 유성음이다. 그러나 이들
이 국어에 차용될 때 <u>有聲音을 音韻(phoneme)으로 가지지 않은 국어화
자들은 語頭 有聲音 대신 국어에서 가장 근사한 音을 찾아 대체시키게
되었는데 이때 선택된 것이 硬音이었던 것이다.</u> 硬音의 有聲的 要素, 곧
子音 破裂과 동시에 聲의 진동이 있게 되는 이유 때문에 全濁音의 한자음
복귀에 선택되었다고 추정할 수 있다(p118. 밑줄은 필자에 의함).

즉, 한국인들의 의식 속에 한국어 음운체계에 없는 유성음을 받아들
일 때 가장 근접한 음으로 대체함으로써 무성음과 구별하려는 노력이
보인다는 것이다. 그런데 (32)와 같은 노력도 현행 일본어 가나 표기법
상에서는 아무런 소용이 없다는데 문제가 있다. 그렇다고 본고에서 어
두 탁음을 된소리로 발음하거나 표기하는 편이 낫다고 주장하는 것은
아니다. 다만 일본어의 무성파열음에 무기적 특성이 강하다고 해서 어
두와 어중을 구별해서 표기해야 할 필연적 이유를 찾을 수 없다는 점을
지적하는 것이다. 일본어에서 음운적으로 대립을 이루고 있어서 의미
구별에 영향을 주는 유·무성음을 표기상에서 구별하는데 カ행과 夕행
음을 예외로 두지 않는 쪽이 훨씬 표기법으로서 안정된다고 본다.

2) IPA 표기법과 상충하는 문제

<표 2>는 외국어의 한글 표기에 대한 규정인 외래어 표기법(문교
부 고시 제85-11호, 1986년 1월 7일)의 2장에 따른 국제 음성 기호와
한글 대조표이다.

〈표 2〉 국제 음성 기호와 한글 대조표

자음			반모음		모음	
국제음성 기호	한글		국제음성 기호	한글	국제음성 기호	한글
	모음 앞	자음 앞·어말				
p	ㅍ	ㅂ, 프	j	이¹	i	이
b	ㅂ	브	ɥ	위	y	위
t	ㅌ	ㅅ, 트	w	오, 우¹	e	에
d	ㄷ	드			ø	외
k	ㅋ	ㄱ, 크			ɛ	에
g	ㄱ	그			ɛ̃	앵
f	ㅍ	프			œ	외
v	ㅂ	브			œ̃	욍
θ	ㅅ	스			æ	애
ð	ㄷ	드			a	아
s	ㅅ	스			ɑ	아
z	ㅈ	즈			ã	앙
ʃ	시	슈, 시			ʌ	어
ʒ	ㅈ	지			ɔ	오
ts	ㅊ	츠			ɔ̃	옹
dz	ㅈ	즈			o	오
tʃ	ㅊ	치			u	우
dʒ	ㅈ	지			ə	어²
m	ㅁ	ㅁ			ɚ	어
n	ㄴ	ㄴ				
ɲ	니¹	뉴				
ŋ	ㅇ	ㅇ				
l	ㄹ, ㄹㄹ	ㄹ				
r	ㄹ	르				
h	ㅎ	흐				
ç	ㅎ	히				
x	ㅎ	흐				

위의 표에 따르면 [k]음과 [t]음은 모음 앞에서 각각 'ㅋ' 'ㅌ'로 표기하도록 하고 있으며 치경음[ts] 및 치경경구개음[tʃ] 는 각각 [츠] [치]로 표기하도록 되어있다. 특히 '외래어 표기 용례의 표기 원칙' 중 제 7장 '기타 언어 표기의 일반 원칙' 제 (10)항을 보면 'th는 'ㅌ/ 트'로, ts는 'ㅊ/츠'로 적는 것을 원칙으로 한다.'고 되어 있으며 Bothnia 보트니아 Amritsar 암리차르 등의 예를 들고 있다. 이 원칙은 다른 언어의 외래어 표기법에도 적용되고 있다.

　　러시아어: ts(ц, тс) - ㅊ 츠　예) Kapitsa(Капица) 카피차, Yakutsk
　　　　　　　(Якутск) 야쿠츠크
　　　　　　　tch(тч)- ㅊ ㅡ　예) Gatchina(Гатчина) 가치나, Tyutchev
　　　　　　　(Тютчев) 튜체프
　　네덜란드어: ts - ㅊ 츠　예) Aartsen 아르천, Beets 베이츠

그런데 일본어 가나 표기 규정에서는 [k]음과 [t]음을 어두에서 'ㄱ' 'ㄷ'로 표기하고 치경음 [ts] 을 각각 [쓰] 로 표기하도록 권장하고 있다. 이는 국제음성기호(IPA)상으로 같은 음이 서로 다른 음으로 인식되도록 외래어표기법으로 규정되어 있음을 뜻한다. 이에 따라 일본어 コンパス는 곤파스가 되어야 했고 つなみ(津波)는 '쓰나미'와 같이 표기할 수밖에 없게 된 것이다.

일본어에 능숙하지 않은 초급학습자 중에 'つしま(津島 쓰시마)'를 'すしま(스시마)', 'つり(쓰리. 낚시)'와 'すり(스리. 소매치기)'를 구별하지 못하는 학생들이 많은 것은 단지 그 음을 습득하기 어려워서만

은 아닐 것이다. 음성학적으로 보면 [쓰]는 조음점(치경음)을 중시한 표기법인데 반해 [츠]는 조음방법(파찰음)을 중시한 표기법이라 할 수 있다. 그 어느 쪽도 불완전한 표기법이라면 적어도 국제음성기호(IPA)표나 다른 외국어의 표기법과 동떨어진 표기법을 채택할 이유가 없다고 본다.

5 특수음소 표기의 일원화로 인한 원음과의 격차 증가

한국어의 일본어 표기방법의 문제점 세 번째로는 장음이나 발음과 같은 특수음소 표기를 일원화 시켜놓은 데 있다. 다음은 관광 자료에 나올 법한 지명이나 도로 이름, 행사, 간단한 인사말 등에서 혼란을 일으킬 수 있는 용례들이다.

① おさか(忍坂・小坂: 지명)・おおさか(大坂: 지명) → 오사카

  どきょう(度胸: 배짱)・とうきょう(東京: 지명) → 도쿄

  にがた(仁方: 지명)・にいがた(新潟: 지명) → 니가타

  ぼんおどり([盆]踊り)・ひがしおおどおり([東]大通り: 도로명) → 오도리

② ちず(地図: 지도)・チーズ(치즈) → 지즈

  とり(鳥: 새)・とおり(通り: 거리) → 도리

③ こんばんは[kombaɴwa] → 곤반와

  こんにちは[konniʃiwa] → 곤니치와

  かんこく[kaŋkoku] → 간코쿠

TV 등에서 일본을 소개하는 리포터들이 일본 지명을 '오사카, 도쿄'와 같이 짧게 발음하는 것을 흔히 들을 수 있다. 또 일본지역학을 전공한 지인 중에도 평소에는 장단음을 구별해서 일본어를 구사하는데 이상하게도 지명이나 고유명사가 나오면 장단음 구별이 소실되는 버릇이 있었다. 고등학교 시절부터 인터넷 등을 통해 일본 지명이나 정보를 한국어 표기법으로 익혔던 탓에 이것이 굳어져버렸다는 것이다.

장단음을 구별함으로서 단어식별기능을 가지는 일본어의 경우에 이를 무시하고 ①②와 같이 표기하게끔 하는 현행 일본어가나표기는 일본어를 모르는 한국관광객들에게 혼란을 주고 잘못된 인식을 심어주게 된다.

③과 같은 경우는 발음(撥音 [N])의 음가가 후속 자음에 따라 달리 발음되지만 표기가 하나로 통일되어 있어서 한국어 표기도 'ㄴ' 하나로 통일한 경우이다. 그런데 표기의 구별이 없는 일본 글자라고 해서 한국어에서 표기를 구분할 수 있는 데도 하나로 묶어 표기의 일치를 볼 필요는 없지 않나 생각한다. 일본에서도 로마자로 지명을 표기할 때는 'shin-Nihombashi(新日本橋, しんにほんばし)'와 같이 표기를 구분한다(사진 참조).

‘ㄴ·ㅁ·ㅇ’만으로도 표기법을 달리한다면 일본에서 들어온 외래어나 고유명사가 ‘곤파스’, ‘간몬(関門)’ ‘무로란(室蘭)’으로 발음되는 것을 방지할 수 있을 것이다.

6 맺음말

이상에서 서구 외국어가 일본어에 들어와 표기되는 과정에서 일본어의 음운구조의 영향을 받아 원음의 모습과 동떨어진 형태로 정착한 ‘일본어화한 단어(일본식 외래어)’, 그것이 한국어로 유입된 ‘한국 외래어’의 단어 형태를 대조 고찰한 후 한국어의 일본어 표기법 문제에 대해 고찰하였다.

우선 일본식 외래어의 양상을 검토하여 개음절을 기조로 하는 일본어 특성에 맞춰 음이 변형되기도 하고, 2박 ,4박을 기본으로 하는 일본어의 음보에 따른 외래어의 축약이 이루어지기도 하였음을 확인하였다. 또 이러한 일본어화 한 외래어가 한국어로 흡수된 경우 그 상태를 유지하기 보다는 보다 한국어화 하는 방향으로 음이나 길이의 변화가 이루어지고 있음을 확인하였다.

또한 현 한국어에서의 현행 일본어 가나 표기법의 문제를 검토하여 실제 발음과 음운구조에 맞는 표기법이 고안되어야 함을 주장하였다. 그 대안으로서 다음 세 가지를 들었다.

① 어중과 어두의 구별을 두지 말고 무성음을 격음으로 유성음을

평음으로 표기하는 쪽이 바람직하다.

② 둘째, 일본어 표기만을 예외로 두지 말고 국제 음성 기호표에 제시 되어 있는 표기법과 일치시키는 것이 효과적이다.

③ 일본어 특수음을 표기할 때 한국어로 표기 가능한 부분에 대해서는 음을 구별해서 표기함이 마땅하다.

이로 인해 발생하는 문제점들은 실제발음과 표기와의 괴리를 야기한 현 표기법의 문제에 비해 훨씬 잃는 부분이 적다고 할 것이다.

〈참고문헌〉

강인선(1999)「현행 일본어 표기법과 나의 의견」『새국어생활』6-4 국립국어원 pp.122-136

고수만(1999)「현행 일본어 한글표기법의 문제점과 그 개선 방향」『日語日文學研究』34 한국일어일문학회 pp.35-52

민광준·조남덕(2002)「일본어 가나의 한글 표기법의 문제점과 개선 방안」『日本語學研究』5 한국일본어학회 pp.53-64

김용각(2008)「일본어 한글표기의 문제점 고찰 및 개선안」『日語日文學』39 대한일어일문학회 pp.109-306

김광해(1995)「조망 - 국어에 대한 일보어의 간섭」『새국어생활』5-2 국립국어연구원 pp.3-26

김숙자(1998)「和制日本語의 音節構造」『日本學報』41 한국일본학회. pp.65-81

김승곤(1992)『국어토씨연구』서광학술자료사 p.262

서성수·우인혜(1995)「일본을 거쳐서 들어온 외래어휘」『새국어생활』5-2 국립국어연구원 pp61-86.

송민(1979)「언어의 접촉과 간섭 유형에 대하여-현대 한국어와 일본어의 경우-」『성심여대논문집』10 pp.7-10

송민(1988)「국어에 대한 일본어의 간섭」『국어생활』14 국어연구소 p.62

오정란(1988)『硬音의 國語史的 研究』한신문화사 pp.113-118

최재철(1999)「일본문학 飜譯과 表記의 문제」『日語日文學研究』34 韓國日語日

文學會 pp.53-70

편무진(1999)「일본어 한글 표기의 합리적 방안; 관용적 표기를 근간으로」『日語日文學硏究』34 韓國日語日文學會 pp.17-34

한국일어일문학회(2003)「담배의 세계여행」높임말이 욕이 되었다p.210

カケンブッシュ寬子・大曽美惠子(1990) 『外来語の形成とその教育』国立国語研究所 pp.49-61

窪薗晴夫・太田聡(1998)『音韻構造とアクセント研究』社出版, pp.185-202

小松英雄(1981)『日本語の世界7 日本の音韻』中央公論社 pp.6-8

権景愛(2009)「日本語の外来語表記に見られる母音の特徴」『日本語文学』44 韓國日本語文學會 pp.1-20

권경애(2010)「일본어식 외래어를 통해서 본 일본어 한글 표기법 재고」『일본연구』pp.323-346

新星出版社編集部(2002)『カタカナ語新辞典』改訂版新星出版社

〈인터넷 자료〉

국립국어원 홈페이지 '외래어 표기법'
    http://www.korean.go.kr/09_new/index.jsp(검색일: 2010.10.30)
경북tv뉴스 '전입신고 주민에게 머그잔 세트 선물'
    http://kbtvnews.co.kr - 2010년6월26일(검색일: 2010.10.30)
구글 '알레르기'와 '알러지'에 대한 검색 건수
    http://www.google.co.kr(검색일: 2010.10.30)
위키페디아 '독일 국명'
    http://ko.wikipedia.org/wiki/(검색일: 2010.10.30)

〈사진 출처〉

제7호 태풍 예상진로도(2010년 8월 30일 발표). <기상청 제공>
http://web.kma.go.kr/notify/focus/list.jsp;jsessionid=HcWYANBHAv0sXLrVqDH
Xm8Chhe74IDIPid0311uaad5oTshLHEy9FVoxwc1Z1jD3?printable=true&mode=
view&num=337

현대 일본어학 연구의 논제와 과제

한국음식명의 일본어 표기 실태

김윤미

한국음식명의 일본어 표기
실태

1 들어가기

최근 한류의 영향으로 한국의 대중문화가 일본에 널리 알려지게 됨으로써 일본 NHK를 비롯한 각 방송국에서는 한국 드라마를 방영하는 등 한국에 대한 관심이 증폭되었다. 그중에서도 '장금이' 방영이후로 한국 전통음식에 대한 관심이 높아졌다.

한국을 방문하는 일본관광객 수는 동일본 대지진 이후 잠시 침체분위기를 보였으나 다시 회복 기미를 보이고 있다. 또한 엔고와 엔저에 따라 다소 영향을 받겠지만 2018년 평창 올림픽 개최로 인해 강원도에 대한 일본인 관심이 급증하고 있어 앞으로도 방한 일본 관광객은 계속해서 증가할 것으로 전망된다.

그러한 가운데, 우리나라의 주요 대도시의 번화가나 유적지에 있는 식당 및 상점 등에서는 일본인 관광객들을 유치하기 위하여 간판, 메뉴 등을 일본어로도 표기하고 있는 것을 종종 볼 수 있다.

그런데, 음식점 간판, 메뉴표를 살펴보면 동일한 음식명을 표기하는 방법이 각양각색이다. 예를 들면 일본인들의 음식에 대한 인지도를 전혀 고려하지 않은 채, 한글 원음형 가타카나 표기가 난무하는가 하면 문화적 차이를 전혀 고려하지 않은 번역형 표기가 많이 눈에 띈다. 또한 일본에서는 사용되지 않는 한자들이 그대로 사용되고 있어 과연 이러한 것들이 일본인들에게 편의를 제공하기 위해 만들어 놓은 간판인가 싶을 정도로 오히려 혼란을 초래하는 경우가 많다. 외국인들에게 혼란을 초래한다면 그 표기는 없느니만 못할 것이다.

원래 간판은 정보 전달의 기능과 더불어 교육적인 기능도 가지고 있기 때문에 통일성 없고 잘못된 표기들이 거리에 난무한다면 일본어를 공부하는 한국인 학습자들에게도 표기학습에 대한 혼란을 일으킬 수 있다. 따라서 여기에서는 외국인 관광객뿐만 아니라 한국인들의 쇼핑문화의 장소로 가장 많이 방문하는 명동 지역을 중심으로 일본인 관광객을 대상으로 하는 간판 및 메뉴판의 일본어 표기의 현장실태를 조사하여 오용의 예를 형태별로 분류하여 표기의 다양한 오류의 원인을 살펴보고자 한다.

이를 위하여 '국어의 가나문자 표기법'[1]과 '일본어의 외래어 표기법'[2]을 기준으로 하여 명동 시내 음식점들을 대상으로 음식명 간판과 메뉴표시에 대한 표기 실태조사를 실시하였다. 명동은 한국관광공사의 외래 관광객 실태 조사(2014)에서 한국 여행 중 외국인이 가장 많이 방문하는 방문지 1위(62.4%)[3]로 선정된 대표적 유명 장소이기 때문이다.

---

1 대한교과서주식회사, 교육인적자원부 · 문화관광부 고시 및 공고「국어 어문 규정집」pp.412~417
2 일본 문화청, 내각고시 외래어 표기 검색 (검색일 2011.08.24)
　　http://www.bunka.go.jp/kokugo_nihongo/joho/kijun/naikaku/gairai/index.html
3 한국관광공사 통계자료실, 2014년 외래관광객 실태조사 결과보고서 (검색일 2015.06.20)
　　http://kto.visitkorea.or.kr/kor/notice/data/statis/tstatus/forstatus/board/view.kto?id=424410&isNotice=false&instanceId=295&rnum=1

2 외래어 표기법에 대한 연구

한국 음식명의 일본어 표기에 관해서는 이미 여러 연구가 보고되고 있다. 그중에서도 서울 지역의 일본어 간판과 메뉴를 대상으로 일본어 표기의 다양성을 조사한 박혜란(2007)[4], 서울(동부이촌동과 명동)과 부산(해운대와 국제시장)의 간판과 메뉴 표시를 조사하여 그 오류를 형식적 측면과 의미적 측면으로 나누어 분석한 김민경(2007)[5], 부산의 번화가의 음식점 및 가게의 간판과 식단표를 조사한 이정숙(2003), 일본 도쿄의 오쿠보(大久保)에서 사용되는 한국 음식 간판의 표기를 조사한 정준희(2007)[6]의 연구 등은 일본인들에게 한국의 음식을 어떻게 소개하고 있는 지를 살펴보고 그 오류와 원인을 분석하여 문제점을 지적하고 있어 여기서 다루는 명동 음식점들의 표기실태조사와 연관되는 부분이 많다. 또한 비교적 잘 알려져 있는 한국 음식 100단어를 선정하여 웹문서를 자료로 분석한 장원재(2009)[7], 10개의 호텔의 한식당 메뉴판의 음식명의 표기 유형을 분류한 유종근(2003)[8]의 연구는 향후 음식명의 일본어 표기를 어떻

4 박혜란(2007)「일본어 표기에 관한 연구 - 한국 음식명을 중심으로」한국외국어 대학교 대학원 일어문학과 박사학위 논문
5 김민경(2007)「일본어 표기의 실태와 오용 분석 - 간판과 메뉴를 중심으로」경기 대학교 교육 대학원 일본어교육과 석사학위 논문
6 정준희(2007)「한국어 고유명사의 일본어 표기에 관한 연구 - 東京 大久保지역의 한국어 간판을 중심으로」신라대학교 교육대학원 석사학위 논문
7 장원재(2009)「한국 음식명의 일본어 표기 혼용실태에 관한 일고찰 - 웹문서를 중심으로」『일본어 문학』45 일본어문학회
8 유종근(2003)「레스토랑 메뉴의 일본어 표기 유형에 관한 연구」『일어교육』23

게 개선해 나가야하는가에 대해 시사하는 바가 크다고 하겠다.

한편, 한국인 학습자를 대상으로 외래어 표기 실태조사를 통해 오용 비율을 분석하거나 효율적인 학습지도 개선을 위한 연구들도 있지만 대부분 고등학교 교과서 혹은 일본어능력시험에 나오는 영어의 일본어 외래어 표기 위주로 이루어지는 실태조사가 대부분이며 한국어를 일본어로 바꾸는 가나표기에 대한 연구는 부족한 것으로 보인다. 관광산업이 더욱 더 활성화됨에 따라 앞으로도 한국을 방문하는 일본인 관광객들이 증가하고 이에 맞선 일본어 표기의 다양한 형태를 취하는 상점들 또한 나날이 늘어날 것이다. 잘못된 표기의 간판이나 메뉴판 등은 한국문화에 관심을 갖고 찾은 일본인 관광객들에게 잘못된 인식을 심어줄 수 있고, 한국인들에게도 잘못된 표기를 계속해서 쓰게 하는 결과를 초래할 수 있기에 표기실태의 문제점과 심각성을 의식해야 할 필요가 있다.

여기에서는 기존의 연구들을 바탕으로 명동 시내에서 소개되고 있는 음식명에 대한 일본어 표기의 실태를 조사하고, '한국어의 가나문자 표기법'과 비교하여 어떠한 오용들이 있는지에 대하여 표기의 오류 형태를 10가지 항목으로 분류하고 오용의 원인을 음운적인 측면과 문자표기상의 측면으로 나누어 오용의 문제점들에 대해 살펴보고자 한다.

한국일본어교육학회

③ 한국어의 가나문자 표기법

현행 한국어의 가타카나 표기법에 대한 규정은 1987년 11월 17일에 문교부에서 발표한 편수자료 II-3의 '국어의 가나 문자 표기법'에 근거하고 있다. 1987년에 발표된 '국어의 가나 문자 표기법'은 공식적으로 한국어의 가타카나 표기규정으로서 발표된 것이 아니라, 교과서 편찬을 위하여 외래어 표기법의 편수자료[9]로서 발표되었다. 이러한 '국어의 가나 문자 표기법'이 개정되지 않은 채 현재까지 가타카나 표기법의 기준이 되고 있다.

그러나 이러한 문교부의 '국어의 가나 문자 표기법'이 있음에도 불구하고, 실제로 잘 지켜지지 않고 있어 여러 가지 형태의 표기가 나타나고 있다. 실제로 현행 12종의 고등학교 일본어 교과서의 표기조차도 통일을 이루지 못하고 있는 실정이다.

표기의 불일치 문제는 표기 혼란뿐만 아니라 의사소통, 일본어를 전공하는 학습자들의 문자표기 교육에 있어서도 혼란을 초래할 수 있다. 이에 문교부에서 발표한 '국어의 가나 문자 표기법'을 기준으로 실제로 거리에서 사용되고 있는 일본어 가나표기와 '국어의 가나 문자 표기법'의 규정 중에서 어떠한 표기가 잘 지켜지지 않고 있는지 알아보고, 일본어를 사용하는 사람들에게 올바른 표기를 할 수 있도록 개선점을 찾아보기로 한다. 지면관계상 1) 표기의

---

9 편수자료란 문교부에서는 현실에 부합하는 교과서를 제작할 목적으로 새로이 교과서 편수관을 위 촉해서 교과서 편수자료를 제작, 거기에서 새로운 외래어 표기법을 제정하여 그것을 각급 학교 교과서에 준용하도록 한 것이다.

기본원칙과 2) 표기 일람에 대해 간단히 소개하고 3)표기세칙은 생략한다.

1) 표기의 기본 원칙

제1항 국어의 가나 문자 표기는 국어의 표준 발음대로 적는다.

제2항 표기는 가타카나로 한다.

제3항 가나 문자는 음절 문자이므로 음절 단위로 적되, 국어의 '자음+모음' 음절은 두 박(mora)이 넘지 않게, 받침은 한 박이 넘지 않게 적는다.

2) 표기 일람

제1항 모음 음절은 다음과 같이 적는다.

〈표 1〉 단모음 음절

아	어, 오	우, 으	이	애, 에	외
ア	オ	ウ	イ	エ	ウェ

〈표 2〉 중모음 음절

야	여, 요	유	애, 예	위, 의	와	워	왜, 웨
ヤ	ヨ	ユ	イェ	ウィ	ワ	ウォ	ウェ

(붙임) 장모음 표기는 따로 하지 않는다.

제2항 '자음+모음' 음절은 다음과 같이 적는다.

<표 3> 파열음 및 파찰음

모음 자음	ㅏ	ㅓ, ㅗ	ㅣ, ㅡ	ㅣ	ㅐ, ㅔ
ㄱ, ㅋ, ㄲ	カ(ガ)	コ(ゴ)	ク(グ)	キ(ギ)	ケ(ゲ)
ㄷ, ㅌ, ㄸ	タ(ダ)	ト(ド)	トゥ(ドゥ)	ティ(ディ)	テ(デ)
ㅂ, ㅍ, ㅃ	パ(バ)	ポ(ボ)	プ(ブ)	ピ(ビ)	ペ(ベ)
ㅈ, ㅊ, ㅉ	チャ(ジャ)	チョ(ジョ)	チュ(ジュ)	チ(ジ)	チェ(ジェ)

모음 자음	ㅑ	ㅕ, ㅛ	ㅠ	ㅒ, ㅖ
ㄱ, ㅋ, ㄲ	キャ(ギャ)	キョ(ギョ)	キュ(ギュ)	キェ(ギェ)
ㄷ, ㅌ, ㄸ	テャ(デャ)	テョ(デョ)	テュ(デュ)	ティェ(ディェ)
ㅂ, ㅍ, ㅃ	ピャ(ビャ)	ピョ(ビョ)	ピュ(ビュ)	ピェ(ビェ)
ㅈ, ㅊ, ㅉ	チャ(ジャ)	チョ(ジョ)	チュ(ジュ)	チェ(ジェ)

모음 자음	ㄲ, ㅟ	ㅘ	ㅝ	ㅙ, ㅞ, ㅚ
ㄱ, ㅋ, ㄲ	クィ(グィ)	クヮ(グヮ)	クォ(グォ)	クェ(グェ)
ㄷ, ㅌ, ㄸ	トゥィ(ドゥィ)	トヮ(ドゥ)	トゥオ(ドゥオ)	トェ(ドェ)
ㅂ, ㅍ, ㅃ	プィ(ブィ)	プヮ(ブヮ)	プォ(ブォ)	プェ(ブェ)
ㅈ, ㅊ, ㅉ	チュィ(ジュィ)	チュヮ(ジュヮ)	チュオ(ジュオ)	チュェ(ジュェ)

(붙임) 'ㄱ, ㄷ, ㅂ, ㅈ'이 모음과 모음사이 또는 'ㄴ, ㄹ, ㅁ, ㅇ'과 모음 사이에서 울림소리로 소리 날 때에는 각각 'ダ, バ'행 및 'ジ'로 적고, 그밖에는 'カ, タ, パ'행 및 'チ'로 적는다.

<보기> 경기 : キョンギ   부전 : プジョン   안부 : アンブ

제주 : チェジュ   대덕 : テドク   완도 : ワンド

〈표 4〉마찰음

모음 자음	ㅏ	ㅗ, ㅓ	ㅜ, ㅡ	ㅣ	ㅐ, ㅔ	ㅑ	ㅕ, ㅛ
ㅅ, ㅆ	サ	ソ	ス	シ	セ	シャ	ショ
ㅎ	ハ	ホ	フ	ヒ	ヘ	ヒャ	ヒョ

모음 자음	ㅠ	ㅒ, ㅖ	ㅟ, ㅢ	ㅘ	ㅝ	ㅙ, ㅞ, ㅚ
ㅅ, ㅆ	シュ	シェ	スィ	スワ	スォ	スェ
ㅎ	ヒュ	ヒェ	フィ	フワ	フォ	フェ

(붙임) 모음 다음에 오는 '씨'은 'サ'행 앞에 'ッ(促音)'를 덧붙여 적
는다.

    <보기> 아가씨 : アガッシ   고씨 : コッシ

〈표 5〉비음 및 유음

모음 자음	ㅏ	ㅗ, ㅓ	ㅜ, ㅡ	ㅣ	ㅐ, ㅔ	ㅑ	ㅕ, ㅛ
ㅁ	マ	モ	ム	ミ	メ	ミャ	ミョ
ㄴ	ナ	ノ	ヌ	ニ	ネ	ニャ	ニョ
ㄹ	ラ	ロ	ル	リ	レ	リャ	リョ

모음 자음	ㅠ	ㅒ, ㅖ	ㅟ, ㅢ	ㅘ	ㅝ	ㅙ, ㅞ, ㅚ
ㅁ	ミュ	ミェ	ムィ	ムワ	ムォ	ムェ
ㄴ	ニュ	ニェ	ヌィ	ヌワ	ヌォ	ヌェ
ㄹ	リュ	リェ	ルィ	ルワ	ルォ	ルェ

제3항 폐음절인 받침은 다음과 같이 적는다.

〈표 6〉 폐음절 받침

받침	ㄱ, ㅋ, ㄲ, ㄳ, ㄺ	래, ㄿ, ㅂ, ㅄ, ㅍ	ㄷ, ㅌ, ㅈ, ㅊ, ㅅ, ㅆ, ㅎ	ㅁ, ㄻ	ㄴ, ㄵ, ㄶ, ㅇ	ㄹ, ㄽ, ㄾ, ㅀ
대표음	k	p	t	m	n, ŋ	l
표기	ク	プ	ッ(促音)	ム	ン	ル

(붙임1) 'っ'(促音)는 작게 적고, 'ン'을 제외한 다른 글자는 어느 쪽
　　　　도 허용한다.
　　　　<보기> 길 : キル キル　　박 : パク パク

(붙임2) 'ㄱ, ㄲ, ㅋ'과 'ㅁ, ㅂ, ㅍ' 받침은 다음의 경우 각각 'ッ'와
　　　　'ン'으로 적는다.
　　　　(1) 'ㄱ, ㄲ, ㅋ' 받침 아래에 'ㄱ, ㄲ, ㅋ' 초성이 오는 경우
　　　　　　역곡 : ヨッコク　　　　옥구 : オック
　　　　(2) 'ㅁ' 받침 아래에 'ㅁ, ㅂ, ㅃ, ㅍ' 초성이 오는 경우
　　　　　　남문 : ナンムン　　　　김포 : キンポ
　　　　(3) 'ㅂ, ㅍ' 받침 아래에 'ㅂ, ㅃ, ㅍ' 초성이 오는 경우
　　　　　　압박 : アッパク　　　　앞부리 : アップリ

4 일본어의 외래어 표기법

일본어의 외래어 표기법은 1954년 일본 '국어 심의회'에서 외래어를 3종류로 나눈 것에서부터 시작된다. 물론 여기서 말하는 외래어란 주로 서구에서 일본어로 유입된 단어를 뜻하는 것으로 유입된 이후 인식의 정도에 따라 다음 세 가지로 나눈다.

첫 번째로 사용되어온 역사가 길어 일본어에 완전히 융합되어 국민 일반이 이것을 외국어로 인식하지 않는 단어로 たばこ・かっぱ・きせる 등을 들 수 있다. 두 번째로 외국어라는 느낌을 충분히 가지고 있는 단어로 オーソリティー・フィアンセ 등을 들 수 있다. 마지막으로 이미 일본어로 정착되었으나 아직은 외래어라는 느낌이 남아 있는 단어로 オーバー・ラジオ 등이 해당된다.

이렇게 나눈 외래어는 표기관용이 굳어진 것들은 관용적으로 표기한다. 표기법이 고정되지 않아 두 가지로 표기되고 있는 것들은 일본인이 알아들을 수 있는 음을 기준으로 해서 일반 국민이 쓰기 쉽도록 편리한 쪽을 선택할 수 있도록 하여 일본어 음절에 없는 표기 23개를 만들고, 외국의 인명이나 지명을 표기할 때는 특별히 가나 9개와 새로 만든 표기 3개를 사용하도록 하였다. 이러한 시도는 원음을 가급적 살려서 표기하려고 시도한 것이었지만 특별한 제약 규정이 없어 혼란을 가중시켰다.

이후 1991년에 새롭게 1954년 국어심의회의 보고를 바탕으로 외래어 표기 기준을 제시하게 되었다. 내각고시라는 형태로 발표된 「외래어 표기」는 37년만의 개혁이라고 할 수 있다.

〈표 7〉 1991년 '외래어 표기'에 사용하는 가나(仮名)와 부호

제1표

ア イ ウ エ オ		
カ キ ク ケ コ		シェ
サ シ ス セ ソ		チェ
タ チ ツ テ ト	ツァ	ツェ ツォ
ナ ニ ヌ ネ ノ	ティ	
ハ ヒ フ ヘ ホ	ファ フィ	フェ フォ
マ ミ ム メ モ		ジェ
ヤ ユ ヨ		
ラ リ ル レ ロ	ディ	
ワ		デュ
ガ ギ グ ゲ ゴ		
ザ ジ ズ ゼ ゾ		
ダ デ ド		
バ ビ ブ ベ ボ		
パ ピ プ ペ ポ		

제2표

キャ キュ キョ		
シャ シュ ショ		イェ
チャ チュ チョ	ウィ	ウェ ウォ
ニャ ニュ ニョ	クァ クィ	クェ クォ
ヒャ ヒュ ヒョ	ツィ	
ミャ ミュ ミョ		トゥ
リャ リュ リョ	グァ	
ギャ ギュ ギョ		ドゥ
ジャ ジュ ジョ	ヴァ ヴィ ヴ ヴェ ヴォ	
ビャ ビュ ビョ	テュ	
ピャ ピュ ピョ	フュ	
ン(撥音)	ヴュ	
ッ(促音)		
ー(長音符號)		

위 표기 기준은 종래까지 별도로 제시되었던 인명, 지명에 관한 기준을 함께 싣고 있으며 외래어를 나타내는데 사용하는 가나(仮名)로써 「シェ」「ティ」「フィ」 등 새로운 33개의 음절을 인정하여 원음에 가깝게 표기함과 동시에 사회에 정착시키고, 관용적 표기도 존중하여 폭넓게 복수표기까지 인정하는 것을 큰 특징으로 하고 있다.

5 명동의 간판 및 메뉴판에 보이는 일본어 표기 실태

조사 대상지인 명동은 서울특별시를 상징하는 번화가로 조선시대에는 주택가였으나 일제강점기에 충무로가 상업지역으로 발전하면서 인접지역인 이곳도 그 영향을 받아 상가로 변하게 되었다. 중국 대사관과 명동성당 등을 제외한 대부분의 지역이 상가지역으로 한국의 금융 중심지이며 첨단 유행문화의 거리이기도 한 명동은 주변에 호텔이 많고, 유스호스텔까지 있어 한국을 방문하는 외국인 관광객이 가장 많이 찾는 번화가이기도 하다.[10]

조사기간은 2011년01월6일~01월29일까지이고, 외부에서 볼 수 있는 광고 간판과 메뉴판을 중심으로 사진 촬영한 후 엑셀에 메뉴를 정리하였다. 그러나 메뉴의 종류가 너무 많아 그 양이 너무 방대하고 상점에 따라 메뉴판의 외부 노출을 꺼려하거나 사진 촬영을 거부하는 곳들이 있어 입구에서 볼 수 있는 간판 및 메뉴판을 제시하고

---

10 네이버 백과사전, 명동검색 (검색일 2011.08.24)
    http://100.naver.com/100.nhn?docid=62191

있는 음식점 115군데를 대상으로 하여, 63개의 음식명을 문자유형 별로 분류하고, 표기의 오용을 10가지 항목으로 나누어 분석하였다.

1) 음식명에 대한 일본어 표기 유형

일본에서는 히라가나(平仮名), 가타카나(片仮名), 한자(漢字), 로 마자(ローマ字) 이렇게 4가지 문자가 표기에 사용된다. 이러한 탓에 일본어에만 나타나는 특이한 현상으로 같은 말이 여러 가지 문자로 표기될 수 있다. 예를 들면 우리말에서 '비가 내리다'를 일본어로 표 기할 경우에 'あめがふる' 'アメガフル' '雨が降る' '雨がふる' 'アメが降る' 등으로 표기할 수 있다. 이 중 가장 표준이 되는 것은 '雨が降る' 로 표 의문자인 한자와 표음문자인 히라가나를 섞어서 쓰는 것이다.

가나라는 명칭은 에도(江戸, 1603-1867년)시대가 되면서 쓰이기 시작했는데, 참글자(한자)가 아닌 빌린 글자라는 의미이다. 헤이안 (平安, 794-1192)시대에 정식문장은 한문이었으며, 히라가나의 발 달은 만요가나(万葉仮名)를 기초로 하여 그 초서체가 간략화되어 성 립되었다. 가타카나는 한자의 자획 일부를 생략해서 만든 것으로 헤 이안 시대에 성립되었으며, 학승이 불교경전이나 한문 훈독을 위해 서 훈의 기입, 사전의 주석이나 주해를 행간에 기입하는데 썼던 표기 이다. 그 때문에 좁은 행간에 써 넣을 수 있도록 대부분은 간략하게 한자의 부수 일부분을 취하거나 약자처럼 쓴 것이다.

명동에서 일본어로 쓰인 간판 언어의 종류로는 히라가나, 가타카 나, 한자, 한자와 가나의 혼용, 한글 등 다양하게 표기되어 있었다. 다음은 분석대상의 음식명을 문자 유형별로 표기 분류한 결과이다.

분석한 언어자료는 음식명 63개로 총 707개의 표기 중 히라가나 표기가 54개로 7.6%, 가타카나 표기가 231개로 32.6%, 한자표기가 56개로 7.9%, 일본어의 혼용표기가 366개로 51.7%를 차지하였다.

그 결과는 그림1과 같다.

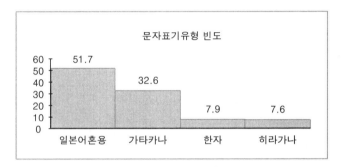

〈그림1〉 명동 실태조사 문자 유형별 분류

<그림1>에서 볼 때 분석대상의 음식명 간판을 문자표기에 따라 분류된 것 들 중에 일본어 혼용 표기로 분류된 메뉴 어휘 자료가 가장 많은 비중을 차지하고 있음을 알 수 있다.

2) 일본어 표기 오용의 유형

지금까지 살펴본 바와 같이 명동의 음식점에서 제시하고 있는 음식명들의 표기 사례들은 한국어 발음만을 표기한 경우와, 일본어로 설명하는 표기, 혼합 표기 등 한 가지 음식을 표기하는데도 표기 방법이 아주 다양하게 나타났다. 이에 표기의 다양한 오류 형태를 10 가지 항목으로 나누어서 오용의 원인에 대해 음운적인 측면과 문자 표기상의 측면에서 살펴보기로 한다. 음운적인 측면에서는 청음과 탁음·반탁음, 발음, 촉음, 장음, 요음, 자음과 모음 음절별로, 문자표 기상의 측면에서는 한자, 유사문자, 가나혼용, 기타(의미파악이 안 되는 경우)로 나누어 고찰하였다.

《음운적인 측면》

(1) 청음과 탁음, 반탁음에 대한 변별력 부족으로 인한 오용

음식명 표기가 다양성을 띠게 된 큰 원인 중 하나로 청음과 탁음, 반탁음에 관한 문제를 들 수 있다. 이에 관해서는 많은 예들을 볼 수 있다. 특히 한국어의 어두, 어중, 어말 'ㄱ(か/が행), ㄷ(た/だ행), ㅂ(は /ぱ/ば행)' 의 자음을 포함한 음절을 청음표기로 할 것인지 아니면 탁 음, 반탁음 표기로 할지가 문제가 된다. '국어의 가나 문자 표기법' 제1장 표기의 기본원칙 제1항에 따르면 '국어의 가나 문자 표기는 국어의 표준 발음대로 적는다.'로 되어있다. 즉, 같은 문자로 표기 되 었더라도 어디에 위치하고 어떻게 발음되느냐에 따라 가나 표기법 이 달라진다. 다음은 실태조사에서 나온 예이다.

① 순두부찌개 : スン<u>ト</u>ウ<u>フ</u> → スン<u>ド</u>ウ<u>ブ</u>

　　　　　　　スン<u>ト</u>ゥブチゲ → スン<u>ド</u>ゥブチゲ

② 부대찌개 : <u>ブ</u>デチゲ → <u>プ</u>デチゲ

③ (양념)돼지갈비 : ヤンニヨム<u>カ</u>ルビ → ヤンニヨム<u>ガ</u>ルビ

④ 삼겹살 : サムキュブサル → サムギュプサル

ヤチェサムギョブ → ヤチェサムギョプ

⑤ 불고기 : ブルゴギ → プルゴギ

ブルコギ → プルゴギ

プルコギ → プルゴギ

ブルゴキ → プルゴギ

プルコキ → プルゴギ

⑥ 등심 : コッドウンシン → コットウンシン

⑦ 낙지볶음 : ナクチポックン → ナクチボックン

⑧ 게장 : カニゲジャン → カニケジャン

⑨ 비빔밥 : ビビンパ → ビビンバ

ビビソハ → ビビンバ

ビビンパブ → ビビンバプ

ビビソペ → ビビソペ

⑩ 칼국수 : カルクッス → カルグッス

⑪ 김밥 : キンパプ → キンバプ

⑫ 돈까스 : どんカツ → とんカツ

ドンがス → トンカス

⑬ 떡볶이 : トックボックガ → トックポックガ

⑭ 해물파전 : ヘムルパチョン → ヘムルパジョン

ハアムルチオン

パアチオン

어두, 어중, 어말 모두 'ㄱ(か・が행), ㄷ(た・だ행), ㅂ(は・ぱ・ば행)'이 보였고, 어중에서는 ㅈ(た・だ・ざ행)의 'チ・ヂ・ジ'의 표기도 볼 수 있었다. '국어의 가나 문자 표기법' 제2장 표기일람 제2항에는 'ㄱ, ㄷ, ㅂ, ㅈ'이 모음과 모음사이 또는 'ㄴ, ㄹ, ㅁ, ㅇ'과 모음 사이에서 울림소리로 소리 날 때에는 각각 'ダ, バ'행 및 'ジ'로 적고, 그밖에는 'カ, タ, パ'행 및 'チ'로 표기하도록 되어 있다. 따라서 ④ 삼겹살의 '겹', ⑤ 불고기의 '고기', ① 순두부찌개의 '두부' 등은 어중에 위치하므로 탁음 표기를 해주어야 마땅한데, 청음으로 표기하고 있다.

그 밖에 청음을 탁음으로, 탁음을 청음으로 표기하는 오용을 들 수 있다. 이것은 한국어의 발음을 일본어로 표기하는데 있어 표기 법칙에 관련된 오용이라기보다 일본어 문자를 기초 학습하는데 있어 청음과 탁음을 제대로 구분하지 못한 데서 비롯된 오용이라 할 수 있다. 그 예는 다음과 같다.

① 오뎅탕 : かまほこ湯 → かまぼこ湯

② 물냉면 : みすレナーメン → みずレナーメン

③ 소바 : そは → そば

④ 제육볶음 : フタニクボクム → ブタニクボクム

⑤ 전복죽 : あわびがゆ → あわびかゆ

⑥ 불고기 : やぎにく → やきにく

⑧ 삼겹살 : 豚三段パラ → 三段バラ

⑨ 간장게장 : 醬油漬けわたりがに → 風味のかに

⑩ 해물파전 : 海物とネキのお好み焼き → 海産物とネギのお好み焼き

(2) 받침오용

① 동태찌개 : トンタテチゲ

② 오뎅탕 : オデングタング

③ 숯불통갈비 : スッブルトングガルビ

④ 삼겹살 : サンギョプサル

　　　　　　サムギョッサル

　　　　　　セングサムギョプサル

　　　　　　ヤチェサムギョブサル

⑤ 등심 : コッドゥンシン

⑥ 낙지볶음 : ナツチボクム, ナクチポックン

⑦ 잡채 : ザップチェ, チャッチェ

⑧ 비빔밥 : ビビムバアブ, ピビムパッ, ビビンパブ, ビビンパツ, ビビンムパブ

⑨ 칼국수 : カルグッス

⑩ 떡볶이 : トッポッキ, トックボックが

⑪ 차돌박이 : チァドルバックが

⑫ 해물파전 : 海産物ビンデトック

⑬ (왕)돈까스 : ワングドンがス

⑭ 육회 : ユッケ

　위 예들에서는 'ㅇ, ㅁ, ㅂ, ㄱ, ㄲ,'의 받침들이 다양하게 표기되고
있었다. 'ㅇ'의 받침을 'ン+タ, ン+グ'와 같이 필요하지 않는 タ와 グ의
받침을 추가하고 있고, 'ㅁ'의 받침을 'ン'으로, 'ㅂ'의 받침을 'ッ,

ブ、プ’로, ‘ㄱ, ㄲ’의 받침은 ‘ッ’로 표기하고 있다.

‘국어의 가나 문자 표기법’ 제2장 표기일람 제3항의 받침규정에서는 ‘o’은 ‘ン’, ‘ㅁ’은 ‘ム’, ‘ㅂ’은 ‘プ’, ‘ㄱ, ㄲ’은 ‘ク’로 표기하도록 규정하고 있지만, ‘ㄱ, ㄲ, ㅋ’과 ‘ㅁ, ㅂ, ㅍ’ 받침은 다음의 경우 각각 ‘ッ’와 ‘ン’으로 표기한다는 예외규정이 있다. 그 예외규정은 다음과 같다.

> (1) ‘ㄱ, ㄲ, ㅋ’ 받침 아래에 ‘ㄱ, ㄲ, ㅋ’ 초성이 오는 경우
>
> 역곡 : ヨッコク　　　옥구 : オック
>
> (2) ‘ㅁ’ 받침 아래에 ‘ㅁ, ㅂ, ㅃ, ㅍ’ 초성이 오는 경우
>
> 남문 : ナンムン　　　김포 : キンポ
>
> (3) ‘ㅂ, ㅍ’ 받침 아래에 ‘ㅂ, ㅃ, ㅍ’ 초성이 오는 경우
>
> 압박 : アッパク　　　앞부리 : アップリ

즉, 위의 받침규정에 의하면 ⑧의 ‘비빔밥’은 예외규정 (2)에 해당하므로 ‘ㅁ’ 받침을 ‘ン’으로 표기하여 ‘ビビンパ·ビビンパプ’로, 그 이외의 ④ 삼겹살, ⑤ 등심, ⑥ 낙지볶음의 경우는 ‘ㅁ’ 받침을 ‘ム’로 표기하여 각각 ‘サムギョプサル’ ‘トゥンシム’ ‘ナクチボクム’로 표기하여야 한다.

또한 ‘국어의 가나표기법’ 제3장 표기세칙 제1항 ‘받침소리가 연음되는 경우에는 소리 나는 대로 적는다.’에 따르면 (3)에 ‘ㄱ ㄷ ㅂ ㅈ’이 ‘ㅎ’과 어울려 나는 소리를 다음과 같이 표기하고 있다.

백학[배칵] : ペカク   집합[지팝] : チパプ

좋다[조타] : チョタ   맞히다[마치다] : マチダ

그러므로 ⑭ 육회의 경우는 'ユッケ'가 아니라 'ユケェ'로 적는 것이 맞다.

그러나 'ㄱ, ㅁ'을 'ク, ム'로 표기했을 때 우리말의 1음절이 2음절이 되면서 어색한 발음이 되기 쉽다. 이 부분은 앞으로 한국어 표기에 대한 연구를 거듭하여 보다 원음에 가까운 표기 방향으로 개선되어야 할 점이라 본다.

(3) 촉음 추가 및 탈락되는 경우

① 육회 : ユッケ

② 닭갈비 : ダックカルビ

③ 잡채 : ザップチェ

④ 떡볶이 : トックボックが, トッポキ

⑤ 차돌박이 : チァドルバッギ

⑥ 오징어볶음 : オヂンアボクム

'국어의 가나문자 표기법' 제2장, 제2항 마찰음에서는 '모음 다음에 오는 'ㅆ'은 'サ'행 앞에 'ッ(촉음)'을 덧붙여 적는다.'고 명시하고 있다. 예를 들어 '아가씨'의 경우 [ㅇ+ㅏ+ㄱ+ㅏ+ㅆ+ㅣ]에서 'ㅏ' 다음에 'ㅆ'이 오기 때문에 'ㅆ' 앞에 'ッ(촉음)'을 표기해야 한다. 그러나 위의 ①~⑤의 경우는 파열음과 파찰음 다음에 'ッ(촉음)'를 붙였기 때문에 촉음을 부적절하게 사용한 예로 간주되며, ⑥의 경우는 '국어의 가나문자 표기법' 제2장, 제3항 받침규정에 의해 ボ와 ク 사이에 촉음을 표기해야 한다. 그러므로 아래와 같이 수정되어야 한다.

① 육회 : ユッケ → ユケェ

② 닭갈비 : ダックカルビ → ダクカルビ

③ 잡채 : ザップチェ → ザプチェ

④ 떡볶이 : トックボックが, トッポキ → トクポギ

⑤ 차돌박이 : チァドルバッギ → チァドルバギ

⑥ 오징어볶음 : オヂンアボクム → オヂンアボックム

이러한 촉음 삽입 현상은 실제 발화에서도 일어나는데, 촉음이 없는 곳에 촉음을 넣어 발음하는 경우이다. 예를 들면 '見てください'를 '見ってください'로 발음하는 학습자들이 많다.

김봉택, 신용태(1988)[11]는 한국인 학습자의 발음에서 '来て'의 'き'와 'て' 사이에 촉음이 삽입되는 주된 원인이 'て'를 'で'로 발음하지 않으려는 노력이 지나쳤기 때문이며, 이러한 현상은 파열음 사이에서 가장 두드러지게 나타난다고 지적하고 있다. 또 일본어의 파열음을 발음하기 위하여 구강을 폐쇄시킨 결과, 구강내의 공기의 압력이

---

11 민광준(2000)「한국인 학습자의 일본어 발음에 나타나는 촉음 삽입 현상」『일본문화학보』 제9호, pp.75~92

촉음을 생성하게 하는 요인을 가중시킨다고 주장하였다. 이것은 본 조사와도 일치하는 부분으로 파열음 및 파찰음 사이(예: '닭갈비'에서 ダ와 ク 사이에, '잡채'에서 ザ와 プ 사이에, '떡볶이'에서 ト와 ク 사이)에 촉음이 불필요하게 사용되었다. 일본어는 촉음이 있고 없음이 단어의 의미를 구별하는 변별기능을 갖고 있어 단어 또는 문장 전체의 리듬과 의미에 영향을 끼칠 수 있기 때문에 주의해야할 항목이라고 생각한다.

(4) 장음 표기로 인한 오용

일본어에서는 'こうこう'(高校), 'コーヒー'(coffee)의 밑줄 친 부분처럼 앞 글자의 발음을 1박자만큼 길게 발음하는 경우를 볼 수 있다. 이처럼 바로 앞 글자의 모음을 음가를 변화시키지 않은 채 그대로 1박자만큼 길게 늘여서 발음하는 음을 장음 또는 장모음이라 한다. 장음은 1박자만큼의 길이를 유지하는 것이 중요하다. 따라서 'こうこう'와 'コーヒー'는 모두 4박자의 길이를 갖는 4박 단어에 해당한다.

일본어에서는 소리의 길이가 단어의 뜻을 구별하는 역할을 한다. 예를 들면, 한국어의 '아저씨'는 일본어로 'おじさん'이라 하고, '할아버지'는 'おじいさん'이라 한다. 한편 '아주머니'는 일본어로 'おばさん', '할머니'는 'おばあさん'이라 하는데, 이들 두 쌍의 단어는 다음 그림에서 나타낸 것처럼 'じ'와 'じい', 'ば'와 'ばあ'의 차이로 구별된다. 즉, 'おじさん'과 'おばさん'은 4박 단어, 'おじいさん'과 'おばあさん'은 5박 단어이다.[12]

お	じ	さ	ん

お	ば	あ	さ	ん

お	じ	い	さ	ん

お	ば	さ	ん

따라서 일본어는 장음이 문자로 표기되고 그에 따라 의미가 달라지는데 장음의 문자 표기에 익숙지 않은 한국인은 실제로 위와 같이 'おじさん'과 'おじいさん'과 같은 구별이 쉽지 않을 것이다.

다음은 실태조사에서 나온 장음표기에 관한 오용의 예이다.

① 라면 : らあめん

② 만둣국 : ギョウサスープ, 手作りギョウサ

③ 닭도리탕 : ニワトリタアン

④ 파전 : パアチオン

⑤ 해물파전 : ハアムルヂオン

⑥ 비빔밥 : ビビムバアブ

⑦ 골뱅이무침 : ユルベソイムチイム

⑧ 우동 : うーどん

⑨ 국수 : お盆マックッスーうどん

⑩ 물냉면 : みすレナーメン

⑪ 비빔냉면 : からいまぜレナーメン

⑫ 돈까스 : とんーカツ

12 한국일어일문학회((2003)『일본어는 뱀장어 한국어는 자장』글로세움, pp.51 ~52

⑬ 자장면 : ジャ—ジャ—メン

⑭ 부대찌개 : <u>ソセジ</u>の寄せチゲ

⑮ (모듬)소세지 : 寄せソ—<u>セジ</u>

⑯ 사골우거지탕 : 牛肉と野菜<u>スプ</u>ご飯付

①, ②는 장음부호표시 대신 모음을 추가한 경우이며, ③~⑬는 길게 발음 하는데서 오는 오용의 예로 볼 수 있다. 국어의 가나문자 표기법 '제2장 표기일람 제1항'에 따르면 장모음 표기는 따로 하지 않는 것을 원칙으로 하고 있다. 그러므로 문자 표기에서 장음표기를 하지 않는 한글을 가타카나로 표기할 때 굳이 ⑨ お盆マックッス—うどん, ⑩ みすレ ナ—メン, ⑪ からいまぜレナ—メン처럼 장음표시를 추가할 필요가 없다.

한편 ⑭~⑯의 경우는 짧게 발음하는 데서 오는 오류의 예라고 볼 수 있다.. ⑭는 ソーセージ를 ソセジ로 짧게 발음하여 ソ와 セ 뒤에 장음 부호가 탈락된 경우이고 ⑮는 セ 뒤에 장음부호가 탈락된 경우이다. ⑯ スプ는 スープ로 중간에 장음표시를 해줘야 한다.

또한 ⑭~⑯의 경우는 일본식 외래어 표기법을 잘 모르는 경우에 도 해당할 수 있다. カタカナ의 장음표기 규정은 內閣告示「外来語の表 記」에서는 영어의 -a, -ur, -ea등과 영어의 語末의 -er, -or, -ar 등에 해 당하는 것은 원칙적으로 장음부호「—」를 사용한다.

(5) 자음 + 모음 음절의 잘못된 사용

① 된장찌개 : <u>テン</u>ジャンチゲペッパ

② 조기찌개 : <u>チオキチゲ</u>

③ 해물파전 : <u>ハアムルヂオン</u>, <u>パアチオン</u>

⑤ 차돌박이 : <u>チ</u>ァドルパックが

⑥ 육회 : ユッ<u>ケ</u>

한국어의 가나문자 표기법 제1장 제3항에 의하면 가나 문자는 음절 문자이므로 음절 단위로 적되, 국어의 '자음+모음' 음절은 두 박(mora)이 넘지 않게 표기하여야 한다. 위의 예는 이러한 자음+모음의 표기의 원칙을 잘 인지하지 못하여 일어난 오류라고 볼 수 있다.

①'된장찌개'에서 '된'을 'テン'으로 한 박이 되도록 표기 하였는데 이는 발음상 'トェン'으로 표기해야 할 것이며, ②'조기찌개'의 경우 '조'는 'チオ'가 아니라 'チョ'로 발음하여야 하며, ⑤'차돌박이'의 '차'는 'チァ'가 아니라 'チャ'로 표기해야 한다. ⑥의 경우는 '육'의 받침 'ㄱ'이 'ㅎ'과 어울려 연음(음절의 초성화)이 되기 때문에 발음상으로는 '유쾌'가 되어서 'ユクェ' 라고 표기해야 한다. 그리고 ③의 경우 '해'를 'ハア'로, '파'는 'パア'로 표기하였는데 공통적으로 '장모음은 따로 표기하지 않는다.' 는 원칙에서 보았을 때 잘못된 표기이며 각각 'ヘムルジョン' 'パジョン'라 표기해야 한다.

한국어에 비해 일본어는 모음이 부족한 관계로 한국어의 자음+모음 음절을 일본어로 표기하려면 자음과 모음의 복잡한 결합이 이루어 질 수밖에 없다. 위의 ② 조기찌개의 경우는 '조'를 'チオ'로 표기하였는데 이는 'ィ, ゥ, ェ, ォ, ヤ, ュ, ョ' 등의 반모음 음절을 적용하지 못하여 발생한 오류로도 볼 수 있다.

(6) 직음과 요음의 변별력 부족에서 오는 오용

한국어는 문자의 크기에 따라 의미가 달라지지 않지만 일본어는
촉음과 요음이라는 특수한 문자가 있어 문자크기에 따라 의미가 달
라진다. 그러나 명동 실태조사에 의하면 작게 써야 할 문자를 크게
표기 하면서 한국어의 원음과는 전혀 다른 소리가 나도록 잘못 표기
된 예들이 다수 발견되었다. 그 예는 다음과 같다.

    ① 순두부찌개 : スントウフ, スンドウブチゲ

    ② 된장찌개 : ウロントエンチヤソチゲ

    ③ 조기찌개 : チオキチゲ

    ④ (양념)돼지갈비 : ヤンニヨムカルビ

    ⑤ (양념)소갈비 : 味付け牛ガルビ定食, 味付け牛カルビ, 味付け牛短カルビ

    ⑥ 삼겹살 : ウギヨツサル, サムギヨツサル

    ⑦ 등심 : コットウンツム

    ⑧ 낙지볶음 : ナツチボクム

    ⑧ 두부김치 : トウフキムチ

    ⑩ 해물파전 : ハアムルヂオン

    ⑪ 파전 : パアチオン

위의 밑줄 친 부분은 일반글자체인 직음과 요음, 촉음의 반 글자체
를 구별하지 못하여 발생한 오용으로 보인다.

《문자표기상의 측면》

(1) 일본어에서 사용되지 않는 한자 사용

한자는 고대 중국어에 기원을 갖는 뜻글자로 현재 중국과 일본 그리고 우리나라에서 사용되고 있으며, 이전에는 베트남과 같은 중국 문화의 영향을 받은 지역에서도 사용되었다[13]. 일본에 한자가 처음으로 수입된 것은 4세기 말에서 5세기 초로 추정된다. 일본의 오진(応神) 왕 때, 백제왕이 아직기를 보냈다. 아직기의 높은 학문에 탄복한 일본 왕이 "그대보다 뛰어난 학자가 있는가?" 하고 묻자, 그는 "왕인(王仁)이라는 인물이 있습니다." 라고 답했다. 이에 일본 왕은 왕인을 초빙해 태자를 가르치게 했다. 당시 왕인은 논어 10권과 천자문 1권을 갖고 갔는데, 이가 한자 전래의 시초가 되었다고 한다[14].

일본의 한자는 메이지(明治) 시대에 들어와 국자개량론(国字改良論)이 대두되면서 한자를 합리적인 수준에서 제한하려는 움직임이 활발해졌다. 1946년에 이르러 일반생활에서 쓰는 한자 1,850字를 당용한자표(当用漢字表)로 공표하여 사용하게 되었다. 1949년에는 당용한자자체표(当用漢字字体表)가 발표되고 이때 획수가 적고 자체가 간단한 것은『강희자전(康熙字典)』의 정자체(正字体)를 그대로 사용하였으나, 획수가 많고 자체가 복잡한 한자 5백 자에 대해서는 다음의 예와 같이 간략화 즉 약자화 하였다.

---

13 한국일어일문학회(2003)『일본어는 뱀장어 한국어는 자장』글로세움, p.67
14 한국일어일문학회(2003)『일본어는 뱀장어 한국어는 자장』글로세움, p.72

壓 → 圧(압) 醫 → 医(의) 榮 → 栄(영) 應 → 応(응) 假 → 仮(가)

會 → 会(회) 學 → 学(학) 號 → 号(호) 國 → 国(국) 體 → 体(체)

　1981년에 이르러서는 그동안의 연구·검토 결과 1850자에 다시 사용빈도가 높은 95자를 추가·보완하여 1,945자를 상용한자표(常用漢字表)[15]로 제정하고, 이를 내각고시로 공표하여 사용해오다가[16] 지난 2010년 지난 11월30일, 29년 만에 새로운「상용한자표」가 내각에서 고시되었다. 이번 개정에서는 196글자를 추가, 5자를 삭제하여 합계 2,136자이다. 최근에는 문서 작성이 직접 쓰는 것에서 컴퓨터 입력으로 이행되었기 때문에 획수가 많다는 이유에서 제외되었던「俺」,「鬱」,「語彙」의「彙」등이 추가되었다.「丼」「鍋」「麺」「爪」「枕」등 생활 속에서 자주 사용되는 글자도 추가되었다. 또 의외로 지금까지는 지역을 나누는 행정단위 즉, 토도후켄(都道府県) 명으로 사용된 한자 중에서「茨」「栃」「埼」등 11자가 상용한자표에 게재되어 있지 않았었는데 이번 개정으로 모두 추가되었다. 학교 교육에서는 2012년도부터 새로운 상용한자의 읽기를 중학교, 쓰기를 고등학교에서 배우고, 15년도부터 고등학교·대학 입시의 출제가 시작 된다[17] 고 되어있다.

15　상용한자표란, 법령과 공용문서, 신문, 잡지, 방송 등, 현대 국어를 쓸 때 한자사용의 표준으로서 나라가 정한 것이다. 관할 관청인 문화청은 상용한자표에 기재되어 있는 글자는 한자로 표기하고, 표에 없는 것은 가나를 덧말표기하거나 히라가나로 쓰는 것이 바람직하다고 되어 있다.
16　한국일어일문학회((2003)『일본어는 뱀장어 한국어는 자장』글로세움, pp.78~80
17　http://www.bunka.go.jp/ (검색일 2011.08.23)

パソコン時代に対応、「常用漢字表」改定
人名への使用に心配の声も

　去る11月30日、新しい「常用漢字表」が内閣から告示された。常用漢字表と
は、法令や公用文書、新聞、雑誌、放送など、現代の国語を書き表すとき
の漢字使用の目安として、国が定めたものだ。管轄官庁である文化庁は、
常用漢字表に記載されている字は漢字で記し、表にないものは、ふりがなを
つけるか、ひらがなで書くことが望ましいとしている。この常用漢字表は、
1981年にそれまでの基準であった「当用漢字表」に代わって制定されたが、
今回、29年ぶりに大幅に見直された。

　今回の改訂では、196文字を追加、5字を削除して計2136字となった。近
年では文書作成が手書きからパソコン入力に移行したため、画数が多いなど
の理由で外されていた「俺」、「鬱」、「語彙」の「彙」などが追加された。「丼」
「鍋」「麺」「爪」「枕」など、生活の中でよく使う字も追加されている。また意外
なことだが、これまでは都道府県名に使われる漢字の中で、「茨」「栃」「埼」
など11字が常用漢字表に載っていなかったのだが、今回の改訂ですべて追
加された。学校教育では、2012年度から新しい常用漢字の読みを中学、
書きを高校で学び、15年度から高校・大学入試への出題が解禁される。

　한국과 일본에서 사용하는 한자는 공통적으로 사용되고 있는 것
도 많지만 한국의 경우 중국의 간체자(簡體字) 성립 이전의 정자체
(正字體)를 그대로 현재도 쓰고 있고 일본은 약자를 사용하기 때문
에 비슷해 보이지만 다른 한자들도 있다. 이와 같은 이유 때문에 실

제 명동의 표기 조사 결과에서도 한국의 정자체 한자를 일본어로 번역해 놓은 어휘 속에 그대로 사용하면서 일본인들이 사용하지 않는 한자가 어휘 속에 그대로 표기된 예들이 발견되었다. 정자체는 일본에서는 사용되지 않는 한자이기 때문에 일본어 표기 속의 정자체는 일본어식에 맞게 약자 표기로 정정되어야 한다고 생각한다. 정자체로 사용된 어휘는 다음과 같다.

① 参 / 参 / 蔘 과 鷄 / 鶏

- 삼계탕 : 参鷄湯, 参鶏湯, 蔘鷄湯, 蔘鶏湯, 人蔘蔘鷄湯
- 닭도리탕 : 鷄と野菜鍋, 鷄味付け湯, 鷄肉の辛味煮込み

② 燒 / 焼 / 燒

- (양념)돼지갈비 : 燒き生カルビ, 炭燒きカルビ, 豚のカルビ燒き, 豚のカルビ(燒き)
- 불고기 : きのこ燒き肉, 土燒きのブルゴギ, きのこ燒肉, 燒き肉
- 계란말이 : 卵燒き
- 닭갈비 : 鷄のガルビ燒き
- 오삼불고기 : いかの燒き
- 해물파전 : 海産物とネギのお好み燒き, 海産物とネギのお好み燒き, 海産物とネギのお好み燒き, 海のものお好み燒き
- 파전 : ねぎお好み燒き
- 돌솥비빔밥 : 石燒ビビソバ, 石燒ビビンバ, 石燒きビビンバ, 石燒きビビシバ, 石燒ビビンパプ
- 소바 : 焼きそば

③ 麵 / 麵

- 냉면 : 冷麵, 冷麵(ネンミョン)
- 물냉면 : 肉のスープ冷麵
- 낙지볶음 : たご辛炒め物+麵
- 골뱅이무침 : 素麵とサザエの和えもの

④ 國 / 国

- 된장찌개 : 韓國式みそチゲ
- 곱창전골 : 韓國式モツすき
- 국수 : 韓國式そば
- 만둣국 : 韓國式餃子スープ

⑤ 海 / 海

- 해물탕 : 海産物の盛合せの煮るスープ
- 해물파전 : 海鮮バジョン(チヂミ), 海鮮チヂミ, 海産物とネギのお好み焼き,
  海産チヂミ, 海産物とネギのお好み焼き, 海鮮ネギチヂミ

⑥ 冷 / 冷

- 냉면 : 冷麵(ネンミョン)
- 물냉면 : 肉のスープ冷麵

⑦ 産 / 産

- 해물파전 : 海産物とネギのお好み焼き

⑧ 食 / 食

- (양념)소갈비 : 味付け牛ガルビ定食
- (간장)게장 : 辛いわたりガニの定食

'參, 鷄, 燒, 麵, 國, 海, 冷, 食'의 정자체가 일본어로 표기된 어휘 속에 등장하고 있다. 그 중에서도 '삼계탕'은 한 어휘 속에 등장하는 두 개의 정자체로 인해 '삼'을 한자로 표기하는 과정에서 '參 / 蔘 / 参' 세 가지 한자가 등장하는데 '參, 蔘'은 '参'의 정자체이고 사전으로 '인삼'이라는 단어를 찾아봤을 때 '삼'은 '参'으로 일본식 약자를 사용하고 있다. 정자체 약자체뿐만 아니라 産 / 産, 燒 / 焼, 冷 / 冷, 蕈 / 茸과 같이 중국의 간체자를 사용하기도 하고, 파전 巴戰, (양념)소갈비 花霜降りロース, 만두 嬌姿, 동태찌개 動態すき焼き, 된장찌개정식 田舍テンジャンチゲ正式 같이 한자의 의미가 전혀 다른 한자를 사용하는 경우도 있었다.

(2) 유사한 문자에서 발생되는 오용

일본과 우리나라는 오랜 동안 한자 문화권의 영향 하에 있었던 나라였지만, 드물게 고유의 문자를 갖고 있는 나라이다. 우리의 한글에 해당하는 일본의 문자는 히라가나(ひらがな)와 가타카나(カタカナ)이다. 하나의 음을 나타내는데 고유의 문자가 2종류나 존재하는 예는 세계적으로도 특이한 케이스라고 할 수 있다[18].

히라가나는 헤이안 시대 중기인 10세기경에 만요가나(万葉仮名)가 더욱 간략화 되면서 생겨났다. 한자는 복잡한 점과 획을 갖는 글자들이 많아서 쓰기 편한 초서체의 만요가나가 널리 사용되었다. 이렇게 초서체로 쓰인 만요가나를 '소가나'(草仮名)라고 하는데, 이 소가나의 점과 획을 더욱 간략화한 것이 '히라가나'이다.

가타카나는 만요가나로 사용되던 한자의 초서체가 간략화 되어 만들어진 히라가나와는 달리 만요가나로 사용되던 한자들 중 일부를 떼어서 만든 글자[19]로 か／カ, き／キ, せ／セ, に／ニ, め／ぬ, れ／ね, う／ラ, ク／ワ, シ／ツ, ソ／ン, テ／チ 등과 같이 표기가 비슷한 문자들이 많다. 명동에서도 이와 같이 문자의 유사성이나 히라가나와 가타카나를 제대로 숙지하지 못한데서 발생하는 오용들이 발견되었다. 그 예는 다음과 같다.

①ン 과 ソ
- 라면 : ラーメソ
- 된장찌개 : ウロントエンチヤソチゲ
- 골뱅이무침 : ユルベソイムチイム
- 돌솥비빔밥 : 石燒ビビソバ, いしやきビビソパ
- 비빔밥 : ビビソハ, ビビソペ

②シ 와 ツ
- 꽃등심 : コットウンツム

③コ 와 ユ
- 계란말이 : タマユマリ
- 골뱅이무침 ユルベソイムチイム

---

19 한국일어일문학회(2003)『높임말이 욕이 되었다』글로세움, pp.36～38

④ ル 와 レ

- (양념)돼지갈비 : 豚のカレビ

⑤ う 와 ラ

- 라면 : ゔーメン

①~⑤는 문자의 유사함에 비롯한 오용이다. 일본어는 문자의 형태가 비슷한 문자가 많기 때문에 기초 학습에서 정확한 문자의 형태를 익혀야 할 필요가 있다.

(3) 가타카나와 히라가나 문자 혼용

① 파전 : チジミが

② 차돌박이 : 牛チャドルペぎ, チァドルバックが

③ 간장게장 : 辛いわたりガにの定食

④ 오삼불고기 : いかゔルゴギ

⑤ 해물파전 : 海鮮チぢみ

⑥ 돈까스 : ワングドンがス

⑦ 떡볶이 : トックボックが

국어의 가나문자 표기법 제1장 제2항에서는 국어를 일본어로 표기할 때 원칙적으로 가타카나로 표기하도록 되어있다. 단어 자체가 히라가나로 쓰여 있다면 일부러 히라가나를 사용했다고 생각되겠지만 가타카나와 히라가나를 혼용한 것은 가타카나와 히라가나를 명확하게 구분하지 못하기 때문에 발생한 오용이라 생각된다.

(4) 기타(의미파악이 안 되는 경우)

① ハ 와 ヘ
- 해물파전 : ハアムルヂオン
② う 와 ろ
- 우동 : ろとん
③ そ 와 ろ
- 된장찌개 : みろチゲ
④ ト 와 ソ
- 동태찌개 : スケソウダラ鍋
⑤ ぶ 와 づ
- 오삼불고기 : いかづルゴギ
⑥ ン 와 シ
- 돌솥비빔밥 : 石燒きビビシバ
⑦ イ 와 ナ
- 물냉면 みすレナーメン
- 비빔냉면 からいまぜレナーメン
⑧ ヨ 와 ユ
- 삼겹살 : サムキュブサル

①~⑧은 문자의 유사함에 의한 오용이라기보다 가나에 대한 지

식이 없는 경우라 볼 수 있다. 아무래도 거리 실태조사이기 때문에 고객의 유치를 위해서 만들어진 간판과 메뉴판들이 일본어 가나에 대한 지식과 전문성이 없는 사람이 만들었을 경우가 대부분일 것이다.

이상, 표기에서 보이는 다양한 오류 형태를 10가지 항목으로 나누어 살펴보았다. 이 10가지 이외에도 표기의 다양성에 한 몫 했던 형태가 있었는데 바로 조사 の의 사용과 여러 문자의 혼용(히라가나, 가타카나, 한자를 혼용)으로 인한 표기들이다.

일본어는 대부분의 명사와 명사 사이에 조사 の가 들어가지만 한국어에서는 '우리 집, 책상 위'와 같이 명사와 명사 사이에 '의'가 사용되지 않는 경우가 많다. 여기서 오는 혼란으로 한국인 학습자들 또한 조사 'の'의 역할에 대해서 언제 써야할지 언제 생략해야 할지 많이 헷갈려 하는 부분이라 생각된다. 조사 'の'의 사용유무에 따라 발생한 다양성의 예는 대표적으로 다음과 같다.

① 버섯굴죽 : きのこかきお粥 ↔ きのことカキのお粥

② 전복죽 : あわびお粥 ↔ あわび<u>の</u>お粥

③ 순두부찌개 : おぼろとうふ辛味鍋 ↔ おぼろ豆腐<u>の</u>辛味鍋

④ (양념)돼지갈비 : 豚カルビ ↔ 豚<u>の</u>カルビ

⑤ 소갈비 : 牛カルビ ↔ 牛<u>の</u>カルビ

⑥ 파전 : ねぎお好み燒き ↔ ネギ<u>の</u>お好み燒き

음식명을 표기할 때 어떤 경우에 조사 'の'가 들어가고, 안 들어가는지에 대해서는 앞으로 연구되어야 할 부분이라 생각한다.

　또한 표기의 다양성을 가장 많이 나타냈던 것 중 하나는 '히라가나, 가타카나, 한자의 혼용'으로 쓰인 글자였다. 일본어는 문자 표기 수단이 히라가나, 가타카나, 한자 등 다양하기 때문에 이 문자들을 적절한 상황에서 적절하게 배치하지 않으면 의미의 구별에는 문제가 없어도 한 가지 어휘를 표기하는 방법이 너무나 다양해진다. 또한 일본어는 띄어쓰기가 없는 언어이기 때문에 한자로 표기할 수 있는 어휘들은 한자로 표기해야 문장 속에서 그 의미를 해석하는데 있어서 혼란을 막을 수 있다. 이 경우는 오용이라고 볼 수는 없지만 구별 없이 무분별하게 사용되면 표기의 통일성이 없고 표기의 다양성의 원인이 될 수 있다. 그러한 예는 너무 많아 다음과 같이 몇 가지만 제시한다.

　　① 전복죽 : あわび粥 / 鮑おかゆ / アワビ粥

　　② 삼겹살 : 豚三段パラ / 豚のばら肉,

　　③ 낙지볶음 : たこ炒め / タコ辛味炒め

　　④ 오징어불고기 : イカさんまいにく焼き肉 / いかの焼き / いかづルゴギ

　　⑤ 해물파전 : 海産物ちぢみ / 海産チヂミ / 海産物とネギのお好み焼き

　　⑥ 파전 : ねぎお好み焼き / ネギのお好み焼き(チヂミ)

　　⑦ 돈까스 : 豚かつ / 豚カツ / どんカツ / トンかつ

　　⑧ 순두부찌개 : おぼろとうふ辛味鍋 / おぼろ豆腐の辛味鍋

일본어의 한자는 음독, 훈독 두 가지로 읽히기 때문에 일본어에는 동음이의어가 많다. 그러므로 한글의 원음을 가타카나로 표기하는 경우를 제외하고는 한자로 표기 가능한 어휘까지 굳이 히라가나나 가타카나로 표기해서 표기의 다양성을 넓힐 필요는 없다. 또 한자어로 표기 가능한 명사와 활용 어간은 한자로 표기하되, 鮑(あわび), 蛸(たこ), 蟹(かに)등 일반적으로 히라가나로 표기되고, 상용한자표에 없는 한자와 활용 어미는 히라가나로 표기하고, 'スープ, ソーセージ'와 같은 외래어와 한글의 원음을 그대로 표기하는 경우에는 가타카나로 표기하는 것이 바람직하다.

3) 일본어 가나표기 오용분석 결과

한국어가 일본어로 표기된 전체 707 사례에서 일본어의 다양한 표기 형태를 볼 수 있었다. 707 사례 중 330 사례에서 오류가 나타났으며 10가지의 형태로 나누어서 오용의 원인을 음운상의 측면과, 문자표기상의 측면으로 살펴보았다. 그 결과는 <그림 2>, <그림 3>과 같다.

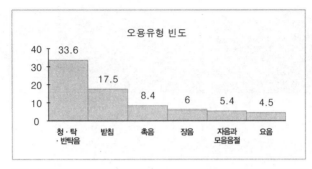

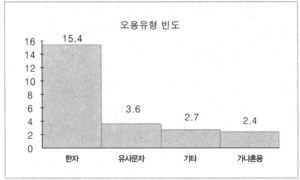

　조사결과 1위는 청음과 탁음·반탁음 변별력 부족으로 인한 오류
가 33.6%로 가장 많은 비율을 차지했다. 2위는 17.5%로 받침, 3위
는 15.4%로 한자, 4위는 8.4%로 촉음, 5위는 6%로 장음, 6위는
5.4%로 자음+모음 음절의 잘못된 사용, 7위는 4.5%로 직음과 요음
의 변별력 부족, 8위는 3.6%로 유사문자, 9위는 2.7%로 기타(의미
파악이 안 되는 경우), 그리고 가장 낮은 비율을 차지한 10위는 2.4%
로 가타카나·히라가나 문자 혼용으로 나타났다.

6 맺음말

이상으로 본 연구에서는 1987년에 문교부에서 발표한 '국어의 가나 문자 표기법'과 1991년 內閣告示에서 발표한「外来語の表記」를 기준으로 하여 한국 음식명을 중심으로 한국어를 일본어로 바꿨을 때 나타나는 현상들을 명동 현장 실태조사를 통해 알아보았다. 잘못된 표기로 인하여 어휘를 전달하는데 있어 혼란을 주고, 한국인 일본어 학습자들이 일본어를 학습하는 데에 있어 잘못된 표기를 계속해서 쓰는 결과를 초래할 수 있기에 이를 조금이라도 바로잡고자 하는 것을 목표로 실태조사를 실시하였다.

한국 여행 중 외국인이 가장 많이 방문하는 관광지 명동 시내에서 일본인 관광객들에게 제공하고 있는 음식명 표기를 조사하여 어떻게 표기되고 있는지 그 유형을 문자별로 분류하고, 표기의 다양한 오류의 형태를 10가지 항목으로 나누어서 오용의 원인을 음운적인 측면과 문자표기상의 측면으로 살펴보았다.

명동실태조사 결과 음운상의 오용에서 청음과 탁음·반탁음의 오용이 33.6%로 가장 높은 비율을 차지하였고, 받침이 17.5%, 촉음이 8.4%, 장음이 6.0%, 자음과 모음음절이 5.4%, 요음이 4.5%를 차지하였다. 문자표기상의 오용에서는 한자가 15.4%로 가장 높은 비율을 차지하였고, 유사문자가 3.6%, 기타(의미파악이 안 되는 경우)가 2.7%, 가나문자 혼용이 2.4%로 나타났다.

또 본 연구에서는 다루지 않았으나 위 고찰 결과를 바탕으로 조상 대상어를 선정하여 한국인 일본어 학습자들에게 한국 음식명을 일본어로 바꾸는 표기 실태조사와 일본어 표기법에 대한 인지도 조사를 실시해 본 결과, 음운상의 오용에서 청음과 탁음·반탁음의 오용이 31.5%로 명동실태조사와 마찬가지로 가장 높은 비율을 차지하였고 문자 표기상의 오용으로는 가나문자 혼용이 2.5%로 오류율이 가장 높았다. 즉 일본어 학습자이든 비학습자이든 하나의 문장을 표기할 때 여러 가지 형태를 가질 수 있는 일본어의 표기의 고유 특징을 고려한다면 다양한 형태의 표기들이 나올 수 있겠지만 기본적인 표기의 규칙을 숙지하고 있지 못한 학습자들이 적지 않다는 것을 알 수 있었다.

들고, 말하는 것은 어느 정도 의미만 통하면 문제가 되지 않지만, 표기는 실수로 음절 하나만 빠트려도 전혀 다른 의미가 되어버려 의사소통에 어려움을 겪게 된다. 그만큼 알고 있는 것을 문자로서 나타내는 것은 어려운 일이다. 하지만 표기의 규칙을 잘 이해하고 습득하면 어느 정도는 개선이 가능하다고 본다.

지금까지 간판과 메뉴를 중심으로 일본어 표기의 실태와 오용을 다양한 방면으로 분석한 연구들이 많았으나 여전히 표기의 다양성은 확대되고, 거리에 난무하고 있는 잘못된 표기들은 날이 갈수록 심각해지고 있다. 왜 이러한 실태조사가 끊임없이 나오고, 오용의 원인은 개선되지 않고 여전한지에 대한 보다 깊이 있는 의식조사도 필요할 것이다.

〈참고문헌〉

김민경(2007)「일본어 표기의 실태와 오용 분석 - 간판과 메뉴를 중심으로」경
　　기대학교 교육대학원 일본어교육과 석사학위 논문
민광준(2000)「한국인 학습자의 일본어 발음에 나타나는 촉음 삽입 현상」『일
　　본문화학보』제9호, pp.75~92
문화관광부(2003)『국어 어문 규정집』대한교과서 주식회사 pp.412~417
박혜란(2007)「일본어 표기에 관한 연구 - 한국 음식명을 중심으로」한국외국
　　어대학교 대학원 일어문학과 박사학위 논문
송미숙(2007)「韓日 外来語 表記法 比較 研究-西欧語系 借用語의 表記를 中心
　　으로」인천대학교 교육대학원 석사학위논문
유종근(2003)「레스토랑 메뉴의 일본어 표기 유형에 관한 연구」『일어교육』23
　　한국일본어교육학회
장원재(2009)「한국 음식명의 일본어 표기 혼용실태에 관한 일고찰 - 웹문서를
　　중심으로」『일본어 문학』45 일본어문학회
정준희(2007)「한국어 고유명사의 일본어 표기에 관한 연구 - 東京 大久保지역
　　의 한국어 간판을 중심으로」신라대학교 교육대학원 석사학위 논문
한국일어일문학회((2003)『일본어는 뱀장어 한국어는 자장』글로세움
한국일어일문학회((2003)『높임말이 욕이 되었다』글로세움

〈인터넷 자료〉

네이버 백과사전, 명동검색 (검색일 2011.08.24)
　　　http://100.naver.com/100.nhn?docid=62191
http://www.bunka.go.jp/ (검색일 2011.08.23)
일본 문화청, 내각고시 외래어 표기 검색 (검색일 2011.08.24)
　　　http://www.bunka.go.jp/kokugo_nihongo/joho/kijun/naikaku/gairai/in
　　　dex.html
한국관광공사 통계자료실, 2014년 외래관광객 실태조사 결과보고서 (검색일
　　　2015.08.20)
　　　http://kto.visitkorea.or.kr/kor/notice/data/statis/tstatus/forstatus/board/
　　　view.kto?id=424410&isNotice=false&instanceId=295&rnum=1

〈사진 출처〉

직접 촬영

현대 일본어학 연구의 논제와 과제

본서 초출 일람

본 저서는 아래 초출 논문을 수정, 보완하여 작성된 것이다.

▪ 정상철(2013) '명사술어문의 시제에 관한 연구' [일어일문학연구]85집,
  pp.323-341

▪ 이희승(2015) 한일 양언어의 완성상에 관한 일고찰 [새롭게 작성]

▪ 박민영(2013) 「韓国語の「이/가」と日本語の「が」の比較研究」『東亜歴史文化
  研究』4, 東亜歴史文化学会, pp.123-134

▪ 坂口清香(2014) 「韓国語母語話者を対象とした文脈指示についての研究-「この類」
  と「このような類」を中心に-」『일본어교육연구』29집 pp.69-85

▪ 高草木美奈(2015) 「国研の『『外来語』言い換え提案』の「外来語」と「言い換え語」
  の意味の住み分けについて」『일어일문학연구』93, 한국일어
  일문학회, pp.163-180

▪ 金東奎(2012) 「「待遇コミュニケーション」の要素としての「内容(なかみ)」から見た
  「お・ご~いたす」の使用様相」『日本言語文化第22集』, 韓国日
  本言語文化学会, pp.41-63

▪ 최유미(2014) 「談話における「~てさしあげる」の一考察」한국외국어대학교
  대학원 일어일문학과 석사학위논문

▪ 권경애(2010) 「일본어식 외래어를 통해서 본 일본어 한글 표기법 재고」『일
  본연구』한국외국어대학교 일본연구소, pp.323-346

▪ 김윤미(2012) 『한국어의 일본어 가나표기 실태조사 연구-효율인 일본어
  표기교육을 한 일고찰』세종대학교 대학원 석사학위논문

현대 일본어학 연구의 논제와 과제

집필진

정상철   한국외국어대학교 대학원 일어일문학과 교수

이희승   한국외국어대학교 대학원 박사과정

박민영   한국외국어대학교 대학원 일어일문학과 교수

坂口清香   한국외국어대학교 대학원 박사과정, 일본어통번역학과 교수

高草木美奈   한국외국어대학교 대학원 박사과정, 대진대학교 교수

김동규   한국외국어대학교 대학원 일어일문학과 교수

최유미   한국외국어대학교 대학원 박사과정

권경애   한국외국어대학교 대학원 일어일문학과 교수

김윤미   한국외국어대학교 대학원 박사과정